本书受中南财经政法大学出版基金资助

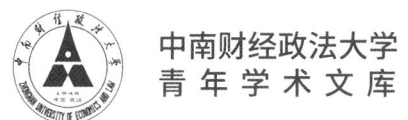

中南财经政法大学
青年学术文库

品牌仪式：形成与效应

Brand Ritual:
Construct and Effect

冉雅璇 ○ 著

中国社会科学出版社

图书在版编目（CIP）数据

品牌仪式：形成与效应／冉雅璇著．—北京：中国社会科学出版社，2019.4

（中南财经政法大学青年学术文库）

ISBN 978-7-5203-4086-1

Ⅰ.①品⋯　Ⅱ.①冉⋯　Ⅲ.①品牌—研究　Ⅳ.①F273.2

中国版本图书馆 CIP 数据核字（2019）第 036538 号

出 版 人	赵剑英
责任编辑	徐沐熙
特约编辑	钱　杰
责任校对	李　晶
责任印制	戴　宽

出　　版	中国社会科学出版社
社　　址	北京鼓楼西大街甲 158 号
邮　　编	100720
网　　址	http://www.csspw.cn
发 行 部	010-84083685
门 市 部	010-84029450
经　　销	新华书店及其他书店

印刷装订	北京君升印刷有限公司
版　　次	2019 年 4 月第 1 版
印　　次	2019 年 4 月第 1 次印刷

开　　本	710×1000　1/16
印　　张	14.25
插　　页	2
字　　数	213 千字
定　　价	42.00 元

凡购买中国社会科学出版社图书，如有质量问题请与本社营销中心联系调换
电话：010-84083683
版权所有　侵权必究

《中南财经政法大学青年学术文库》编辑委员会

主　任：杨灿明

副主任：吴汉东　姚　莉

委　员：（按姓氏笔画排序）

齐文远　刘可风　刘后振　朱延福　朱新蓉

张志宏　张金林　张新国　陈立华　陈景良

庞凤喜　姜　威　赵　曼　胡开忠　胡贤鑫

徐双敏　阎　伟　康均心　葛翔宇

主　编：姚　莉

目 录

第一章 导论 ……………………………………………………… (1)
    第一节 品牌的仪式化演变 ……………………………………… (1)
    第二节 研究框架 ………………………………………………… (7)
    第三节 研究方法 ………………………………………………… (10)
    第四节 本书的贡献 ……………………………………………… (11)

第二章 品牌仪式的理论发展 …………………………………… (12)
    第一节 品牌 ……………………………………………………… (12)
    第二节 仪式 ……………………………………………………… (16)
    第三节 品牌仪式 ………………………………………………… (39)
    第四节 研究述评 ………………………………………………… (46)

第三章 概念内涵：品牌仪式是什么？ ………………………… (48)
    第一节 研究目的 ………………………………………………… (48)
    第二节 文献回顾与研究缺口 …………………………………… (49)
    第三节 研究设计 ………………………………………………… (51)
    第四节 范畴提炼和模型建构 …………………………………… (55)
    第五节 模型阐释 ………………………………………………… (62)
    第六节 讨论 ……………………………………………………… (69)

第四章 双刃剑效应：品牌仪式如何影响参与型消费者？ ……… (72)
    第一节 研究目的 ………………………………………………… (72)
    第二节 文献回顾与研究假设 …………………………………… (74)

第三节　品牌仪式预实验 …………………………………… (79)
第四节　实验4—1：品牌仪式程度对购买意愿的影响 ……… (82)
第五节　实验4—2：品牌仪式与品牌个性的交互作用 ……… (98)
第六节　实验4—3：不同品牌个性下品牌仪式程度的
　　　　影响机理 ………………………………………… (112)
第七节　实验4—4：品牌仪式程度对品牌个性偏好的影响 …… (126)
第八节　讨论 ………………………………………………… (131)

第五章　外部效应：品牌仪式如何影响观察型消费者？ ………… (133)
第一节　研究目的 …………………………………………… (133)
第二节　文献回顾与研究假设 ……………………………… (134)
第三节　品牌仪式预实验2 …………………………………… (138)
第四节　实验5—1：品牌仪式对观察型消费者的影响 ……… (140)
第五节　实验5—2：内隐仪式重要性的调节作用 …………… (149)
第六节　讨论 ………………………………………………… (160)

第六章　挽回效应：品牌仪式如何影响品牌危机？ ……………… (163)
第一节　研究目的 …………………………………………… (163)
第二节　文献回顾与研究假设 ……………………………… (164)
第三节　预实验 ……………………………………………… (169)
第四节　实验6—1：品牌仪式与品牌危机类型的交互作用 … (172)
第五节　讨论 ………………………………………………… (181)

第七章　结论与启示 ………………………………………………… (184)
第一节　研究结论 …………………………………………… (184)
第二节　管理启示 …………………………………………… (186)
第三节　研究局限与未来展望 ……………………………… (188)

参考文献 …………………………………………………………… (192)

附录 ………………………………………………………………… (213)

后记 ………………………………………………………………… (222)

第一章

导　论

第一节　品牌的仪式化演变

　　一流企业是尽其所能地运用品牌，以及周遭的文化和仪式。(Top guns in the corporate world dissect brands, and the cultures and rituals that they weave around themselves.)

——Strategic Marketing Forum 2015

　　纵观世界经济趋势，全球市场各领域的竞争都越来越集中地体现于品牌。微笑曲线原理基于市场规律的角度阐释，品牌占据微笑曲线的最右端，具有极强的创造利润和价值的能力。然而，多数中国企业的市场发展仍处于微笑曲线的底部区域，90%以上的全球知名名牌集中于西方发达国家。2016年全球最大的综合性品牌咨询公司Interbrand发布的第十七届"全球最佳百强品牌"报告显示，中国仅华为和联想上榜，且分别位列第72位和99位。可见，中国品牌建设在数量和价值两方面与发达国家还存在着较大差距，与泱泱大国的地位极不相称。就品牌建设问题，习近平总书记曾明确提出了"三个转变"的重要指示，即"推动中国制造向中国创造转变、中国速度向中国质量转变、中国产品向中国品牌转变"。可见，推动品牌建设是中国经济"强"与"久"的发展之道，对中国企业的品牌研究具有非常重要的现实意义。

　　在人类源远流长的文化背景下，仪式化逐渐成为品牌消费的主流趋势。仪式（ritual）是指"一系列正式的、具有可重复模式、表达价值和意义的活动"①。其中，仪式在社会层面上其内涵与"礼"相同。自古以来，中国是一个尊崇儒家思想的礼治国家，诸如"恭而无礼则劳，慎而无礼则葸，勇而无礼则乱，直而无礼则绞"（《论语·泰伯》）、"君王礼英贤"（曹植《诗》）、"礼者，人道之极也"（《荀子·大略》）等古语都表明了中华民族对"礼"的重视，甚至早在几千年前的《周礼》《仪礼》《礼记》就对"仪式"做了解释和记载。人类是一种追求仪式的物种，日常生活中处处充满着仪式，人际交往的细节都可寻得仪式的踪迹②。除此之外，还有生日、圣诞节、情人节、婚礼、葬礼等特殊时刻的仪式。这些仪式或仪式化行为的价值和意义体现在帮助人们认识自我，建立生活秩序和规律，给人带来放松感、平静感和归属感③。甚至，学者们认为中国正面临一个"仪式感"社会的到来：人们对仪式感的追求越来越强烈，与仪式相关的消费行为越来越普遍，因仪式催生的品牌也越来越有前景④。对于这些社会现象，文化学者张颐武说道：

> 一个正在崛起的社会和充满希望的人们在渴望一种庄重的仪式感，一种对于生命的敬畏和尊重的感觉。所谓'文化'，并不是抽象玄虚的东西，往往表现在一种具体而微的仪式之中。有了这种仪式，一个社会就有了自己的文化根基，有了自己价值传承的基础。所以这种建立在日常生活之上的仪式，其实对于一个社会不可或缺。⑤

品牌在消费过程中发挥着极强的象征意义，是消费者建构自我概念

---

① J. Snoek, "Defining 'rituals'" in Jens Kreinath, Jan Snoek and Michael Strausberg, eds., *Theorizing Rituals: Issues, Topics, Approaches, Concepts*, Vol. 2, 2008.
② R. Collins, *Interaction Ritual Chains Theory*, NY: Princeton University Press, 2009.
③ 薛海波：《品牌仪式：打造粉丝忠诚的利器》，《清华管理评论》2015年第1期。
④ Z. Raj, *Brand rituals: How Successful Brands Bond with Customers for Life*, Mill Valley, CA: Spyglass Pub. Group Inc., 2012.
⑤ 张颐武：《需要庄重的仪式感》，2006年，网易博客（http://zywblog.blog.163.com/blog/static/11656918420063282546436/）。

和社会身份的重要工具①，自然而然的融入日常的仪式化行为当中。例如，奥利奥（Oreo）饼干有"扭一扭、舔一舔、泡一泡"的指定动作；农夫山泉果汁有"喝前摇一摇"的操作程序；德芙巧克力打造"下雨天和巧克力更配"的仪式色彩。消费者体验的不只是饼干、果汁和巧克力产品，更多的是由品牌注入产品的仪式化动作所带来的快乐。再如，健力士（Guinness）啤酒的品牌口号是"好东西属于那些愿意等待的人（good things come to those who wait）"，它精致缓慢的倒酒方法极为讲究细节，倒酒时需要将酒瓶与酒杯呈45度角缓缓倒入，倒至3/4时停下，静置后再将整杯加满。在最后加满时，应向前推，而非向后拉，使丰盈的泡沫充满杯沿且没有溢出，这将产生能够持续至最后一口的乳脂状泡沫口感。健力士啤酒宣称，完美倒一杯啤酒的过程需要119.6秒，这种仪式化行为使得健力士成为消费者追捧的"圣殿"级啤酒品牌。基于诸多品牌和仪式契合的实例，学者们提出了"品牌仪式（brand ritual）"的概念，并将其定义为：品牌仪式是消费者与某品牌之间的一种仪式化互动行为，包含一系列重复的、正式的、有意义的活动或动作②。

从理论角度，品牌仪式的研究起源于消费仪式（consumption ritual）领域，如日常仪式（如祷告）③、个人仪式④、群体仪式⑤和节日仪式（如

---

① B. Schmitt, "The Consumer Psychology of Brands", *Journal of Consumer Psychology*, Vol. 22, No. 1, 2012, pp. 7 – 17; A. Reed, M. R. Forehand, S. Puntoni and L. Warlop, "Identity-based Consumer Behavior", *International Journal of Research in Marketing*, Vol. 29, No. 4, 2012, pp. 310 – 321; Z. Raj, *Brand rituals: How Successful Brands Bond with Customers for Life*, Mill Valley, CA: Spyglass Pub. Group Inc., 2012.

② Z. Raj, *Brand rituals: How Successful Brands Bond with Customers for Life*, Mill Valley, CA: Spyglass Pub. Group Inc., 2012; K. M. Prexl and P. Kenning, "An Empirical Analysis of the Antecedents and Consequences of Brand Rituals", *European Advances in Consumer Research*, Vol. 9, 2011, pp. 1 – 2; 薛海波：《品牌仪式：打造粉丝忠诚的利器》，《清华管理评论》2015年第1期。

③ S. L. Holak, "Ritual Blessings with Companion Animals", *Journal of Business Research*, Vol. 61, No. 5, 2008, pp. 534 – 541.

④ G. McCracken, "Culture and Consumption: A Theoretical Account of the Structure and Movement of the Cultural Meaning of Consumer Goods", *Journal of Consumer Research*, Vol. 13, No. 1, 1986, pp. 71 – 84.

⑤ T. W. Bradford and J. F. Sherry, "Domesticating Public Space through Ritual: Tailgating as Vestaval", *Journal of Consumer Research*, Vol. 42, No. 1, 2015, pp. 130 – 151; A. M. Muñiz and T. C. O'Guinn, "Brand Community", *Journal of Consumer Research*, Vol. 27, No. 4, 2001, pp. 412 – 432.

圣诞节)①等。学者们指出，与仪式相关的消费通常能唤起独特、强烈且持久的情感能量，进而影响消费者的长期情感和持续行为②。值得一提的是，品牌仪式与消费仪式有所不同。一方面，品牌仪式是企业或消费者创造的"品牌—消费者"互动的仪式行为，品牌是带领仪式的核心，而消费仪式是消费者在仪式中经历的消费行为，仪式才是引领消费的动力③；另一方面，消费仪式主要关注功能意义的产品消费，而品牌具有符号特征，所以品牌仪式会更加赋有符号的象征意义。虽然消费仪式的研究已相当丰富，但是品牌仪式是一个较新的概念，有关研究仍十分匮乏。迄今为止，品牌仪式的探讨主要停留在实践层面，众多营销实践者对品牌仪式的现象进行了初步的案例讨论，仅零星学术研究关注或涉及了品牌仪式④，有关品牌仪式的概念内核和作用效应的关键问题仍处于黑箱之中。首先，品牌仪式如何形成？次之，品牌仪式如何影响消费者购买意

---

① S. McKechnie and C. Tynan, "Social Meanings in Christmas Consumption: An Exploratory Study of UK Celebrants' Consumption Rituals", *Journal of Consumer Behaviour*, Vol. 5, No. 2, 2006, pp. 130 – 144; A. M. Muñiz and H. J. Schau, "Religiosity in the Abandoned Apple Newton Brand Community", *Journal of Consumer Research*, Vol. 31, No. 4, 2005, pp. 737 – 747; M. Wallendorf and E. J. Arnould, "'We Gather Together': Consumption Rituals of Thanksgiving Day", *Journal of Consumer Research*, Vol. 18, No. 1, 1991, pp. 13 – 31.

② 冉雅璇、卫海英:《互动仪式链视角下的品牌危机修复机制研究》,《营销科学学报》2015年第2期; K. D. Vohs, Y. Wang, F. Gino and M. I. Norton, "Rituals Enhance Consumption", *Psychological Science*, Vol. 24, No. 9, 2013, pp. 1714 – 1721; T. Ustuner, G. Ger and D. B. Holt, "Consuming Ritual: Reframing the Turkish Henna-Night Ceremony", *Advances in Consumer Research*, Vol. 27, No. 1, 2000, pp. 209 – 214.

③ K. M. Prexl and P. Kenning, "An Empirical Analysis of the Antecedents and Consequences of Brand Rituals", *European Advances in Consumer Research*, Vol. 9, 2011, pp. 1 – 2; E. J. Arnould and L. L. Price, "River Magic: Extraordinary Experience and the Extended Service Encounter", *Journal of Consumer Research*, Vol. 20, No. 1, 1993, pp. 24 – 45; D. B. Holt, "Examining the Descriptive Value of 'Ritual' in Consumer Behavior: View from the Field", *Advances in Consumer Research*, Vol. 19, No. 1, 1992, pp. 213 – 218.

④ M. Türe and G. Ger, "Continuity through Change: Navigating Temporalities through Heirloom Rejuvenation", *Journal of Consumer Research*, Vol. 43, No. 1, 2016, pp. 1 – 25; K. D. Vohs, Y. Wang, F. Gino and M. I. Norton, "Rituals Enhance Consumption", *Psychological Science*, Vol. 24, No. 9, 2013, pp. 1714 – 1721; K. M. Prexl and P. Kenning, "An Empirical Analysis of the Antecedents and Consequences of Brand Rituals", *European Advances in Consumer Research*, Vol. 9, 2011, pp. 1 – 2.

愿？尤其品牌仪式作为一套动作流程，参与型消费者（acting consumer）和观察型消费者（observing consumer）通常对动作行为的感知和评价存在差异[1]。Mitkidis 等发现，对于观察者和参与者，同一个宗教仪式行为对其道德行为的影响会有所不同[2]。因此，作者推测，品牌仪式对参与型消费者和观察型消费者的影响机理会有所差异。那么，对于参与型消费者和观察型消费者，品牌仪式如何影响其购买意愿？甚至在品牌危机的特殊时期，品牌仪式如何影响消费者的再购意愿？

针对以上问题，本书拟聚焦于品牌仪式，旨在拨开其概念内核的面纱，然后在此基础上，探索品牌仪式对消费者的购买意愿的影响效应，并分析在特殊情境——即品牌危机时期，品牌仪式影响消费者再购意愿的机制，从而为中国企业的品牌建设问题提供启示。综合运用质性研究方法和实验法，本书期望达到以下几个研究目标：

第一，采用质性研究方法和扎根理论，进行有关品牌仪式的消费者访谈，从而梳理品牌仪式的内核结构，剖析品牌仪式的形成路径及其影响因素，以期回答"品牌仪式究竟是什么"的问题。

第二，通过实验法，揭示品牌仪式影响参与型消费者（或称直接消费者）购买意愿的效应和机制。具体而言，说明品牌仪式影响参与型消费者购买意愿的内部机理，并结合品牌因素，挖掘品牌仪式的具体作用。

第三，探讨品牌仪式的外部溢出效应，即观察型消费者（或称非直接消费者）对品牌仪式中"参与型消费者—品牌"互动的反应，找出该现象的影响机制。更进一步通过分析消费者因素，试图为加强非直接消费者购买品牌提供更加丰富的营销启示。

第四，关注品牌仪式在品牌危机中的作用，分析品牌通过仪式挽回

---

[1] B. J. Calder and R. E. Burnkrant, "Interpersonal Influence on Consumer Behavior: An Attribution Theory Approach", *Journal of Consumer Research*, Vol. 4, No. 1, 1977, pp. 29 – 38; D. Karlan and J. Zinman, "Observing Unobservables: Identifying Information Asymmetries with a Consumer Credit Field Experiment", *Econometrica*, Vol. 77, No. 6, 2009, pp. 1993 – 2008.

[2] P. Mitkidis, S. Ayal, S. Shalvi, K. Heimann, G. Levy, M. Kyselo, S. Wallot, D. Ariely and A. Roepstorff, "The Effects of Extreme Rituals on Moral Behavior: The Performers-observers Gap Hypothesis", *Journal of Economic Psychology*, Vol. 59, 2017, pp. 1 – 7.

顾客的购买意愿的过程,并探讨品牌危机因素在效应中的作用,从而为危机管理提供理论和实践指导。

本书的理论意义在于:第一,对品牌研究领域做出一定理论贡献。纵观现有品牌管理研究,一类研究关注于前因——品牌的特征因素和战略布局,如品牌文化、品牌个性、品牌社群等①,另一类研究集中于后果——消费者对品牌的感知和体验,如品牌至爱、品牌关系和品牌尴尬等②。Schmitt 于 2012 年发表在 *Journal of Consumer Psychology* 的品牌研究综述发现,品牌研究集中于品牌后果,且前因研究近年来逐渐进入瓶颈阶段③。相较品牌的后果研究而言,前因研究实则对企业实践更有意义,因此,前因研究的不足越发放大品牌理论和管理实践的鸿沟。本书从品牌的前因角度出发,探析品牌仪式的内核和效应,推进品牌研究的领域范围。

第二,拟对品牌仪式理论做出贡献。由于品牌仪式概念的模糊性,以往相关实证分析主要选择品牌仪式的某些因素进行研究(如空间密度)④,相对忽视了品牌仪式的主体机制研究,这种研究上的空白不利于学者们完整地认识品牌仪式的来龙去脉与理论机理。本书首先从中国仪式文化切入,揭示品牌仪式的具体内容,进一步地通过探讨对于不同消费者角色,品牌仪式对其购买意愿的影响,并为打开品牌仪式效应的内部黑箱提供可能。

第三,本书还将探索品牌个性因素、内隐仪式重要性因素和危机类型因素在品牌仪式和消费者购买意愿之间的调节作用,以期揭示品牌仪

---

① E. J. Arnould and C. J. Thompson, "Consumer Culture Theory (CCT): Twenty Years of Research", *Journal of Consumer Research*, Vol. 31, No. 4, 2005, pp. 868 – 882; J. L. Aaker, "Dimensions of Brand Personality", *Journal of Marketing Research*, Vol. 43, No. 3, 1997, 347 – 356; A. M. Muñiz and T. C. O'Guinn, "Brand Community", *Journal of Consumer Research*, Vol. 27, No. 4, 2001, pp. 412 – 432.

② R. Batra, A. Ahuvia and R. P. Bagozzi, "Brand Love", *Journal of Marketing*, Vol. 76, No. 2, 2012, pp. 1 – 16; S. Fournier, "Consumers and Their Brands: Developing Relationship Theory in Consumer Research", *Journal of Consumer Research*, Vol. 24, No. 4, 1998, pp. 343 – 373; I. Grant and G. Walsh, "Exploring the Concept of Brand Embarrassment: The Experiences of Older Adolescents", *Advances in Consumer Research*, Vol. 36, No. 1, 2009, pp. 218 – 224.

③ B. Schmitt, "The Consumer Psychology of Brands", *Journal of Consumer Psychology*, Vol. 22, No. 1, 2012, pp. 7 – 17.

④ T. C. O'Guinn, R. J. Tanner and A. Maeng, "Turning to Space: Social Density, Social Class, and the Value of Things in Stores", *Journal of Consumer Research*, Vol. 42, No. 2, 2015, pp. 196 – 213.

式影响消费者购买意愿的边界条件，厘清品牌仪式的适用情境。

在实践意义方面，本书拟为促进中国企业品牌建设和品牌管理提供新的建议。关于中国企业的品牌建设问题，以往研究主要从品牌活化、品牌创新、品牌延伸和品牌传承等方面提供了一些建议①，本书试图为此做出有益的补充，即通过仪式型的活动和行为来引导消费者对品牌的态度，促进企业更加有效地管理、提升且宣扬品牌。

第二节　研究框架

本书将围绕品牌仪式，探讨其概念内核，挖掘品牌仪式对消费者购买意愿的影响。基于观察者——参与者的消费者视角，本书旨在回答一个"什么"（What）和三个"如何"（How）的问题：What——品牌仪式到底是什么？How——品牌仪式如何影响参与型消费者的购买意愿？品牌仪式如何影响观察型消费者的购买意愿？品牌仪式如何挽回品牌危机后消费者的购买意愿？延循这四个问题的逻辑，本书将开展以下四个子研究：

子研究一，作为一项探索性研究，子研究一依据扎根理论，采用质性研究方法，对品牌仪式的形成要素和机理进行挖掘和提炼，构建品牌仪式的形成路径模型。基于该模型，探讨品牌仪式形成路径的影响因素及其影响效应，从而为品牌仪式研究奠定理论基础。

子研究二，对于参与型消费者，品牌仪式如何影响其购买意愿？通过实验设计和操控，子研究二揭示品牌仪式影响参与型消费者购买意愿的效应和机制。具体而言，说明品牌仪式影响参与型消费者的内部机理，分析品牌个性因素对主效应的调节作用。

子研究三，对于观察型消费者，品牌仪式如何影响其购买意愿？基于扩大仪式参与者的目的，子研究三探讨品牌仪式的外部溢出效应，即观察型消费者对品牌仪式中"直接消费者——品牌"互动的反应，找出该现象的影响机制和边界条件。

---

① 何佳讯、秦翕嫣、杨清云、王莹：《创新还是怀旧？长期品牌管理"悖论"与老品牌市场细分取向———项来自中国三城市的实证研究》，《管理世界》2007年第11期。

子研究四，在品牌危机后，企业的关键目的是挽回顾客。因此，子研究四分析品牌仪式如何影响消费者的再购意愿，揭示品牌仪式的行为及其缓解危机负面效应的机制，并结合品牌危机类型因素，探讨主效应可能的边界条件。

本书总共包括七章的内容，总体研究内容框架如下图1—1所示，分别如下：

第一章：导论。主要从实践背景和学术研究的角度介绍当前关于品牌和仪式的研究背景，引入品牌仪式的重要性，并简要介绍本书的四个主要研究目的，阐述本书的理论意义、实践意义和贡献。

第二章：品牌仪式的理论发展。本章主要回顾品牌、仪式和品牌仪式的相关研究，其中仪式研究为回顾的重点，具体内容包括：首先梳理并总结了仪式概念，然后介绍了仪式分类；然后归纳仪式的研究范式——实验操控和问卷测量；接着从仪式的前因变量和后效变量出发，回顾了仪式的现有研究；最后对现有研究进行评述，总结研究的理论鸿沟，并据此提出本书的理论论点。

第三章：概念内涵。品牌仪式是什么？本章旨在完成子研究一的内容，通过质性研究，挖掘品牌仪式在中国文化背景下的特殊内涵，并将其与相近概念进行区分。

第四章：双刃剑效应。品牌仪式如何影响参与型消费者？本章通过四个实验研究，完成子研究二的部分。其中，第一个实验探讨对于参与型消费者，品牌仪式程度对购买意愿的主效应；第二个实验分析品牌仪式程度和品牌个性的交互作用对参与型消费者的影响；第三个实验在此基础上进一步验证其中的中介机制；第四个实验采用田野实验范式，再次验证研究结论。

第五章：外部效应。品牌仪式如何影响观察型消费者？本章开展子研究三的研究内容，设计了两个实验。第一个实验主要考察观看（vs. 不观看）品牌仪式与其购买意愿的因果关系，以及好奇感对两者关系的中介作用；第二个实验采用 E-Prime 程序设计进行单类别内隐联想测验（single category IATs），验证内隐仪式重要性的调节作用。

第六章：挽回效应。品牌仪式如何影响品牌危机？本章内容聚焦于子研究四，展开一项实验研究。首先采用预实验对品牌危机类型和危期下的品牌仪式进行了设计,然后采用实验研究,验证品牌危机类型和品牌仪式的交互作用。

第七章:结论与启示。简要归纳和概括本书的结论,总结品牌仪式在不同品牌发展阶段的效应,并提出实践建议和启示。从方法、数据分析、研究结果等方面总结本书存在的不足,并提出可能的未来研究。本书的技术路线图如图1—1。

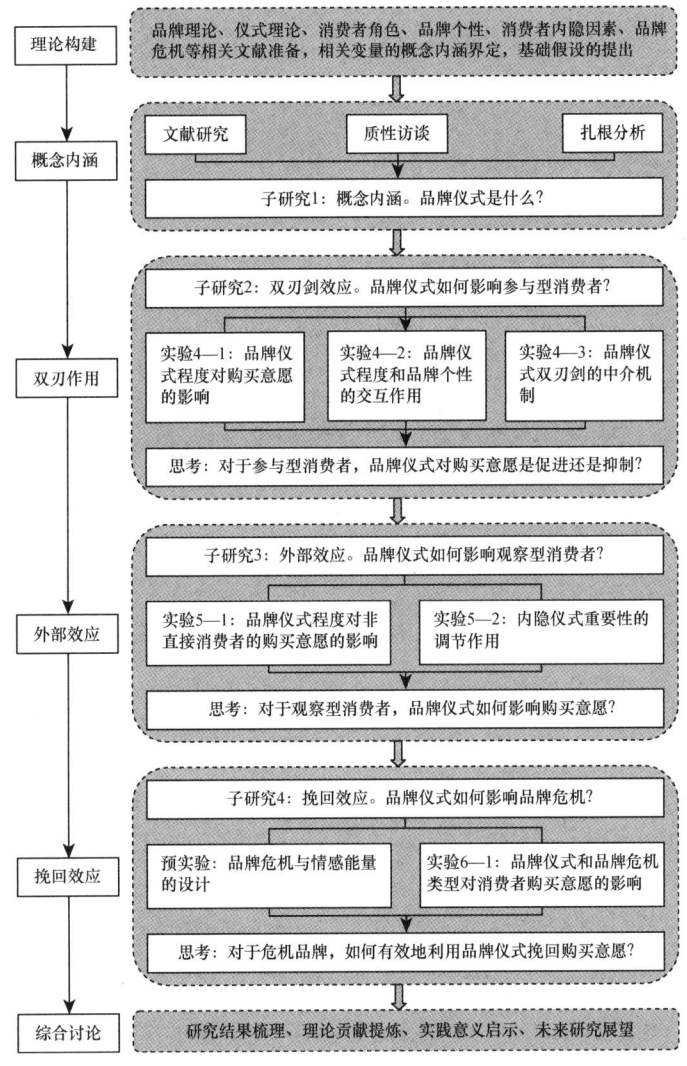

图1—1 技术路线图

第三节 研究方法

本书始终将规范分析和实证检验相结合,渐次推进。规范分析旨在提供合适的理论架构,而实证检验则对理论框架的改进提供依据。在研究过程中,本书将注意研究内容的呼应关系,统筹安排工作方案。本书内容的第一部分(第一阶段)主要通过阅读国内外相关文献以及采用质性研究方法构建一个研究的总体框架;第二部分(第二阶段)采用实验研究方法考察品牌仪式对消费者的影响机制,并对提出的假设进行验证和检验,对收集的数据进行分析和处理,最终得出本书的研究结论并给出营销启示。具体而言,本书采用的研究方法如下:

第一,文献阅读方法。以品牌仪式及相近关键词,包括仪式、互动仪式、品牌互动、品牌体验和消费仪式等关键词,从外文数据库以及中国知网,系统地查询和收集品牌仪式的文献,探索不同理论整合的可能性。

第二,深度访谈和扎根理论。扎根理论(grounded theory approach)是质性研究中一个著名的理论建构方法,其主要宗旨是在经验资料的基础上建立理论。扎根研究是一种自下而上建立理论的方法,即在研究前不设立基础假设,直接从原始资料归纳出概念、关系和命题,然后上升为理论。根据图1—2所示的扎根理论流程,本书将通过消费者访谈收集资料进行深入分析、演绎归纳,最终提炼理论框架。

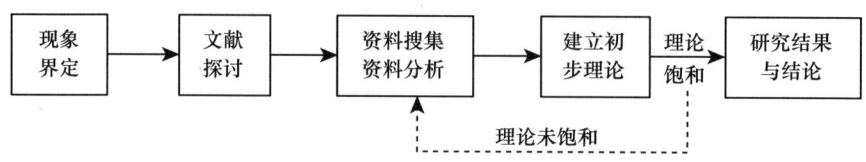

图1—2 扎根理论研究流程图

第三,实验研究方法。实验研究方法可以很好地控制干扰因素以及操纵研究所关心的变量,从而有针对性地探讨关键变量之间的关系,因此，子研究二、子研究三和子研究四主要通过实验研究方法考察变量关系和变量逻辑（各实验开展时间表见附录三），为本书中因果关系的验证打下坚实基础。

第四，统计分析方法。本书采用统计分析软件 SPSS 19.0，对数据进行方差分析、回归分析、简单斜率分析和 Bootstrapping 分析，对研究变量之间的关系进行实证检验。

第四节 本书的贡献

第一，本书突破了当前品牌研究中"缺乏前因研究"的局限性，探析品牌仪式的内核和效应，推进品牌研究的领域范围。纵观品牌管理研究，一类研究关注于前因——品牌的特征因素和战略布局，另一类研究集中于后果——消费者对品牌的感知和体验。目前品牌的后果研究更为突出，且前因研究近年来逐渐进入瓶颈阶段。通过品牌仪式的分析，本书从前因的视角审视品牌管理和品牌建设，扩展品牌的理论研究。

第二，本书将仪式内涵引入品牌管理中，构建一个较新的研究框架。本书基于意义迁移模型，探讨品牌仪式的形成路径，分析品牌仪式的影响因素。鉴于现有品牌仪式研究处于概念提出和现象剖析阶段，本书既可以补充品牌仪式的基础理论研究，又可以对中国企业的品牌管理问题提供新建议。

第三，本书揭示品牌仪式对不同角色的消费者的作用效应，分别挖掘其内部影响机制，揭示其可能边界条件。本书的贡献在于：一方面，首次探讨了品牌仪式的正面和负面效应，不同于以往偏向性的仪式积极论，为品牌仪式的设计和管理提供了更确切的启示；另一方面，不论是仪式研究还是品牌仪式研究领域，本书首次关注到品牌仪式对非直接互动者的影响，从外部性视角考察品牌仪式的全面作用，并指导品牌发展新用户等相关问题。

第二章

品牌仪式的理论发展

第一节 品牌

菲利普·科特勒有言:"给消费者最大的奖励就是送给他/她一个品牌。"① 品牌是一种名称、术语、标记、符号或设计,或是它们的组合运用,其目的是借以辨认某个企业或某群企业的产品或服务,并使之同竞争对手的产品和服务区别开来。

现有研究已将品牌视为超越了符号、图形本身,拥有了更多内涵②。根据不同的研究问题和内涵意义,学者们提出了诸多有关品牌的概念,如品牌联想、品牌社群、品牌依恋等。与品牌相关的构念繁多,已有学者从不同角度对品牌研究进行了综述。例如,Keller 归纳并述评了品牌和品牌资产文献③;Keller 和 Lehman 系统性地回顾了品牌研究,并进行了细致地展望④。Schmitt 从消费者感知的角度提出品牌研究可以归纳为"确认、体验、整合、彰显、联结"五个角度,如图2—1⑤。本书在梳理以往研究的基础

---

① [美]菲利普·科特勒:《营销管理》,中国人民大学出版社2009年版。
② S. Fournier, "Consumers and Their Brands: Developing Relationship Theory in Consumer Research", *Journal of Consumer Research*, Vol. 24, No. 4, 1998, pp. 343–373.
③ K. L. Keller, "Branding and Brand Equity", in Bart Weitz and Robin Wensley, eds., *Handbook of Marketing*, London: Sage Publications, 2002, pp. 151–178.
④ K. L. Keller and D. R. Lehman, "Brands and Branding: Research Findings and Future Priorities", *Marketing Science*, Vol. 25, 2006, pp. 740–759.
⑤ B. Schmitt, "The Consumer Psychology of Brands", *Journal of Consumer Psychology*, Vol. 22, No. 1, 2012, pp. 7–17.

上，从每个角度选择一个重要的品牌构念，全面地理解和认识品牌文献。

品牌联想（brand association）是消费者由一系列外部信息和内部信息而联想到其他事物的行为，是消费者形成和维持对品牌身份认知的关键途径①。外部信息包括品牌属性、品牌利益、品牌形象、品牌元素等，进而人们由此而产生的一系列联想。此外，内部信息是消费者根据自身经历形成的认知反应，从而产生独特的品牌联想②。基于联想网络模型（associative network model），消费者对品牌信息的整合形成一张独特的联想网络，这是制定品牌组合、确立品牌定位和建立消费者品牌忠诚度的基础。现有研究将品牌联想划分为维度、强度、独特性和联结性四种属性，且主要采用内隐认知方法启动或分析③。

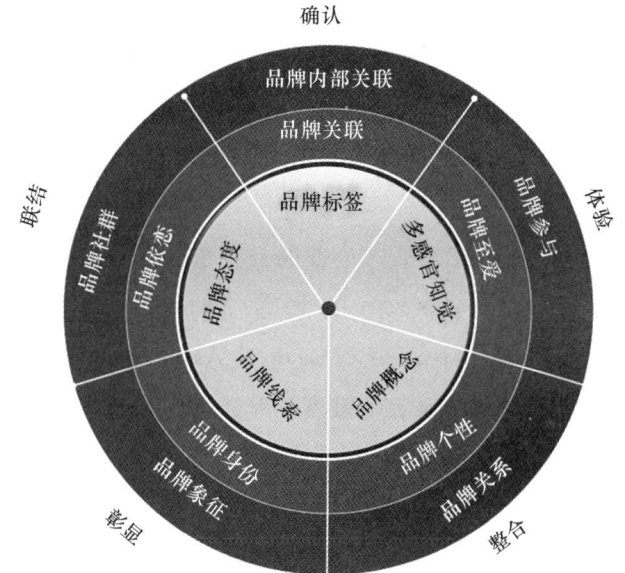

图2—1　品牌的消费者心理图（图片翻译自 Schmitt 的研究④）

---

① D. Aaker, *Building Strong Brands*, New York: The Free Press, 1996.

② K. L. Keller, "Brand Synthesis: The Multidimensionality of Brand Knowledge", *Journal of Consumer Research*, Vol. 29, 2003, pp. 595–600.

③ C. V. Dimofte and R. F. Yalch, "The Mere Association Effect and Brand Evaluations", *Journal of Consumer Psychology*, Vol. 21, 2011, pp. 24–37.

④ B. Schmitt, "The Consumer Psychology of Brands", *Journal of Consumer Psychology*, Vol. 22, No. 1, 2012, pp. 7–17.

消费者可以通过多渠道、多方法的使用和接触对一个品牌的相关事件进行积累,如个人经历及使用、口碑、人际互动、网上或者电话体验、购买交易经历等。在此基础上,Brakus 等将品牌体验(brand experience)正式定义为"与品牌相关的刺激物,如品牌名称、品牌标识、品牌内涵、品牌包装、品牌沟通等,对消费者产生的反应"[1]。品牌体验既有正面的也有负面的,既可能长久也可能短暂,从体验形态上可以分为四种:感官体验、情感体验,智力体验和行动体验。其中,感官体验是由"五蕴"——触觉、视觉、听觉、嗅觉和味觉形成的综合知觉刺激,从而形成美学的愉悦、兴奋、快乐与美丽的直接体验;情感体验的情绪表现为积极—消极和微弱—强烈程度差异,且直接互动和消费期间的情感体验最为强烈;智力体验通过创造新鲜、刺激和注意产生,以引起消费者的关注和好奇;行动体验是通过创造身体感受行为模式、生活形态和互动关系而形成,消费者可通过行动体验展示自我价值。

品牌个性(brand personality)是指消费者赋予品牌的人格化属性和特征,是评价产品以及建立品牌与消费者关系的重要依据[2]。Aaker 以西方消费者为研究对象,发现品牌个性的五个维度:真诚(sincerity)、兴奋(exciting)、能力(competence)、教养(sophistication)和强壮(ruggedness)[3]。Caprara,Barbaranelli 和 Guido 将 Aaker 通过对品牌五大个性量表进行跨文化施测发现,仅三个维度——真诚、兴奋和教养——在日本和西班牙文化下具有通用性。同时他们指出,品牌个性的描述词具有隐喻特征,深受文化影响[4]。在中国文化背景下,黄胜兵和卢泰宏开发出五

---

[1] J. J. Brakus, B. H. Schmitt and L. Zarantonello, "Brand Experience: What Is It? How Is It Measured? Does It Affect Loyalty?" *Journal of Marketing*, Vol. 73, No. 3, 2009, pp. 52 – 68.

[2] S. Fournier, "Consumers and Their Brands: Developing Relationship Theory in Consumer Research", *Journal of Consumer Research*, Vol. 24, No. 4, 1998, pp. 343 – 373; A. Sundar and T. J. Noseworthy, "Too Exciting to Fail, Too Sincere to Succeed: The Effects of Brand Personality on Sensory Disconfirmation", *Journal of Consumer Research*, Vol. 43, No. 1, 2016, pp. 44 – 67.

[3] J. L. Aaker, "Dimensions of Brand Personality", *Journal of Marketing Research*, Vol. 43, No. 3, 1997, pp. 347 – 356.

[4] G. V. Caprara, C. Barbaranelli and G. Guido, "Brand Personality: How to Make the Metaphor Fit?" *Journal of Economic Psychology*, Vol. 22, 2001, pp. 377 – 395.

个品牌个性维度,并将其相应地命名为"具有中国文化特色的'仁、智、勇、乐、雅'"。此外,他们还将中国背景下的品牌个性量表和美国背景下的品牌个性量表进行了区分效度检验,结果发现两种量表虽然具有显著的相关性,但仍表现出明显的差异,由此再一次证实文化与品牌个性具有直接关系[①]。

品牌资产(brand equity)是品牌给产品或服务赋予的附加价值或附加利益,可反映于消费者对品牌的认识、感受和行动上,也可反映于品牌给企业所带来的产品价格、市场份额和盈利能力上[②]。据此,品牌资产主要有三个关键特征:第一,品牌资产是无形资产;第二,品牌是品牌资产的依托;第三,消费者是品牌价值通过品牌而展现的关键角色[③]。基于不同的视角,学界和实界开发了三种测量品牌资产的概念模型:财务会计概念模型、基于市场的品牌力概念模型和基于消费者的概念模型[④]。迄今,品牌资产的研究集中于基于顾客的品牌资产(customer-based brand equity),即品牌知识对于消费者反应所产生的影响。当品牌的可识别性(即品牌知识)高时,消费者对品牌推出的产品和营销方式表现出积极的反应,进而所带来的基于顾客的品牌资产更高[⑤]。

品牌社群(brand community)是一种由品牌的消费者组成的群体或关系网络,品牌成员可以自由地加入或退出。具体来讲,品牌社群是一种非正式组织,是由具有共同仪式和惯例、共同意识和责任心的消费群体、品牌组织者及其他利益相关者共同组成的一种不受地域限制的组织

---

① 黄胜兵、卢泰宏:《品牌个性的本土化研究》,《南开管理评论》2003年第1期。

② K. L. Keller, "Branding and Brand Equity", in Bart Weitz and Robin Wensley, eds., *Handbook of Marketing*, 2002, pp. 151–178; K. L. Keller and D. R. Lehman, "Brands and Branding: Research Findings and Future Priorities", *Marketing Science*, Vol. 25, 2006, pp. 740–759.

③ 卫海英、冯伟:《品牌资产生成路径:基于企业与消费者互动行为的研究视角》,《管理世界》2007年第11期。

④ 卫海英、骆紫薇:《社会互动中的品牌至爱生成机制——基于释义学的研究》,《中国工业经济》2012年第11期。

⑤ K. L. Keller, "Branding and Brand Equity", in Bart Weitz and Robin Wensley, eds., *Handbook of Marketing*, 2002, pp. 151–178.

群体,其建立基础是某品牌的消费群体所构造的社会关系[①]。品牌社群是一种具有组织结构的整体形态,包括三类形成要素:无形要素、有形要素和连接有形与无形的互动要素[②]。有形要素是品牌社群所涵盖的产品、品牌、消费者和营销人员等实体要素;无形要素又称精神要素,是社群成员在品牌社群中所产生的情感融入、情感联结和集体荣誉感,表现为一种群体的情感能量,高情感能量甚至可以表现为一种品牌崇拜和品牌信仰;互动要素是品牌社群的参与者的社交特征,指品牌社群中共有的仪式和惯例[③]。

第二节 仪式

"最好还是在原来的那个时间来。"狐狸说道,"比如说,你下午四点钟来,那么从三点钟起,我就开始感到幸福。时间越接近,我就越感到幸福。到了四点钟的时候,我就会坐立不安;我就会发现幸福的代价。但是,如果你随便什么时候来,我就不知道在什么时候该准备好我的心情……应当有一定的仪式。"

"仪式是什么?"小王子问道。

"这也是经常被遗忘的事情。"狐狸说,"它就是使某一天与其他日子不同,使某一时刻与其他时刻不同。"

——圣埃克苏佩里,《小王子》

仪式(ritual)源自于拉丁语 ritus,是指一种既可表达价值和意义,又有重复模式、规律的系列活动[④],与社会层面上的"礼(rite)"具有相

[①] A. M. Muñiz and H. J. Schau, "Religiosity in the Abandoned Apple Newton Brand Community", *Journal of Consumer Research*, Vol. 31, No. 4, 2005, pp. 737–747.

[②] 薛海波:《品牌社群作用机理理论研究和模型构建》,《外国经济与管理》2012年第2期。

[③] A. M. Muñiz and T. C. O'Guinn, "Brand Community", *Journal of Consumer Research*, Vol. 27, No. 4, 2001, pp. 412–432.

[④] D. W. Rook, "The Ritual Dimension of Consumer Behavior", *Journal of Consumer Research*, Vol. 12, No. 3, 1985, pp. 251–264.

同内涵。人类很早就注意到了仪式的普遍性和重要性。中国儒家代表孔子强调"不学礼，无以立"，西方思想家洛克也指出"礼仪是在一切美德之上加上一层藻饰"。古时便兴起冠礼、相见礼、饮酒礼和乡射礼等社交仪式，现今仍延循春节、中秋节、生日和婚礼等庆祝仪式。仪式化的行为充满了人类的日常生活，从晨起到睡前的每个环节都可能有仪式的踪迹[①]。这些仪式或仪式化行为的价值和意义体现在帮助人们认识自我，建立生活秩序和规律，给人带来放松感、平静感和归属感方面[②]。

仪式是人类社会古老而普遍的文化现象，是社会科学的重要研究领域[③]。"仪式"一词作为研究术语兴起于19世纪，其学术研究肇始于人类学领域[④]。早在19世纪末，人类学和社会学就围绕宗教仪式进行了大量讨论。例如，弗里德里希·威廉·尼采从宗教仪式的角度，在19世纪70年代早期就分析了阿波罗神雕像和狄奥尼修斯雕像之间的不同；宗教学者威廉·罗伯逊·史密斯（William Robertsor Smith）早在19世纪80年代考察了闪米特人（Semites）的古老宗教，发现他们的宗教仪式在贝都因人（Bedouin）部落中仍延续保留，如进餐和祭祀[⑤]。然而，由于19世纪的学界以理性为主流思潮，仪式及其作用被当作文化怪物而屡遭排斥，甚至被视为与"科学精神"相悖的远古产物，从而导致了仪式研究的"空窗期"。之后，一些心理学家发现，现代文明、科技进步和快节奏生活使得人们逐渐摒弃仪式，而这种仪式的缺乏给现代人类带来一系列严重的后果，如抑郁症、肥胖症、酒精依赖、毒品上瘾等[⑥]。鉴于此，20世纪后期，仪式研究重新浮现在学者们的视域中，并在人类学、社会学、

---

① R. Collins, *Interaction Ritual Chains Theory*, NY: Princeton University Press, 2009.
② [苏格兰] 维克多·特纳：《仪式过程：结构与反结构》，黄剑波、柳博赟译，中国人民大学出版社2006年版。
③ 冉雅璇、卫海英、李清、雷超：《心理学视角下的人类仪式：一种意义深远的重复动作》，《心理科学进展》2018年第1期。
④ 彭兆荣：《人类学仪式研究评述》，《民族研究》2002年第2期。
⑤ 参见威廉·冯特《民族宗教心理学纲要》，陆丽青、刘瑶译，宗教文化出版社2008年版。
⑥ [德] 洛蕾利斯·辛格霍夫：《我们为什么需要仪式》，刘永强译，中国人民大学出版社2009年版。

宗教学和心理学等领域流行开来①。近年来，随着仪式越来越广泛地进入到社会的各个领域，管理心理学和消费心理学也开始将视线投向工作或消费情境中的仪式问题②。接下来将回顾和梳理仪式的概念与研究现状。

一　仪式内涵

（一）仪式概念

由于学者们以不同的态度、视角和方法对仪式加以解释，仪式的概念变得越来越复杂。有学者指出"对于某一特定行为是否是仪式的问题，文化人类学家和宗教学家至今没有给出一个明确的标准"③，它可以是一个涂染了艺术色彩的实践，一个特定的宗教程序，一种人类心理上的诉求形式，一种个人经验的记事生活习惯，一种具有制度化功能的行为，一种政治场所内的谋略，一个族群的族性认同，一类节日的庆典，一种人生事件的表演。甚至，Bell 曾提到"几乎所有人类活动都隶属于仪式"④。然而，这种"万事皆仪式"的论点不利于仪式概念的可操纵性、可测量性和可借鉴性，在某种程度上阻碍了仪式的实证研究。虽然学者们对仪式的定义千差万别，但是仍有共同之处可循，如 Legare 和 Souza 指出，人们普遍认为仪式包括特定行为、多重步骤、重复表现和象征元素⑤。

虽然学者们对仪式的定义千差万别，但不难发现其中的一些共同之

---

① C. Bell, *Ritual: Perspectives and Dimensions*, Oxford, England: Oxford University Press, 1997.

② M. Sueldo and D. Streimikiene, "Organizational Rituals as Tools of Organizational Culture Creation and Transformation: A Communicative Approach", *Transformation in Business & Economics*, Vol. 15, No. 2, 2016, pp. 89 – 110; B. Plester, "Ingesting the Organization: The Embodiment of Organizational Food Rituals", *Culture and Organization*, Vol. 21, No. 3, 2015, pp. 251 – 268; Z. Raj, *Brand rituals: How Successful Brands Bond with Customers for Life*, Mill Valley, CA: Spyglass Pub. Group Inc., 2012; D. W. Rook, "The Ritual Dimension of Consumer Behavior", *Journal of Consumer Research*, Vol. 12, No. 3, 1985, pp. 251 – 264.

③ P. Liénard and P. Boyer, "Whence Collective Rituals? A Cultural Selection Model of Ritualized Behavior", *American Anthropologist*, Vol. 108, No. 4, 2006, pp. 814 – 827.

④ C. Bell, *Ritual: Perspectives and Dimensions*, Oxford, England: Oxford University Press, 1997, p. 91.

⑤ C. H. Legare and A. L. Souza, "Evaluating Ritual Efficacy: Evidence from the Supernatural", *Cognition*, Vol. 124, No. 1, 2012, pp. 1 – 15.

处。综合以往研究①，本书提出仪式概念主要包括以下三个要点：（1）流程式动作；（2）象征意义；（3）非功能性行为。其一，仪式应该包含一系列正式的、重复的流程式动作。例如，宗教仪式通常严格遵循一定的流程规范——入场、颂歌、证道、奉献和默想。诸多仪式定义也支持了该要点，如 Tambiah 认为仪式是"一系列规范的、有序的言语和行为的结合……具有正式性、严苛性、融合性和重复性"②，Rossano 也将仪式定义为"正规的、反复的、集中注意力的和规范管理的行为"③。另外，一些实证发现也证实了仪式中流程式动作的必要性。Legare 和 Souza 以巴西的一种驱除厄运仪式 Simpatias 为研究背景，通过操纵仪式的流程重复性和流程步骤数量发现，重复行为和多个步骤是促进仪式有效性的关键前因④。总之，不论仪式的流程化动作是简单（如握手、拥抱）还是复杂（如奥运开幕式），任何仪式应该是由多个流程动作行为而组成⑤。

其二，仪式应具有象征意义，这使得仪式参与者（主观地）认为仪式化行为的意义超越了动作本身。Durkheim 指出，由于人类对大自然不可控制和难以预测感到恐惧，宗教仪式便形成了最初的象征意义——人类与大自然进行"对话"的渠道⑥。在 Durkheim 的理论基础上，Collins

---

① A. W. Brooks, J. Schroeder, J. L. Risen, F. Gino, A. D. Galinsky, M. I. Norton and M. E. Schweitzer, "Don't Stop Believing: Rituals Improve Performance by Decreasing Anxiety", *Organizational Behavior and Human Decision Processes*, Vol. 137, 2016, pp. 71 – 85; M. I. Norton and F. Gino, "Rituals Alleviate Grieving for Loved Ones, Lovers, and Lotteries", *Journal of Experimental Psychology: General*, Vol. 143, No. 1, 2014, pp. 266 – 272; K. D. Vohs, Y. Wang, F. Gino and M. I. Norton, "Rituals Enhance Consumption", *Psychological Science*, Vol. 24, No. 9, 2013, pp. 1714 – 1721; K. D. Vohs and Y. Wang, "Rituals Improve Emotions, Consumption, Interpersonal Relationships, and Even Luck", *Advances in Consumer Research*, Vol. 40, 2012, pp. 5 – 8; D. W. Rook, "The Ritual Dimension of Consumer Behavior", *Journal of Consumer Research*, Vol. 12, No. 3, 1985, pp. 251 – 264.

② S. J. Tambiah, "A Performative Approach to Ritual", *Proceedings of the British Academy London*, Vol. 65, 1979, pp. 113 – 169.

③ M. J. Rossano, "The Essential Role of Ritual in the Transmission and Reinforcement of Social Norms", *Psychological Bulletin*, Vol. 138, No. 3, 2012, pp. 529 – 549.

④ C. H. Legare and A. L. Souza, "Evaluating Ritual Efficacy: Evidence from the Supernatural", *Cognition*, Vol. 124, No. 1, 2012, pp. 1 – 15.

⑤ D. W. Rook, "The Ritual Dimension of Consumer Behavior", *Journal of Consumer Research*, Vol. 12, No. 3, 1985, pp. 251 – 264.

⑥ E. Durkheim, *The Elementary Forms of Religious Life*, NY, New York: Free Press, 1965.

的互动仪式链理论进一步强调了符号意义在仪式中的作用，一方面符号资本（如群体身份）是进入仪式的必要因素，另一方面意义符号（如形象化文字、姿势）是仪式完成的结果，即符号意义贯穿了仪式的始终①。虽然一些仪式化行为来源于对动物的观察［如常规行为（routine action）］②，但是仪式限定于人类的社会行为的范畴。Barrett 和 Lawson 也通过实证发现，与简单的流程化动作不同，仪式必须向参与者传递象征意义③。

其三，仪式的独特性在于组成仪式的动作通常不具备其直接的功能性目的。以基督教的受洗仪式为例，仪式的目的并非是"洗"本身，而是代表信徒接受宗教信仰的象征意义。Staal 从功能主义的角度认为，"仪式是纯粹的行为，实则没有意义或目的"④。仪式的这个特点使其与"常规行为"有着本质的不同：常规行为是功能性或实践性的，与行为的目的息息相关；而仪式的行为是象征性的，与仪式目的通常无关⑤。例如，赛前热身常规与运动员的表现直接相关，如肌肉拉伸提高灵活性，而赛前热身仪式则与运动员的表现无直接关系，如波士顿 Red Sox 棒球队的前第三垒手 Wade Boggs 在每次赛前都会吃炸鸡和写 Chai 这个字，吃炸鸡和写字本身和他的表现没有联系。

（二）仪式分类

仪式并非仅限于宗教，也会出现在日常生活中。例如，Brooks 等采

---

① R. Collins, *Interaction Ritual Chains Theory*, NY: Princeton University Press, 2009.
② 参见 N. Tinbergen, "'Derived' Activities: Their Causation, Biological Significance, Origin, and Emancipation during Evolution", *The Quarterly Review of Biology*, Vol. 27, No. 1, 1952, pp. 1-32.
③ J. Barrett and E. Lawson, "Ritual Intuitions: Cognitive Contributions to Judgment of Ritual Efficacy", *Journal of Cognition and Culture*, Vol. 1, No. 2, 2001, pp. 183-201.
④ F. Staal, "The Meaninglessness of Ritual", *Numen*, Vol. 26, No. 1, 1979, pp. 2-22.
⑤ N. Stambulova, A. Stambulov and U. Johnson, "Believe in Yourself, Channel Energy, and Play Your Trumps: Olympic Preparation in Complex Coordination Sports", *Psychology of Sport and Exercise*, Vol. 13, No. 5, 2012, pp. 679-686; S. Cotterill, "Pre-Performance Routines in Sport: Current Understanding and Future Directions", *International Review of Sport and Exercise Psychology*, Vol. 3, No. 2, 2010, pp. 132-153; P. Boyer and P. Liénard, "Why Ritualized Behavior? Precaution Systems and Action Parsing in Developmental, Pathological and Cultural Rituals", *Behavioral and Brain Sciences*, Vol. 29, No. 6, 2006, pp. 595-613.

用探索性分析发现，现代社会中84%的仪式为个人层面、69%是非宗教①；类似的，Norton和Gino聚焦于人们应对悲伤事件仪式的质性研究表明，90%的仪式为个人的、95%为非宗教②。由于仪式的私人化、日常化和多样化，众多学者对其进行了分类，见表2—1。

对于宗教仪式，Durkheim将其分为积极仪式和消极仪式。积极仪式是促进人与神灵接触的仪式，消极仪式指神灵的教训和规定③。维克多·特纳将仪式分为生命过渡仪式和减灾仪式，前者特指生命转折中出现的仪式，后者指在减少神灵降灾影响的仪式④。此外，还有一些学者对非宗教仪式也进行了划分。Van Gennep根据仪式的发生重复性，将仪式分为个人生命转折仪式（即人生只发生一次的仪式，如出生）和历年再现仪式（如生日）⑤。Rook认为仪式行为共有五类原因：宇宙论、文化价值、群体学习、个人目标和生物论，其中基于宇宙论的仪式有宗教仪式、魔法仪式和艺术仪式，基于文化价值的仪式有过渡仪式和文化仪式，基于群体学习的仪式有民族仪式、团队仪式和家庭仪式，基于个人目标的仪式是个人仪式（如清洁仪式），基于生物论的仪式是动物仪式（如寻偶仪式）⑥。Cova和Salle通过总结以往学者的观点，将仪式分为整合仪式（rituals of integration）和互动仪式（rituals of interaction），前者描述宏观

---

① A. W. Brooks, J. Schroeder, J. L. Risen, F. Gino, A. D. Galinsky, M. I. Norton and M. E. Schweitzer, "Don't Stop Believing: Rituals Improve Performance by Decreasing Anxiety", *Organizational Behavior and Human Decision Processes*, Vol. 137, 2016, pp. 71–85.

② M. I. Norton and F. Gino, "Rituals Alleviate Grieving for Loved Ones, Lovers, and Lotteries", *Journal of Experimental Psychology: General*, Vol. 143, No. 1, 2014, pp. 266–272.

③ E. Durkheim, *The Elementary Forms of Religious Life*, NY, New York: Free Press, 1965.

④ ［苏格兰］维克多·特纳：《仪式过程：结构与反结构》，黄剑波、柳博赟译，中国人民大学出版社2006年版。

⑤ 参见R. Zumwalt, "Arnold van Gennep: The Hermit of Bourg-la-Reine", *American Anthropologist*, Vol. 84, No. 2, 1982, pp. 299–313; S. Cotterill, "Pre-Performance Routines in Sport: Current Understanding and Future Directions", *International Review of Sport and Exercise Psychology*, Vol. 3, No. 2, 2010, pp. 132–153.

⑥ D. W. Rook, "The Ritual Dimension of Consumer Behavior", *Journal of Consumer Research*, Vol. 12, No. 3, 1985, pp. 251–264.

的社会和宗教仪式,后者聚焦于微观的人际和个人仪式①。

表2—1　　　　　　　　　仪式的分类和结构

作者	是否仅是宗教仪式	仪式分类	
		分类标准	仪式类型
Durkheim ②	是	属性效价	消极仪式、积极仪式
特纳 ③	是	行为动机	生命危机仪式、减灾仪式
Zumwalt ④	否	时间维度	个人生命转折仪式、历年再现仪式
Rook ⑤	否	多维分类	基于宇宙论:宗教仪式、魔法仪式、艺术仪式 基于文化价值:过渡仪式、文化仪式 基于群体学习:民族仪式、团队仪式、家庭仪式 基于个人目标:个人仪式 基于生物论:动物仪式
Cova 和 Salle ⑥	否	宏微层面	整合仪式、互动仪式

资料来源:根据文献整理。

总体来看,不同学者对仪式内容的划分存在较大差异,仅 Rook 的划分较为全面。究其原因,可能是受内涵宽泛、视角差异和研究目的的影响,仪式的概念界定还难以达成共识,致使结构划分较为多样。因此,

---

① B. Cova and R. Salle, "Rituals in Managing Extrabusiness Relationships in International Project Marketing: A Conceptual Framework", *International Business Review*, Vol. 9, No. 6, 2000, pp. 669 – 685.

② E. Durkheim, *The Elementary Forms of Religious Life*, NY, New York: Free Press, 1965.

③ [苏格兰]维克多·特纳:《仪式过程:结构与反结构》,黄剑波、柳博赟译,中国人民大学出版社2006年版。

④ R. Zumwalt, "Arnold van Gennep: The Hermit of Bourg-la-Reine", *American Anthropologist*, Vol. 84, No. 2, 1982, pp. 299 – 313.

⑤ D. W. Rook, "The Ritual Dimension of Consumer Behavior", *Journal of Consumer Research*, Vol. 12, No. 3, 1985, pp. 251 – 264.

⑥ B. Cova and R. Salle, "Rituals in Managing Extrabusiness Relationships in International Project Marketing: A Conceptual Framework", *International Business Review*, Vol. 9, No. 6, 2000, pp. 669 – 685.

后续研究亟待从整合视角，结合理论与实证，开发一个更具针对性的客观分类标准。

二 研究现状

（一）主要研究方法

由仪式的概念可知，仪式的形成至少要考虑三方面因素：流程式动作，象征意义，非功能性的动机。因此，典型的仪式通常由一系列动作组成，并且这些动作既被赋予了象征意义，还不具备直接工具性目的。依据这一前提假设，研究者们主要采取了两种任务来操控仪式——回忆法和情境任务法。

回忆法主要用于检验仪式与一些特定结果的关系。具体而言，回忆法是通过指定特定事件，引导被试尽量回忆且写下具体细节，借此达到让被试设身处地重新感受参与仪式的目的，从而测量仪式与结果之间的相关性。例如，Norton 和 Gino 采用了 2（情境：关系终结 vs. 好友逝世）×2（仪式：有 vs. 无）的组间因子设计，有仪式组的被试阅读的流程是：首先被试回忆一次关系终结（或者好友逝世）的事件，然后让被试回忆当初如何渡过那段时光，并描述一次为了渡过那段时光而参与的仪式体验；而在无仪式组的被试仅回忆如何渡过那段关系终结（或好友逝世）后的时光，并未提及仪式体验[1]。该实验的结果证实，该方法的确能在一定程度上启动被试的仪式参与体验，但它也存在一定的不足：首先，虽然无仪式组的实验材料并未让被试回忆仪式，但是人们倾向于在负面事件中参与仪式（如好友逝世后参加葬礼仪式）[2]，因此无仪式组的被试仍可能会回忆到仪式；其次，仪式的回忆法操控比较主观，不同被试回忆的仪式类型可能具有较大差异。

---

[1] M. I. Norton and F. Gino, "Rituals Alleviate Grieving for Loved Ones, Lovers, and Lotteries", *Journal of Experimental Psychology: General*, Vol. 143, No. 1, 2014, pp. 266–272.

[2] G. C. Homans, "Anxiety and Ritual: The Theories of Malinowski and Radcliffe-Brown", *American Anthropologist*, Vol. 43, No. 2, 1941, pp. 164–172.

情境任务法是仪式研究中最普遍的研究范式①。从操控的方法上，仪式操控主要从动作步骤数量和重复性（repetition）、特殊性（specialness）和因果模糊性（casual opacity）三个方面。

基于动作步骤的仪式设计。Legare 和 Souza 通过操控巴西的 Simpatias 仪式的 9 项具体属性，如仪式时间、仪式地点、仪式流程等，实验结果发现：流程重复性、流程步骤和宗教符号是影响仪式有效性的关键因素②。在此研究的基础上，众多学者通过动作步骤数量的设计操控仪式。例如，Vohs 等的实验一为 2（仪式：有 vs. 无）组间因子设计，仪式组的被试被要求以一套特定的流程试吃巧克力——"在不打开包装的情况下，从中间断开巧克力→打开巧克力→试吃巧克力"，而无仪式组的被试将等待同样时间并直接试吃巧克力③。类似地，Norton 和 Gino 的实验一设计了一个仪式，仪式步骤为"用两分钟的时间，在纸上写下你当前的感受→撒一把盐在纸上→将纸撕碎→在脑海中从一数到十，重复五次→仪式结束"④。Brooks 等设计了一个放松自我的仪式，步骤如下"慢慢从十数到零，然后从零数到十→缓慢读出每个数字，并写下→撒盐→把纸折起来→扔掉纸，结束仪式"⑤。

---

① A. W. Brooks, J. Schroeder, J. L. Risen, F. Gino, A. D. Galinsky, M. I. Norton and M. E. Schweitzer, "Don't Stop Believing: Rituals Improve Performance by Decreasing Anxiety", *Organizational Behavior and Human Decision Processes*, Vol. 137, 2016, pp. 71 – 85；C. H. Legare and A. L. Souza, "Evaluating Ritual Efficacy: Evidence from the Supernatural", *Cognition*, Vol. 124, No. 1, 2012, pp. 1 – 15；M. I. Norton and F. Gino, "Rituals Alleviate Grieving for Loved Ones, Lovers, and Lotteries", *Journal of Experimental Psychology: General*, Vol. 143, No. 1, 2014, pp. 266 – 272；R. Kapitány and M. Nielsen, "Adopting the Ritual Stance: The Role of Opacity and Context in Ritual and Everyday Actions", *Cognition*, Vol. 145, 2015, pp. 13 – 29；K. D. Vohs, Y. Wang, F. Gino and M. I. Norton, "Rituals Enhance Consumption", *Psychological Science*, Vol. 24, No. 9, 2013, pp. 1714 – 1721.

② C. H. Legare and A. L. Souza, "Evaluating Ritual Efficacy: Evidence from the Supernatural", *Cognition*, Vol. 124, No. 1, 2012, pp. 1 – 15.

③ K. D. Vohs, Y. Wang, F. Gino and M. I. Norton, "Rituals Enhance Consumption", *Psychological Science*, Vol. 24, No. 9, 2013, pp. 1714 – 1721.

④ M. I. Norton and F. Gino, "Rituals Alleviate Grieving for Loved Ones, Lovers, and Lotteries", *Journal of Experimental Psychology: General*, Vol. 143, No. 1, 2014, pp. 266 – 272.

⑤ A. W. Brooks, J. Schroeder, J. L. Risen, F. Gino, A. D. Galinsky, M. I. Norton and M. E. Schweitzer, "Don't Stop Believing: Rituals Improve Performance by Decreasing Anxiety", *Organizational Behavior and Human Decision Processes*, Vol. 137, 2016, pp. 71 – 85.

基于特殊性的仪式设计。此外，一些研究从行为的特殊性来操控仪式。Barrett 和 Lawson 通过操纵行动者角色来启动被试对仪式的认知原型（prototype），仪式组将行动者称为"一位特殊的人（a special person）"，而非仪式组将行动者称为"一位普通的人（an ordinary person）"①；Sorensen 等也发现，相比行动者为"农民"，行动者是"药师"会让被试认为更"像"仪式②。

基于因果模糊性的仪式设计。虽然大量研究指出仪式动作之间的因果模糊程度是判断仪式有效性的关键③，但是目前仅 Kapitány 和 Nielsen 对此进行了实证检验。其中，仪式组被试看到的流程为"将面前的三杯水，从右到左，将小杯中的液体倒入大杯中→先用小抹布隔空在杯子外挥舞→垂直举起小杯，悬空倒入大杯→举起到头顶，旋转，发出 mmmmmm 的声音→结束"，而控制组的被试看到的流程是"将面前的三杯水，从右到左，将小杯中的液体倒入大杯中→先用小抹布擦拭杯子→将小杯中的液体直接倒入大杯→拿起大杯搅动，发出 hmmmm 的声音→结束"。对比可知，仪式组和非仪式组的动作流程数量相同，动作类似但非仪式组的动作更容易理解且可预测，如仪式组中的步骤二是"用小抹布在杯子外挥舞"，而非仪式组是"用小抹布擦拭杯子"④。

以上三种情境任务法的范式在仪式研究中受到广泛应用，但由于现有研究集中于对比仪式有无的差异效应，忽略了这三种方法的些许不足。第一，对于动作步骤数量和重复性的仪式操纵方式，仪式组和非仪式组之间容易存在认知资源投入的差异，即仪式组的被试会比非仪式组消耗更多认知资源和注意力。认知资源投入和注意力程度与个体的情感反应

---

① J. Barrett and E. Lawson, "Ritual Intuitions: Cognitive Contributions to Judgment of Ritual Efficacy", *Journal of Cognition and Culture*, Vol. 1, No. 2, 2001, pp. 183 – 201.

② J. Sorensen, P. Lienard and C. Feeny, "Agent and Instrument in Judgements of Ritual Efficacy", *Journal of Cognition and Culture*, Vol. 6, No. 3 – 4, 2006, pp. 463 – 482.

③ N. Stambulova, A. Stambulov and U. Johnson, "Believe in Yourself, Channel Energy, and Play Your Trumps: Olympic Preparation in Complex Coordination Sports", *Psychology of Sport and Exercise*, Vol. 13, No. 5, 2012, pp. 679 – 686.

④ R. Kapitány and M. Nielsen, "Adopting the Ritual Stance: The Role of Opacity and Context in Ritual and Everyday Actions", *Cognition*, Vol. 145, 2015, pp. 13 – 29.

和认知反应（如 *involvement*）密切相关①，由此动作步骤的仪式设计难以排除该类因素的影响。第二，针对动作特殊性的仪式设计，"特殊"的定义难以避免地存在较强的主观性和文化差异性。例如，Barrett 和 Lawson 在实验中对被试进行了"特殊"的解释——"具有奇特属性或神灵权柄的事物"②，这样的解释不免会使得被试产生需求效应（demand effect）。第三，因果模糊程度的仪式设计避免了动作步骤数量的仪式设计的不足，但是该仪式设计仅能用于仪式程度高低的对比，难以直接探讨仪式与非仪式的差异。

（三）仪式前因

仪式因素。互动仪式链（interaction ritual chain）理论诠释了仪式形成过程，该理论指出，现场聚集、符号资本、共同关注和共享情感是进入仪式的基本要素③。其中，现场聚集是两个或两个以上的人聚集在同一情境，符号资本是指对局外人设定的互动界限，共同关注是互动参与者将注意力集中在同一对象，共享情感是参与者分享共同的情绪或情感体验。一些质性研究证实了这四种因素成立的必要性。比如，Maloney 对 22 家减肥团体网站的 18 个月的内容进行了质性研究，他认为：网站平台是减肥者的仪式聚集地，特殊语言和团队符号是互动界限，减肥事件是共同关注对象，情感分享是仪式的举行模式④；冉雅璇和卫海英基于互动仪式链理论对 6 家企业的危机应对仪式进行了案例分析，他们指出网络或媒体使消费者产生跨地域和跨时间的现场聚集，危机事件是共同关注对象，危机应对的仪式内容包括企业向消费者传递的符号和情感⑤。因此，

---

① Y. Jiang, R. Adaval, Y. Steinhart and R. S. Wyer, "Imagining Yourself in the Scene: The Interactive Effects of Goal-driven Self-imagery and Visual Perspectives on Consumer Behavior", *Journal of Consumer Research*, Vol. 41, No. 2, 2014, pp. 418 – 435.

② J. Barrett and E. Lawson, "Ritual Intuitions: Cognitive Contributions to Judgment of Ritual Efficacy", *Journal of Cognition and Culture*, Vol. 1, No. 2, 2001, pp. 183 – 201.

③ R. Collins, *Interaction Ritual Chains Theory*, NY: Princeton University Press, 2009.

④ P. Maloney, "Online Networks and Emotional Energy: How Pro-anorexic Websites Use Interaction Ritual Chains to (Re) form Identity", *Information, Communication & Society*, Vol. 16, No. 1, 2013, pp. 105 – 124.

⑤ 冉雅璇、卫海英：《互动仪式链视角下品牌危机应对的多案例研究》，《管理学报》2016 年第 5 期。

现场聚集、符号资本、共同关注和共享情感这四种因素对不同情境下的仪式都具有极强的解释力。此外，还有一些实证研究验证了这四种仪式因素的某一种。以现场聚集为例，Wallendorf 和 Arnould 搜集了长达 5 年的美国人消费数据，通过分析感恩节（Thanksgiving day）中的消费仪式发现，聚集（being together）是消费仪式的基础[1]；O'Guinn 等关注于聚集的拥挤程度，探讨了拥挤的负面效果，即拥挤可能让人产生低社会阶层的联想[2]。

情绪。情绪是人们产生仪式行为的关键原因。Wellman 等从美国 1250 间大型基督教堂中抽取了 12 间典型样本，通过质性分析和问卷调研发现，集体的情感体验（即共享情感）是形成仪式的直接驱动力。具体来讲，情绪可根据效价分为正面情绪和负面情绪，这两类情绪都会对仪式行为的形成产生影响[3]。

一方面，负面情绪如不安或焦虑（anxiety）会促进个体参与仪式行为。早在 19 世纪初期，Malinowski 通过观察美拉尼西亚（Melanesia）渔民行为就发现了不安情绪和仪式行为的相关性——当渔民在航海过程中遭遇恶劣天气时，他们会举行一种仪式；而当渔民在航海过程中没有遇到恶劣天气时，他们则较少甚至不会举行任何仪式[4]。一些研究也表明，仪式的产生通常伴随着一些不确定事件，如死亡、诞生、婚礼和毕业，也包括一些压力情境，如公开演讲和运动比赛[5]。Ai 等发现，在美国遭遇

---

[1] M. Wallendorf and E. J. Arnould, "'We Gather Together': Consumption Rituals of Thanksgiving Day", *Journal of Consumer Research*, Vol. 18, No. 1, 1991, pp. 13 – 31.

[2] T. C. O'Guinn, R. J. Tanner and A. Maeng, "Turning to Space: Social Density, Social Class, and the Value of Things in Stores", *Journal of Consumer Research*, Vol. 42, No. 2, 2015, pp. 196 – 213.

[3] J. K. Wellman, K. E. Corcoran and K. Stockly-Meyerdirk, "'God Is Like a Drug…': Explaining Interaction Ritual Chains in American Megachurches", *Sociological Forum*, Vol. 29, No. 3, 2014, pp. 650 – 672.

[4] 参见 G. C. Homans, "Anxiety and Ritual: The Theories of Malinowski and Radcliffe-Brown", *American Anthropologist*, Vol. 43, No. 2, 1941, pp. 164 – 172.

[5] C. S. Alcorta and R. Sosis, "Ritual, Emotion, and Sacred Symbols: The Evolution of Religion as an Adaptive Complex", *Human Nature*, Vol. 16, No. 4, 2005, pp. 323 – 359; R. Zumwalt, "Arnold van Gennep: The Hermit of Bourg-la-Reine", *American Anthropologist*, Vol. 84, No. 2, 1982, pp. 299 – 313.

911恐怖袭击事件后,美国人的祷告仪式频率有显著提升①;Lang 等采用运动捕捉技术测量个体在公开演讲时的手部动作,通过操控演讲者的不安情绪发现,不安情绪会正向预测演讲中的仪式化行为②。

另一方面,正面情绪可以促使人们参与仪式③。对于初次参与的仪式,兴趣和好奇会促进个体的参与意愿和行为④,而对于再次参与的仪式,积极情绪如乐趣(joy)会使得个体维护仪式,并加强再次参与意愿⑤。Arnould 和 Price 通过分析科罗拉多流域漂流的仪式特征发现,超凡情感体验(如兴奋感、愉悦感)是消费者再次参与漂流仪式的驱动力⑥。

认知。仪式信念(belief in rituals)——即仪式参与者是否相信仪式的作用——是学者们最关注的认知因素。总体来讲,仪式信念与仪式参与意愿正相关⑦。然而,有关仪式信念如何影响仪式对个体的作用(即仪式信念的调节作用),已有研究结论还存在分歧。一类研究持"信则有、不信则无"的观点,认为仪式和迷信(superstition)的效果类似。

---

① A. L. Ai, T. N. Tice, C. Peterson and B. Huang, "Prayers, Spiritual Support, and Positive Attitudes in Coping with the September 11 National Crisis", *Journal of Personality*, Vol. 73, No. 3, 2005, pp. 763 – 792.

② M. Lang, J. Krátký, J. H. Shaver, D. Jerotijević and D. Xygalatas, "Effects of Anxiety on Spontaneous Ritualized Behavior", *Current Biology*, Vol. 25, No. 14, 2015, pp. 1892 – 1897.

③ P. Boyer and P. Liénard, "Why Ritualized Behavior? Precaution Systems and Action Parsing in Developmental, Pathological and Cultural Rituals", *Behavioral and Brain Sciences*, Vol. 29, No. 6, 2006, pp. 595 – 613.

④ K. D. Vohs, Y. Wang, F. Gino and M. I. Norton, "Rituals Enhance Consumption", *Psychological Science*, Vol. 24, No. 9, 2013, pp. 1714 – 1721; Z. Raj, *Brand rituals: How Successful Brands Bond with Customers for Life*, Mill Valley, CA: Spyglass Pub. Group Inc., 2012.

⑤ J. A. Johnson, "The Window of Ritual: Seeing the Intentions and Emotions of 'Doing' Gender", *Gender Issues*, Vol. 26, No. 1, 2009, pp. 65 – 84; P. Maloney, "Online Networks and Emotional Energy: How Pro-anorexic Websites Use Interaction Ritual Chains to (Re) form Identity", *Information, Communication & Society*, Vol. 16, No. 1, 2013, pp. 105 – 124.

⑥ E. J. Arnould and L. L. Price, "River Magic: Extraordinary Experience and the Extended Service Encounter", *Journal of Consumer Research*, Vol. 20, No. 1, 1993, pp. 24 – 45.

⑦ S. G. Myers, T. Grøtte, S. Haseth, I. C. Guzey, B. Hansen, P. A. Vogel and S. Solem, "The Role of Metacognitive Beliefs about Thoughts and Rituals: A Test of the Metacognitive Model of Obsessive-Compulsive Disorder in a Clinical Sample", *Journal of Obsessive-Compulsive and Related Disorders*, Vol. 13, 2017, pp. 1 – 6.; S. L. Holak, "Ritual Blessings with Companion Animals", *Journal of Business Research*, Vol. 61, No. 5, 2008, pp. 534 – 541.

在参与过程中，仪式充当一种安慰剂（placebo）的功能，参与者是否相信仪式有效与仪式的效果直接相关，因此仪式信念正向调节仪式对参与者的影响①。Brooks 等通过操纵（仪式 vs. 随机行为 vs. 无仪式），其中仪式组中实验材料将行为步骤描述为"仪式"，而随机行为组中则描述为"随机行为"，然后让被试参与一项数学测试。实验结果发现：相比随机行为组和控制组，仪式组被试的测试成绩最高，由此说明仪式信念是仪式有效性的关键前因②。

与以上观点相反，另一类研究则认为仪式信念并不会左右仪式对个体的影响。该类研究强调"化影响于无形"，仪式已渗透到人们日常生活的方方面面，不论相信与否，经过社会化的正常个体都会形成一种仪式图式（ritual schema），这种图式会使人们无形中受到仪式的影响。例如，Norton 和 Gino 让被试想象"爱人去世"的情景（实验2），然后一组被试参与一项仪式，另一组被试等待相同时间，最后测试被试的悲痛情绪和仪式信念，结果发现：仪式信念并不调节仪式对情绪的影响③。再如，Legare 和 Souza 的实验4表明一项巴西仪式会对美国被试产生作用，这也间接证实了仪式的作用不受到信念的影响④。

本书提出，已有结论的差异可能缘于仪式类型而导致的心理表征（mental representation）的不同。具体来讲，不同类型仪式的动作有所差异，而这种动作差异会激发仪式信念的不同的心理表征，如 Zhang 等的研究发现，逃避型仪式动作（如扔球）比接近型仪式动作（如接球）

---

① Y. Zhang, J. L. Risen and C. Hosey, "Reversing One's Fortune by Pushing Away Bad Luck", *Journal of Experimental Psychology: General*, Vol. 143, No. 3, 2014, pp. 1171 – 1184; N. Stambulova, A. Stambulov and U. Johnson, "Believe in Yourself, Channel Energy, and Play Your Trumps: Olympic Preparation in Complex Coordination Sports", *Psychology of Sport and Exercise*, Vol. 13, No. 5, 2012, pp. 679 – 686.

② A. W. Brooks, J. Schroeder, J. L. Risen, F. Gino, A. D. Galinsky, M. I. Norton and M. E. Schweitzer, "Don't Stop Believing: Rituals Improve Performance by Decreasing Anxiety", *Organizational Behavior and Human Decision Processes*, Vol. 137, 2016, pp. 71 – 85.

③ M. I. Norton and F. Gino, "Rituals Alleviate Grieving for Loved Ones, Lovers, and Lotteries", *Journal of Experimental Psychology: General*, Vol. 143, No. 1, 2014, pp. 266 – 272.

④ C. H. Legare and A. L. Souza, "Evaluating Ritual Efficacy: Evidence from the Supernatural", *Cognition*, Vol. 124, No. 1, 2012, pp. 1 – 15.

更容易使人产生逃脱厄运的心理表征,从而降低感知负面事情发生的可能性①。由此推测,当仪式动作激发与结果相关的心理表征时,仪式信念会正向调节仪式对参与者的影响,反之,当仪式动作没有激发与结果相关的心理表征时,仪式信念则不会影响仪式对参与者的作用。

(四)仪式后效

仪式的情绪抚慰作用——进化理论视角。进化理论(evolutionary theory)指出,人类总是力图认识并解释自我、世界以及两者关系。这种现象是人类本能的一部分,可以促进人类文明的进化。宗教仪式具有人类进化的意义,主要用于人类抵抗大自然灾害和超自然(supernatural)现象时的情景,帮助人类克服在认识世界时的无助感,是支撑着一个民族祖祖辈辈的生存信念和生存方式。因此长此以往,仪式能激活个体大脑中的多巴胺奖励体系(dopaminergic reward system),从而给人带来情绪抚慰②。临床心理学研究证实,仪式化行为能抚慰患有与焦虑有关疾病的患者的情绪。譬如,强迫症患者(obsessive-compulsive disorder)的典型症状是反复出现一些行为(即仪式化行为),这些行为可以弱化患者的焦虑情绪,而阻碍这些行为会增加患者的狂躁和不安③;自闭综合征患者也会出现类似的现象④。鉴于仪式的重要作用,仪式逐渐被纳入心理治疗方法。Jacobs 以 25 位被性侵的女性受害者为研究对象,通过问卷和访谈发现:参与宗教仪式可以降低害怕、缓解愤怒以及减少情感疼痛感,从而有助于受害者心理健康的恢复⑤。辛格霍夫通过心理咨询的临床案例发

---

① A. W. Brooks, J. Schroeder, J. L. Risen, F. Gino, A. D. Galinsky, M. I. Norton and M. E. Schweitzer, "Don't Stop Believing: Rituals Improve Performance by Decreasing Anxiety", *Organizational Behavior and Human Decision Processes*, Vol. 137, 2016, pp. 71 – 85.

② C. S. Alcorta and R. Sosis, "Ritual, Emotion, and Sacred Symbols: The Evolution of Religion as an Adaptive Complex", *Human Nature*, Vol. 16, No. 4, 2005, pp. 323 – 359.

③ P. Boyer and P. Liénard, "Ritual Behavior in Obsessive and Normal Individuals: Moderating Anxiety and Reorganizing the Flow of Action", *Current Directions in Psychological Science*, Vol. 17, No. 4, 2008, pp. 291 – 294.

④ M. Lang, J. Krátký, J. H. Shaver, D. Jerotijević and D. Xygalatas, "Effects of Anxiety on Spontaneous Ritualized Behavior", *Current Biology*, Vol. 25, No. 14, 2015, pp. 1892 – 1897.

⑤ J. L. Jacobs, "The Effects of Ritual Healing on Female Victims of Abuse: A Study of Empowerment and Transformation", *Sociology of Religion*, Vol. 50, No. 3, 1989, pp. 265 – 279.

现，仪式可以用于解决夫妻冲突、渡过危机、告别父母等方面的问题①。Romanoff 和 Thompson 也提倡，临终关怀治疗的心理辅导中可以加入"说故事（telling a story）"的仪式，即向其他病患和家人分享自己的疾病和生命，这样的仪式能增强临终者的社会联结感和情绪平静②。

对于心理状态正常的社会个体，日常仪式同样会产生情绪抚慰的进化效应，既促进正面情绪，也抑制负面情绪。对于正面情绪，Vohs 等发现，在巧克力、胡萝卜和柠檬水的食品尝试过程中加入仪式（如巧克力仪式是在不打开包装的情况下掰断巧克力），被试对食品评价的享受程度和愉悦程度会更高，甚至还认为加入仪式的食物更加美味③；Massa 等针对安大略省的葡萄酒庄发现，仪式可以给消费者带来激情体验，进而促使消费者的口碑传播④。对于负面情绪，仪式既有缓解悲伤情绪（如失去爱人）的作用⑤，还有降低焦虑情绪的效应。例如，Brooks 等发现仪式能有效地平复个体在公开唱歌和数学测试背景下的焦虑情绪⑥，Tinson 和 Nuttall 指出毕业舞会是英国高中生释放焦虑情绪的重要仪式⑦。

仪式的认知恢复作用——具身认知理论视角。具身认知理论（embodied cognition theory）认为，认知是具体身体的认知，即人类的认知活动是通过身体体验及其所处环境的互动而形成的。详细而言，高水平的

---

① ［德］洛蕾利斯·辛格霍夫：《我们为什么需要仪式》，刘永强译，中国人民大学出版社 2009 年版。

② B. D. Romanoff and B. E. Thompson, "Meaning Construction in Palliative Care: The Use of Narrative, Ritual, and the Expressive Arts", *American Journal of Hospice & Palliative Medicine*, Vol. 23, No. 4, 2006, pp. 309–316.

③ K. D. Vohs, Y. Wang, F. Gino and M. I. Norton, "Rituals Enhance Consumption", *Psychological Science*, Vol. 24, No. 9, 2013, pp. 1714–1721.

④ F. Massa, W. Helms, M. Voronov and L. Wang, "Emotion Uncorked: Inspiring Evangelism for the Emerging Practice of Cool Climate Wine Making in Ontario", *Academy of Management Journal*, Vol. 60, No. 2, 2016, pp. 461–499.

⑤ M. I. Norton and F. Gino, "Rituals Alleviate Grieving for Loved Ones, Lovers, and Lotteries", *Journal of Experimental Psychology: General*, Vol. 143, No. 1, 2014, pp. 266–272.

⑥ A. W. Brooks, J. Schroeder, J. L. Risen, F. Gino, A. D. Galinsky, M. I. Norton and M. E. Schweitzer, "Don't Stop Believing: Rituals Improve Performance by Decreasing Anxiety", *Organizational Behavior and Human Decision Processes*, Vol. 137, 2016, pp. 71–85.

⑦ J. Tinson and P. Nuttall, "Exploring Appropriation of Global Cultural Rituals", *Journal of Marketing Management*, Vol. 26, No. 11–12, 2010, pp. 1074–1090.

认知加工需要感知—运动系统参与,且个体的感知—运动内嵌在一个更广泛的生物、心理和文化的外部情境中①。仪式既包含一系列指定的躯体动作,又内置于特定的社会和文化情境下,因此,仪式可以对个体的认知——注意力和控制感——产生影响。其一,仪式包含一系列非功能性的动作,这可以作为转移注意力的方式,从而排解负面想法和记忆。一些宗教仪式的发现为注意力机制提供了佐证,如天主教的大学学生在诵读经文后会表现出更高的专注力②。另外,Boyer和Liénard也指出,仪式的关键要素——无意义行为会占据认知资源和工作记忆,并且那些重复行为会弱化短时记忆,可见仪式会直接影响个体的注意力资源③。

其二,仪式中重复和刻板的行为动作能够满足个体的秩序需求（need for order）和控制感（feelings of control）。学者们普遍认同,仪式（特别是宗教仪式）的最初来源是人类对于大自然的不可控,参与宗教仪式可以使得人类重获控制感④。一些基于控制补偿理论（control compensation theory）的研究证实,控制剥夺（control deprivation）的个体更倾向于表现出规律重复的仪式化动作,且更容易信仰上帝,以此达到恢复个体控制感的目的⑤。因此,仪式或仪式化动作可以产生控制补偿的效果。

仪式促进人际关系和谐——互动仪式链理论。互动仪式链理论（interaction ritual chain theory）关注了两人或两人以上的仪式场景,并从互

---

① 叶浩生:《有关具身认知思潮的理论心理学思考》,《心理学报》2011年第5期。

② M. W. Anastasi and A. B. Newberg, "A Preliminary Study of the Acute Effects of Religious Ritual on Anxiety", *The Journal of Alternative and Complementary Medicine*, Vol. 14, No. 2, 2008, pp. 163 – 165.

③ P. Boyer and P. Liénard, "Why Ritualized Behavior? Precaution Systems and Action Parsing in Developmental, Pathological and Cultural Rituals", *Behavioral and Brain Sciences*, Vol. 29, No. 6, 2006, pp. 595 – 613.

④ M. Lang, J. Krátký, J. H. Shaver, D. Jerotijević and D. Xygalatas, "Effects of Anxiety on Spontaneous Ritualized Behavior", *Current Biology*, Vol. 25, No. 14, 2015, pp. 1892 – 1897; J. G. Ahler and J. B. Tamney, "Some Functions of Religious Ritual in a Catastrophe", *Sociology of Religion*, Vol. 25, No. 4, 1964, pp. 212 – 230.

⑤ A. C. Kay, D. Gaucher, J. L. Napier, M. J. Callan and K. Laurin, "God and the Government: Testing a Compensatory Control Mechanism for the Support of External Systems", *Journal of Personality and Social Psychology*, Vol. 95, No. 1, 2008, pp. 18 – 35.

动的角度指出，仪式具有四类基本要素：互动符号、共享情感、现场聚集和共同关注。其中，高度的互动符号和高度的共享情感使仪式参与者结合在一起，通过彼此的现场聚集和共同关注，使得仪式的作用得以发挥，从而使得仪式参与者形成群体内的身份符号，加深仪式参与者之间的关系[1]。因此，基于该理论视角，学者们认为仪式有拉近人际关系的"魔力"，有利于亲社会倾向、人际关系和睦和群体团结。Gainer 通过深度访谈发现，经历过同一个消费仪式的消费者之间会产生密切的关系，即使仪式中消费者之间从未见面[2]。Ruffle 和 Sosis 将以色列宗教为研究对象的田野实验指出，仪式参与频率与群体内合作倾向正相关，并且，男性比女性更容易在仪式中表现出合作倾向[3]。基于该类研究结论，Bradford 和 Sherry 聚焦于大学校园的区域仪式也发现，公共仪式强化群体关系和群体契合[4]。甚至对于 4 至 11 岁的儿童，群体仪式可以使得个体与群体内的联结更加紧密融洽[5]。

除了日常的人际关系，学者们还关注到了商业情境中的关系。Schroeder 等考察了商业中的握手仪式，实验结果表明握手仪式可以促进谈判双方的合作意向、减少自利行为，从而使得谈判更容易且更有效率地达到双方利益最大化的结果[6]。Cayla 等对 B2B 情境中的网球比赛赞助仪式

---

[1] R. Collins, *Interaction Ritual Chains Theory*, NY: Princeton University Press, 2009.

[2] B. Gainer, "Ritual and Relationships: Interpersonal Influences on Shared Consumption", *Journal of Business Research*, Vol. 32, No. 3, 1995, pp. 253 - 260.

[3] B. J. Ruffle and R. Sosis, "Does It Pay to Pray? Costly Ritual and Cooperation", *The B. E. Journal of Economic Analysis & Policy*, Vol. 7, 2007, pp. 1 - 37.

[4] T. W. Bradford and J. F. Sherry, "Domesticating Public Space through Ritual: Tailgating as Vestaval", *Journal of Consumer Research*, Vol. 42, No. 1, 2015, pp. 130 - 151.

[5] N. J. Wen, P. A. Herrmann and C. H. Legare, "Ritual Increases Children's Affiliation with In-Group Members", *Evolution and Human Behavior*, Vol. 37, No. 1, 2016, pp. 54 - 60; M. Nielsen, R. Kapitány and R. Elkins, "The Perpetuation of Ritualistic Actions As Revealed by Young Children's Transmission of Normative Behavior", *Evolution and Human Behavior*, Vol. 36, No. 3, 2015, pp. 191 - 198.

[6] J. Schroeder, J. Risen, F. Gino and M. I. Norton, "Handshaking Promotes Cooperative Dealmaking", *Harvard Business School NOM Unit Working Paper*, 2014, pp. 14 - 117.

进行质性研究,他们发现赞助仪式可以凝聚积极的商业关系①。从理论的角度,Cova 和 Salle 构建了一个通过仪式管理商业关系的框架模型,并强调了仪式在 B2B 关系营销中增强企业互动的重要性②。

仪式的群体规范作用——学习理论。学习理论(learning theory)强调,通过强化建立刺激与行为之间的联结,可以达到学习的目的。基于该理论观点,学者们发现了仪式传播和强化价值准则的功能,即仪式作为一种包含行为动作和象征意义的结合体,可以成为企业传递知识的学习平台。Erhardt 等以餐饮类服务组织为研究对象,通过 52 次半结构化访谈和观察法发现,组织可以通过设计多种仪式动作,向员工传递友爱、创新、竞争和高效的核心价值观的组织意义③。Plester 聚焦于组织中的进餐仪式,揭示了仪式塑造企业文化的作用,进而激发员工的组织忠诚和工作努力情绪④。不仅对于组织内部员工,Sueldo 和 Streimikiene 还发现对于外部利益相关者,仪式同样具有创建和传递企业文化的学习功能⑤。

仪式的社会控制作用——社会控制理论。在宏观层面,仪式还可以作为一种社会控制的手段,塑造整个社会的规范与文化。社会控制理论(social control theory)表示,社会秩序的管理需要通过有系统、有规律地使用社会强力来调整社会关系和社会行为,这种系统、规律的强力主要

---

① J. Cayla, B. Cova and L. Maltese, "Party Time: Recreation Rituals in the World of B2B", *Journal of Marketing Management*, Vol. 29, No. 11 – 12, 2013, pp. 1394 – 1421.

② B. Cova and R. Salle, "Rituals in Managing Extrabusiness Relationships in International Project Marketing: A Conceptual Framework", *International Business Review*, Vol. 9, No. 6, 2000, pp. 669 – 685.

③ N. Erhardt, C. Martin-Rios and C. Heckscher, "Am I Doing the Right Thing? Unpacking Workplace Rituals as Mechanisms for Strong Organizational Culture", *International Journal of Hospitality Management*, Vol. 59, 2016, pp. 31 – 41.

④ B. Plester, "Ingesting the Organization: The Embodiment of Organizational Food Rituals", *Culture and Organization*, Vol. 21, No. 3, 2015, pp. 251 – 268.

⑤ M. Sueldo and D. Streimikiene, "Organizational Rituals as Tools of Organizational Culture Creation and Transformation: A Communicative Approach", *Transformation in Business & Economics*, Vol. 15, No. 2, 2016, pp. 89 – 110.

有四类：宗教、法律、道德和教育①。其中，传统宗教主要采用仪式来塑造社会价值观和社会规范②。例如，Mitkidis 等招募参与过印度大宝森节（Thaipusam Kavadi）的本地人，通过田野实验发现，宗教仪式可以约束人们的不道德行为③；Watts 等利用贝叶斯系统发育法（Bayesian phylogenetic method），对南岛语族（Austronesian）的 93 种传统文化进行了分析，结果发现：仪式不仅具有传递社会信念和道德观念的"积极面"，而且还具有塑造社会等级制度和权力制度的"消极面"④。与宗教仪式类似，日常仪式同样具有社会规范的传递和强化作用。Rossano 指出，早到婴儿与照顾者的互动仪式，晚到临终时家人的仪式活动，仪式可以通过祖辈关系（即垂直方向）和朋友关系（即水平方向）传递社会规范⑤。

三 研究展望

近年来，在心理学领域，学者们对仪式的概念、设计、形成因素及影响后效等方面取得了有益的成果。但目前研究都还处于起步阶段，尚存一些重要议题亟待后续研究进一步澄清：一是由于仪式和仪式衍生变量的概念宽泛性，现有研究结果无法进行直接比较；二是现有仪式文献聚焦于西方文化背景，阻碍了跨文化和跨历史背景研究的推进；三是仪式的研究设计方法较为局限；四是探讨仪式的后果效应停留于积极视角，一定程度上阻碍了对仪式的全面认识；五是缺乏仪式的认知神经机制研

---

① J. Watts, O. Sheehan, Q. D. Atkinson, J. Bulbulia and R. D. Gray, "Ritual Human Sacrifice Promoted and Sustained the Evolution of Stratified Societies", *Nature*, Vol. 532, No. 7598, 2016, pp. 228–231.

② J. Robbins, "Ritual, Value, and Example: On the Perfection of Cultural Representations", *Journal of the Royal Anthropological Institute*, Vol. 21, No. S1, 2015, pp. 18–29.

③ P. Mitkidis, S. Ayal, S. Shalvi, K. Heimann, G. Levy, M. Kyselo, S. Wallot, D. Ariely and A. Roepstorff, "The Effects of Extreme Rituals on Moral Behavior: The Performers-observers Gap Hypothesis", *Journal of Economic Psychology*, Vol. 59, 2017, pp. 1–7.

④ J. Watts, O. Sheehan, Q. D. Atkinson, J. Bulbulia and R. D. Gray, "Ritual Human Sacrifice Promoted and Sustained the Evolution of Stratified Societies", *Nature*, Vol. 532, No. 7598, 2016, pp. 228–231.

⑤ M. J. Rossano, "The Essential Role of Ritual in the Transmission and Reinforcement of Social Norms", *Psychological Bulletin*, Vol. 138, No. 3, 2012, pp. 529–549.

究。因此，未来研究可以从以下几点展开。

第一，根据具体研究需要对仪式和仪式衍生变量下操作性定义。学者们依据研究目的对仪式构念进行了拓展和丰富，并提出了诸多类型的仪式，如消费仪式、组织仪式、营销仪式等①。然而，这些定义大多是宽泛的词义性和现象性定义，如Sueldo和Streimikiene将组织仪式界定为在组织场所中发生的与仪式相关的行为②。可见，现有研究缺乏描述具体、操作明确的界定，阻碍了研究结果的比较，甚至导致有关仪式衍生变量的研究止步于定性阶段的现状。因此，未来研究应立足于具体研究背景和研究需要，对仪式和仪式衍生概念进行操作性定义。

第二，推进中国本土文化的仪式研究。现有仪式研究主要关注西方文化下的仪式，然而不论是从发展时间还是内容形式，仪式具有强烈的文化差异。例如，中国文化背景下的仪式深受儒家、道家思想的影响，强调"人事之仪则"的社交观，突出"今人而无礼，虽能言，不亦禽兽之心乎"的道德观，甚至还包含"天理之节文"的宇宙观，这与西方文化下的仪式内涵有所不同。因此，为了推进仪式的本土化研究，未来研究应该从两方面着手：一方面应通过古籍分析和质性方法提炼中国背景下的仪式内涵，另一方面亟需编制出一套契合中国文化的仪式操纵方法。中国文化背景下仪式具有哪些具体特征？包含哪些内容结构？中国文化如何影响仪式的表现和效果？现有仪式理论在中国背景下是否具有适用性？不同文化下的仪式设计具有什么差异？等等这些问题，是目前国内仪式研究领域需要解决的重要问题，也是中国文化背景下开展仪式实证研究所必备的基础条件。

第三，进一步丰富仪式的研究设计方法。首先，未来研究可以通过

---

① C. C. Otnes, B. E. Ilhan and A. Kulkarni, "The Language of Marketplace Rituals: Implications for Customer Experience Management", *Journal of Retailing*, Vol. 88, No. 3, 2012, pp. 367 – 383; Z. Raj, *Brand rituals: How Successful Brands Bond with Customers for Life*, Mill Valley, CA: Spyglass Pub. Group Inc., 2012.

② M. Sueldo and D. Streimikiene, "Organizational Rituals as Tools of Organizational Culture Creation and Transformation: A Communicative Approach", *Transformation in Business & Economics*, Vol. 15, No. 2, 2016, pp. 89 – 110.

经验取样法（experience sampling methodology；又被称为日记法）获取被试对仪式的看法和态度，该方法可以从以下两点推进现有研究：其一，仪式影响人们的思想层面和精神层面①，而思想和精神较难通过问卷法的方式进行测量。相比自我汇报式问卷，经验取样法可以更好地记录人们难以直接描述的感受②，这更符合仪式研究的特点；其二，人们日常生活中处处有着仪式的踪迹，而仪式如何影响人们的日常状态？经验取样法多次收集个体在较短时间内对经历事件的瞬时感知，因此该方法可以用于从纵向视角探讨仪式效应，分析仪式随时间推进而影响个体的动态演化现象。其次，未来研究可以采用真实情境模拟的仪式设计方式，其中包括以个人为单位的虚拟现实方式和以多人为单位的集体任务范式。一方面，单人仪式实验可以采用虚拟现实（visual reality；VR）技术③，让被试以第一视角观察并加入仪式，增强仪式情境操控的临场感和真实感；另一方面，多人仪式实验可以采用集体任务范式，让多位被试（或真实被试与虚拟被试）一起按照流程参与集体仪式，以弥补现有集体仪式研究仅停留于质性研究范式的不足。

第四，结合积极和消极两方面的视角，充分认识仪式对个体的影响效应。已有文献聚焦于仪式的积极效果，如提升食品口味、安抚焦虑情绪、增强表现绩效、凝聚群体和社会关系等④，而忽视了仪式可能带来的消极影响。其一，仪式可能使个体产生负面态度。从仪式概念的三个要

---

① D. W. Rook, "The Ritual Dimension of Consumer Behavior", *Journal of Consumer Research*, Vol. 12, No. 3, 1985, pp. 251–264.

② S. Ohly, S. Sonnentag, C. Niessen and D. Zapf, "Diary Studies in Organizational Research: An Introduction and Some Practical Recommendations", *Journal of Personnel Psychology*, Vol. 9, No. 2, 2010, pp. 79–93.

③ 李明英、吴惠宁、蒯曙光、张畅芯：《虚拟现实技术在执行功能评估中的应用》，《心理科学进展》2017年第6期。

④ K. D. Vohs, Y. Wang, F. Gino and M. I. Norton, "Rituals Enhance Consumption", *Psychological Science*, Vol. 24, No. 9, 2013, pp. 1714–1721; M. I. Norton and F. Gino, "Rituals Alleviate Grieving for Loved Ones, Lovers, and Lotteries", *Journal of Experimental Psychology: General*, Vol. 143, No. 1, 2014, pp. 266–272; A. W. Brooks, J. Schroeder, J. L. Risen, F. Gino, A. D. Galinsky, M. I. Norton and M. E. Schweitzer, "Don't Stop Believing: Rituals Improve Performance by Decreasing Anxiety", *Organizational Behavior and Human Decision Processes*, Vol. 137, 2016, pp. 71–85.

点来看，仪式中稳定的、重复的流程化动作可能约束参与者的自主性（autonomy）①，进而会使参与者产生负面态度。虽然现有研究指出，仪式中重复和刻板的行为动作能够满足个体的控制感，但是该类研究局限于个体控制感缺乏的情境，如遭遇灾难、遇到困难、压力情境等②。而当个体处于正常控制感水平时，仪式行为反而可能会使参与者感知被控制，并且这种被控制的感觉会使得个体逃避仪式。其二，仪式可能引起个体的负面情绪。一些宗教仪式的研究结果侧面指出，仪式的某些元素可能更容易引起负面情绪③。例如，一系列洞穴、地洞、教堂等的仪式场景会引起警觉情绪；诸如怪异面具、雕塑、图画等的仪式特征会唤起害怕情绪；神与魔鬼惩罚的仪式桥段会导致恐惧情绪④。那么，仪式如何引起负面情绪？仪式何时导致正面情绪、何时导致负面情绪？仪式引发的正负面情绪是否会对个体行为产生不同后效？这些问题有待未来研究的关注。尽管当前关于仪式负面作用的理论和实证研究还处于空白，但该类研究具有一定可发展的潜力。

第五，加强仪式的认知神经机制研究。虽然与仪式相关的研究（如冥想、入定）表明，个体在行为过程中会产生脑电波、心率和脉搏、皮肤电导率以及其他自主神经功能的变化⑤，但有关仪式的神经机制研究还寥寥无几。为了加深对仪式影响作用的认识，未来研究可以借助认知神经科学技术，如事件相关电位（event-related potential, ERP）和功能性磁共振成像（functional magnetic resonance imaging, fMRI），探讨仪式行为的

---

① C. Warren and M. C. Campbell, "What Makes Things Cool? How Autonomy Influences Perceived Coolness", *Journal of Consumer Research*, Vol. 41, 2014, pp. 543–563.

② A. L. Ai, T. N. Tice, C. Peterson and B. Huang, "Prayers, Spiritual Support, and Positive Attitudes in Coping with the September 11 National Crisis", *Journal of Personality*, Vol. 73, No. 3, 2005, pp. 763–792.

③ R. Collins, *Interaction Ritual Chains Theory*, NY: Princeton University Press, 2009.

④ C. S. Alcorta and R. Sosis, "Ritual, Emotion, and Sacred Symbols: The Evolution of Religion as an Adaptive Complex", *Human Nature*, Vol. 16, No. 4, 2005, pp. 323–359; J. Watts, O. Sheehan, Q. D. Atkinson, J. Bulbulia and R. D. Gray, "Ritual Human Sacrifice Promoted and Sustained the Evolution of Stratified Societies", *Nature*, Vol. 532, No. 7598, 2016, pp. 228–231.

⑤ C. S. Alcorta and R. Sosis, "Ritual, Emotion, and Sacred Symbols: The Evolution of Religion as an Adaptive Complex", *Human Nature*, Vol. 16, No. 4, 2005, pp. 323–359.

认知神经机制。研究指出，个体的仪式化行为可能涉及眼窝前额皮质（OFC）、纹状体、丘脑和前扣带皮层（ACC）的活动[①]，而该观点还有待研究验证。另外，现有研究关注了个体的认知和情绪对仪式参与的影响，而海马（hippocampus）和杏仁核（amygdala）分别是大脑边缘系统中对记忆和情绪加工的重要部分，由此可知，未来研究可以验证个体的海马和杏仁核结构（如灰质体积）与仪式参与程度的关系。

第三节 品牌仪式

一 品牌仪式的内涵

仪式是各种象征符号的聚集体，这正好为品牌提供了成长的培养基。现今，学者们认为品牌已超越了符号、图案本身，拥有了更为深层的内涵和价值，而仪式可以成为品牌的各种符号的价值挥发途径，正如本书开篇所引战略营销论坛（Strategic Marketing Forum）中提出的"一流企业是尽其所能地运用品牌，以及周遭的文化和仪式"。

在仪式概念的基础上，本书将品牌仪式进行操作化定义：品牌仪式是消费者与某品牌之间的一种仪式化互动行为，是一系列围绕品牌活动的正式的、具有可重复模式、表达价值和意义的活动[②]。作为一种日常的仪式化行为，一个成功的品牌仪式应该具有如下特征：（1）动作步骤化。品牌仪式通常由动作或行为构成，遵循着固定或半固定的操作程式。从开始动作，到执行动作，再到结束动作，每个步骤的动作都有一定的方式、顺序和规则，这使得品牌仪式成为一种标准化的行为动作，便于人们学习、模仿、掌握和分享。（2）行为惯例化。品牌仪式的终极目的是

---

① P. Boyer and P. Liénard, "Why Ritualized Behavior? Precaution Systems and Action Parsing in Developmental, Pathological and Cultural Rituals", *Behavioral and Brain Sciences*, Vol. 29, No. 6, 2006, pp. 595-613.

② 冉雅璇、卫海英：《品牌仪式如何形成？——基于扎根理论的探索性研究》，《经济管理》2017年第12期；薛海波：《品牌仪式：打造粉丝忠诚的利器》，《清华管理评论》2015年第1期；Z. Raj, *Brand rituals: How Successful Brands Bond with Customers for Life*, Mill Valley, CA: Spyglass Pub. Group Inc., 2012.

成为消费者日常生活中不可或缺的一部分,因此成功的品牌仪式往往具有日常性、惯例化的特征,从而使得品牌在传播中深入消费者的生活细节。品牌仪式的惯例重复进行可以是消费者每日必做的常规动作,也可以是一定间隔时间的周期化动作。(3)表演象征性。品牌仪式既可以由个人单独完成,也可以由多人共同表演。品牌仪式的行为动作对执行者来说都具有一定的象征意义,这种象征意义与品牌仪式对消费者的品牌基础意义并不冲突,两者共同存在于品牌仪式的表演过程中,并相互烘托,即基础意义衬托象征意义,象征意义提升基础意义。(4)意行合一性。意指消费者对品牌知识的认知,行指消费者的品牌消费者行为。品牌仪式可以通过行为搭建消费者与品牌的接触点,促进消费者与品牌之间的交互过程,激发消费者认识品牌属性和品牌知识的心理过程,进而有助于形成消费者的品牌认同和品牌联结。所以,成功的品牌仪式应该将仪式行为与品牌价值整合于一身,体现了意和行的一致性。

二 相关概念与区分

品牌仪式的概念和消费习惯(consumption habit)、品牌惯例(brand routine)、品牌体验(brand experience)以及品牌文化(brand culture)具有一定相关和重叠,而在本质上,它们却有着独特的内涵和明确的理论界限。

(一) 消费习惯和品牌惯例

消费习惯是指消费者长期养成的消费方式,品牌惯例是消费者在进行品牌消费时的常规行为[①]。Raj 在其书中提到,习惯是功能型的,是长期经验而形成的固定模式,惯例是产品导向的,这两者都与品牌无太大关系,而仪式是以品牌为中心的行为方式[②]。以消费者购买一杯星巴克咖啡为例,消费习惯是消费者习惯于每天喝咖啡,并刚好遇见星巴克咖啡,

---

[①] J. A. Ouellette and W. Wood, "Habit and Intention in Everyday Life: The Multiple Processes by Which Past Behavior Predicts Future Behavior", *Psychological Bulletin*, Vol. 124, No. 1, 1998, pp. 54 – 74.

[②] Z. Raj, *Brand rituals: How Successful Brands Bond with Customers for Life*, Mill Valley, CA: Spyglass Pub. Group Inc., 2012.

然后进行了购买;品牌惯例是消费者每天上班都会经过星巴克咖啡,消费者会由于便利性经常购买,但不一定最喜欢星巴克品牌;品牌仪式是指星巴克品牌已经深刻嵌入消费者的情感和生活,不仅每天购买星巴克咖啡,还会收集与之相关的产品,并向其他人推荐,星巴克对于消费者的意义已如同朋友、伴侣或家人。可见,品牌仪式的象征性使其区别于消费习惯和品牌惯例,后者虽然也具有周期性重复的特征,但其行为并未被人赋予情感或认知的意义,因此较难体现直接的象征意义①。

(二) 品牌体验

品牌体验是顾客在与品牌接触或使用过程中对与品牌相关事件的积累,包括感官、情感、思考、行为和关联体验②。品牌仪式和品牌体验有着本质的区别:第一,品牌仪式是一种品牌战略,属于品牌的前因变量,而品牌体验就是消费者接触一个品牌之后的印象和经历,属于品牌的后果变量。第二,虽然品牌仪式会涉及与品牌有关的消费者体验,但品牌仪式局限于品牌和消费者的互动过程,而品牌体验的范围更加广泛,既涵盖个人体验,如感官体验、情感体验和思考体验都是个人独有的体验,也涉及互动体验,如行动体验和关联体验通常是在人际互动时产生的体验③。

(三) 品牌文化

品牌文化是指文化特质如经营观、价值观、审美观等观念形态结晶在品牌中的积淀和品牌经营活动中的一切文化现象,以及他们所代表的利益认知、情感属性、文化传统和个性形象等价值观的综合反映④。品牌

---

① D. W. Rook, "The Ritual Dimension of Consumer Behavior", *Journal of Consumer Research*, Vol. 12, No. 3, 1985, pp. 251–264.

② J. J. Brakus, B. H. Schmitt and L. Zarantonello, "Brand Experience: What Is It? How Is It Measured? Does It Affect Loyalty?" *Journal of Marketing*, Vol. 73, No. 3, 2009, pp. 52–68.

③ B. Schmitt, "The Concept of Brand Experience", *Journal of Brand Management*, Vol. 16, No. 7, 2009, pp. 417–419.

④ 张红霞、马桦、李佳嘉:《有关品牌文化内涵及影响因素的探索性研究》,《南开管理评论》2009 年第 4 期。

仪式和品牌文化的关系在于：仪式可以内化为品牌的文化[①]。综合来讲，品牌仪式和品牌文化在表现形式和战略重点上都有所不同。首先，品牌文化表现为一种"故事、形象"的传播形式，品牌仪式却是互动形式，且仪式行为通常不具备直接的品牌传播信息[②]。另外，消费者文化理论（consumer culture theory，CCT）指出，仪式主义是消费者文化的维度，体现在消费过程[③]，因此品牌仪式的重点在于消费者。而张红霞等认为品牌文化的目的在于突出品牌的外在宣传和整合优势，包括企业文化、产品和服务、品牌声誉和品牌归属四个维度，可见品牌文化的重点在于企业形象[④]。

三 研究现状

（一）研究方法

品牌仪式在营销刺激逻辑方面有别于传统理念。如图2—3所示，传统的营销刺激逻辑是从刺激到行为，即营销因素通过影响消费者的情感、认知和态度，进而激发其意愿和行为。以广告营销策略为例，广告信息影响消费者的认知和情绪，继而作用于态度和行为。然而，品牌仪式的刺激逻辑刚好相反，它是从行为到刺激感知，再到长期行为，即通过消费者与品牌的互动行为，在仪式化的周期行为中建立消费者的品牌认同和情感联结，其影响作用将随着消费者不断重复的仪式化行为而逐渐强

[①] P. Liénard and P. Boyer, "Whence Collective Rituals? A Cultural Selection Model of Ritualized Behavior", *American Anthropologist*, Vol. 108, No. 4, 2006, pp. 814 - 827.

[②] K. D. Vohs, Y. Wang, F. Gino and M. I. Norton, "Rituals Enhance Consumption", *Psychological Science*, Vol. 24, No. 9, 2013, pp. 1714 - 1721; Z. Raj, *Brand rituals: How Successful Brands Bond with Customers for Life*, Mill Valley, CA: Spyglass Pub. Group Inc., 2012; G. McCracken, "Culture and Consumption: A Theoretical Account of the Structure and Movement of the Cultural Meaning of Consumer Goods", *Journal of Consumer Research*, Vol. 13, No. 1, 1986, pp. 71 - 84.

[③] E. J. Arnould and C. J. Thompson, "Consumer Culture Theory (CCT): Twenty Years of Research", *Journal of Consumer Research*, Vol. 31, No. 4, 2005, pp. 868 - 882.

[④] 张红霞、马桦、李佳嘉：《有关品牌文化内涵及影响因素的探索性研究》，《南开管理评论》2009年第4期。

化，从而影响消费者的长期情感和长期行为①。

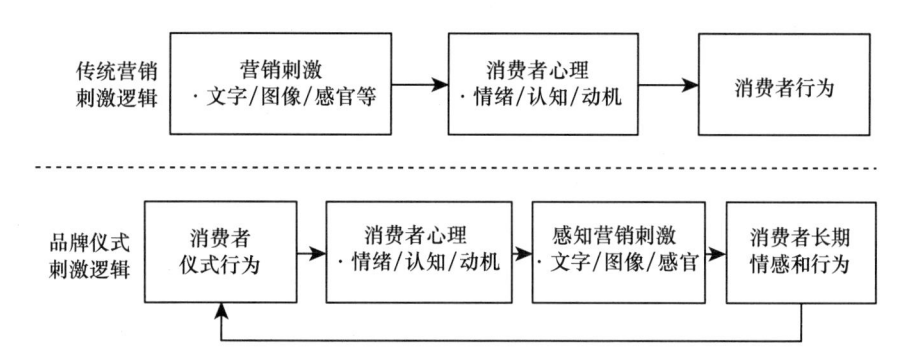

图2—3　品牌仪式刺激逻辑和传统营销刺激逻辑

现有品牌仪式研究集中于现象探析和理论探讨②，仅Prexl和Kenning对品牌仪式进行了实证研究③。但Prexl和Kenning将品牌仪式作为一种程度测量，而未采用实验操控。本书根据品牌仪式的内涵和现有仪式研究，提出品牌仪式的操作设计应该符合两个基本标准：第一，品牌仪式是仪式行为表现；第二，品牌仪式的操控包含品牌的符号特征，彰显品牌的特色。因此，本书借鉴仪式的实验操纵范式，指出其操纵流程应该是"（1）介绍品牌基本信息和风格→（2）建立品牌信息和仪式行为的联

---

① 参见A. W. Brooks, J. Schroeder, J. L. Risen, F. Gino, A. D. Galinsky, M. I. Norton and M. E. Schweitzer, "Don't Stop Believing: Rituals Improve Performance by Decreasing Anxiety", *Organizational Behavior and Human Decision Processes*, Vol. 137, 2016, pp. 71–85; J. Schroeder, J. Risen, F. Gino and M. I. Norton, "Handshaking Promotes Cooperative Dealmaking", *Harvard Business School NOM Unit Working Paper*, 2014, pp. 14–117; D. B. Holt, "Examining the Descriptive Value of 'Ritual' in Consumer Behavior: View from the Field", *Advances in Consumer Research*, Vol. 19, No. 1, 1992, pp. 213–218.

② F. Cowell, "Why Brands with Rituals Will Rise to the Top", 2015, (http://elevatoragency.com/cult-brands-brand-rituals-convey-value-and-build-loyalty/); Z. Raj, *Brand rituals: How Successful Brands Bond with Customers for Life*, Mill Valley, CA: Spyglass Pub. Group Inc., 2012; J. Peck, "*Increasing Well-Being to Build Your Brand and Competitive Advantage*", 2011, (http://www.sustainablebrands.com/news_and_views/oct2011/increasing-well-being-build-your-brand-and-competitive-advantage).

③ K. M. Prexl and P. Kenning, "An Empirical Analysis of the Antecedents and Consequences of Brand Rituals", *European Advances in Consumer Research*, Vol. 9, 2011, pp. 1–2.

系→(3) 被试参与仪式行为"。这样的实验操纵流程满足品牌仪式的四大特征：动作程式化、行为例行化、表演象征性和意行合一性①，其中仪式动作符合动作程式化，品牌的符号信息符合表演象征性，仪式与品牌的关联特性符合行为例行化和意行合一性。

（二）品牌仪式前因

Prexl 和 Kenning 基于消费者视角，将品牌仪式强度定义为消费者将某品牌仪式化的程度。他们以德国的一个 Tatort 犯罪现场秀节目为研究对象，对 602 位观众进行问卷调查发现，品牌仪式强度的前因包括：消费者涉入度、消费者新颖寻求、品牌信任、消费者内部奖励（即指消费者从品牌仪式获得的内在情感价值）和消费者外部奖励（即指消费者从品牌仪式获得的外在功能价值）。消费者涉入度是指消费者对品牌的情感关联和情感融入，且这种涉入度强度与品牌仪式程度正相关；品牌信任是消费者期望品牌履行其承诺表现的意愿，正向促进品牌仪式程度；消费者内部奖励和消费者外部奖励均表现为消费者从品牌仪式获得的价值，正向影响品牌仪式强度；消费者寻求新颖是消费者的特质因素，表现为消费者追寻新颖事物的倾向性，并与品牌仪式强度负相关②。

（三）品牌仪式后效

首先且最基本的是，品牌仪式作为品牌和消费者互动的方式之一，可以给消费者带来涉入感。Siehl 等通过总结提炼服务场景中的品牌仪式案例，提出品牌仪式的六大组成要素：语言、动作、行为、象征、物理场景、情感表达。他们强调，不同要素对于消费者涉入感的影响有所不同③。这与以往行为心理学的研究结果一致，即言语和非言语的沟通会影响涉入度，包括行为、情境、姿势和物理距离等④。具体而言，Siehl 等提

---

① 薛海波：《品牌仪式：打造粉丝忠诚的利器》，《清华管理评论》2015 年第 1 期。

② K. M. Prexl and P. Kenning, "An Empirical Analysis of the Antecedents and Consequences of Brand Rituals", *European Advances in Consumer Research*, Vol. 9, 2011, pp. 1 – 2.

③ C. Siehl, D. E. Bowen and C. M. Pearson, "Service Encounters As Rites of Integration: An Information Processing Model", *Organization Science*, Vol. 3, No. 4, 1992, pp. 537 – 555.

④ N. Liberman, Y. Trope and E. Stephan, "Psychological distance", in Arie W. Kruglanski and E. Tory Higgins, eds., *Social Psychology: Handbook of Basic Principles*, Vol. 2, New York: Guilford Press, 2007, pp. 353 – 383.

出品牌仪式的六大要素对消费者涉入感的作用：语言信息的数量正向提升心理涉入感；服务的无形性会增强心理涉入感；与员工互动的服务可以促进心理涉入感；消费者的期望会加强心理涉入感①。

其次，品牌仪式可以改善品牌体验。Raj 构建了一个品牌仪式矩阵，其中 x 轴是体验程度，y 轴是关系程度，并指出，品牌仪式具有"魔力"，能带来抚慰感、效能感、秩序感和特殊感，这些感觉是品牌仪式最直接的体验。根据体验强度，Raj 将体验分为：现有行为、表示兴趣、改变态度、形成新行为，品牌仪式则具有最高层次的体验——形成新行为②。进而，品牌仪式可以加强消费者对品牌的忠诚（包括认知忠诚、情感忠诚、意识忠诚和行为忠诚），建立消费者与品牌的契约关系③。Raj 将关系程度从低到高分为：交易关系、吸引关系、联结关系、契约关系，成功的品牌仪式会建立与消费者的契约关系，即一种长期的、稳定的、强烈的情感关联④。

最后，品牌仪式还会提升品牌的溢价能力⑤。Raj 指出，对于一般产品，品牌价值函数等于产品属性（product features）和差异价值因素（differentiated value drivers）除以竞争价格（competitive price）。换言之，对于一般产品，产品属性和差异价值与品牌价值正相关，而价格与品牌价值负相关。然而对于品牌仪式，Raj 指出品牌价值函数摆脱了产品和价格传统因素，等于品牌热情（brand passion）与消费者热情（customer

---

① C. Siehl, D. E. Bowen and C. M. Pearson, "Service Encounters As Rites of Integration: An Information Processing Model", *Organization Science*, Vol. 3, No. 4, 1992, pp. 537 – 555.

② Z. Raj, *Brand rituals: How Successful Brands Bond with Customers for Life*, Mill Valley, CA: Spyglass Pub. Group Inc., 2012.

③ K. M. Prexl and P. Kenning, "An Empirical Analysis of the Antecedents and Consequences of Brand Rituals", *European Advances in Consumer Research*, Vol. 9, 2011, pp. 1 – 2; Z. Raj, *Brand rituals: How Successful Brands Bond with Customers for Life*, Mill Valley, CA: Spyglass Pub. Group Inc., 2012.

④ Z. Raj, *Brand rituals: How Successful Brands Bond with Customers for Life*, Mill Valley, CA: Spyglass Pub. Group Inc., 2012.

⑤ K. D. Vohs, Y. Wang, F. Gino and M. I. Norton, "Rituals Enhance Consumption", *Psychological Science*, Vol. 24, No. 9, 2013, pp. 1714 – 1728; K. Vohs and Y. Wang, "Rituals Improve Emotions, Consumption, Interpersonal Relationships, and Even Luck", *Advances in Consumer Research*, Vol. 40, 2012, pp. 5 – 8.

passion）之和，其中品牌热情是指品牌在仪式中的情感表达，消费者热情是指消费者在仪式参与中的情感融入①。可见，品牌仪式不仅淡化了产品和价格对品牌的影响，更凸显了情感的作用。综上所述，品牌仪式既会影响消费者的感官——品牌体验，也会作用于消费者的认知和情感，还可以影响消费者的长期购买行为和对品牌的价值判断。

第四节　研究述评

通过回顾品牌的现有相关研究，可以发现品牌研究大部分聚焦在品牌后效，如品牌个性②、品牌体验③、品牌资产④等，仅少许研究提及了品牌仪式⑤，品牌仪式话题也较难归类到以往品牌研究的主要内容版图。并且，现实中不少企业关注到仪式在品牌策略中的运用，并开展了相应的营销活动。事实上，仪式是社会互动的重要形式，可以塑造个体控制感、建立人际关系、促进人类社会进步⑥。在品牌消费中，人们期望品牌不仅满足其功能性需求，还能成为其建构自我概念和社会身份的象征性工具，将品牌消费作为追逐仪式化生活的重要途径。无疑，作为营销中品牌和消费者互动的重要策略——品牌仪式可以成为引导消费者对品牌的价值观和理念的解读、领悟与认同的关键手段。

---

① Z. Raj, *Brand rituals: How Successful Brands Bond with Customers for Life*, Mill Valley, CA: Spyglass Pub. Group Inc., 2012.

② A. Sundar and T. J. Noseworthy, "Too Exciting to Fail, Too Sincere to Succeed: The Effects of Brand Personality on Sensory Disconfirmation", *Journal of Consumer Research*, Vol. 43, No. 1, 2016, pp. 44-67.

③ J. J. Brakus, B. H. Schmitt and L. Zarantonello, "Brand Experience: What Is It? How Is It Measured? Does It Affect Loyalty?" *Journal of Marketing*, Vol. 73, No. 3, 2009, pp. 52-68.

④ K. L. Keller and D. R. Lehman, "Brands and Branding: Research Findings and Future Priorities", *Marketing Science*, Vol. 25, 2006, pp. 740-759.

⑤ K. M. Prexl and P. Kenning, "An Empirical Analysis of the Antecedents and Consequences of Brand Rituals", *European Advances in Consumer Research*, Vol. 9, 2011, pp. 1-2; Z. Raj, *Brand rituals: How Successful Brands Bond with Customers for Life*, Mill Valley, CA: Spyglass Pub. Group Inc., 2012; 薛海波：《品牌仪式：打造粉丝忠诚的利器》，《清华管理评论》2015 年第 1 期。

⑥ D. W. Rook, "The Ritual Dimension of Consumer Behavior", *Journal of Consumer Research*, Vol. 12, No. 3, 1985, pp. 251-264.

然而如前所述，现有品牌仪式和仪式研究在理论内涵、实验范式和研究视角方面还存在一定不足，作者就该类不足提出了基于文献研究的见解，总结如下：第一，仪式以及品牌仪式的概念定义还未完全统一[①]，本书从仪式的三个要点——流程式动作、象征意义和非功能性行为对仪式概念进行了界定，并在此基础上，提出了品牌仪式的四个特性——动作程式化、行为例行化、表演象征性和意行合一性，并对仪式和品牌仪式进行了操作化定义。第二，品牌仪式研究处于肇始期，其实验研究范式并不成熟，本书提出品牌仪式的实验设计可以借鉴仪式的三大实验范式——动作重复性、特殊性和因果模糊性，并加入相关品牌信息和品牌联想，形成品牌仪式的实验操作范式。第三，仪式和品牌仪式的研究兴起于积极心理学，现有研究集中于关注其积极后效，有关其负面作用仍未有探讨。鉴于此，本书拟剖析品牌仪式积极和消极并存的影响路径；另外不同角色的消费者（参与者 vs. 观察者）会对同一信息的感知和加工有所不同，现有研究却未关注到仪式对观察型消费者的影响效应，本书也将就此进行理论弥补。

鉴于以往研究存在的不足，本书将结合文献研究法、质性研究法和行为实验法，以品牌仪式为基本框架，首先从意义迁移的视角探析品牌仪式的形成机理和内涵结构，然后探究品牌仪式对直接消费者的购买意愿的双刃剑作用，进而分析品牌仪式对观察型消费者的购买意愿的影响，最后分析在品牌危机的特定情境下，品牌仪式对消费者的影响机制。

[①] P. Liénard and P. Boyer, "Whence Collective Rituals? A Cultural Selection Model of Ritualized Behavior", *American Anthropologist*, Vol. 108, No. 4, 2006, pp. 814 – 827; C. Bell, *Ritual: Perspectives and Dimensions*, Oxford, England: Oxford University Press, 1997.

第三章

概念内涵：品牌仪式是什么？

第一节 研究目的

营销已全然进入"品牌为王"的时代①。营销文献一致认为，强势品牌有助于提高消费者识别和加工品牌信息的效率，还能降低购买的感知风险，帮助企业有效地进行差异化战略，提升品牌的产品价格的附加价值②，因此品牌已成为全球化和信息化时代下最为重要的企业竞争利器。现今，诸多品牌借助仪式的力量，形成了自己独特的品牌仪式，赋予企业差异化的核心价值，从而为企业创造利润。例如，星巴克在2010年推出的"第三空间（take comfort in rituals）"的营销活动，积极宣扬服务场所的仪式功能，深受消费者的认同和赞许，许多品牌也纷纷效仿，将这种仪式活动构成企业核心的品牌价值。

尽管品牌仪式在营销实践中已被广泛采用，但品牌仪式的核心构念和形成路径在学界却存在争议。一类意见认为，品牌仪式即仪式在品牌活动中的反映，其本质和仪式没有差别③。在这类思潮的驱动下，一些学

---

① ［美］菲利普·科特勒：《营销管理》，中国人民大学出版社2009年版。
② K. L. Keller, "Branding and Brand Equity" in Bart Weitz and Robin Wensley, eds., *Handbook of Marketing*, London: Sage Publications, 2002, pp. 151–178.
③ K. M. Prexl and P. Kenning, "An Empirical Analysis of the Antecedents and Consequences of Brand Rituals", *European Advances in Consumer Research*, Vol. 9, 2011, pp. 1–2.

者侧重于探讨感恩节、圣诞节等仪式中的消费者行为①,并广泛借鉴宗教仪式研究的结论,分析品牌仪式对消费者的影响;另一类意见则与之相反,强调品牌仪式的品牌属性,认为品牌仪式是品牌习惯和品牌惯例的延伸②。鉴于品牌仪式的研究处于伊始阶段,学者们对品牌仪式的差异化认识主要来自于思辨和概念,这些基础问题限制了品牌仪式研究的发展。例如,品牌仪式具体有何特殊内涵?如何结合品牌和仪式形成品牌仪式?以及品牌仪式存在什么影响因素,这些因素如何作用于品牌仪式?这也是本章关注的问题。

因此,本章旨在探讨品牌仪式形成的内在路径及其影响因素,基本逻辑思路如下:首先,回顾意义迁移模型,为研究设计和开展奠定基础理论;其次,通过深度访谈获取消费者经历的品牌仪式事件,综合运用扎根理论对品牌仪式的形成进行深入解析,探索和提炼品牌仪式的维度和影响因素,构建品牌仪式形成路径的概念模型;最后,基于品牌仪式的概念模型,进一步阐释品牌仪式的形成过程及其影响因素,在分析基础上提出相关的理论观点,从而明晰品牌仪式的特殊内涵。

第二节 文献回顾与研究缺口

意义迁移模型(meaning transfer model)从社会建构的视角解释了消费过程中个体、物体和关联仪式的符号流动和符号变迁的问题③,为本章

---

① S. McKechnie and C. Tynan, "Social Meanings in Christmas Consumption: An Exploratory Study of UK Celebrants' Consumption Rituals", *Journal of Consumer Behaviour*, Vol. 5, No. 2, 2006, pp. 130 – 144; M. Wallendorf and E. J. Arnould, "'We Gather Together': Consumption Rituals of Thanksgiving Day", *Journal of Consumer Research*, Vol. 18, No. 1, 1991, pp. 13 – 31; M. F. Weinberger, "Dominant Consumption Rituals and Intragroup Boundary Work: How Non-Celebrants Manage Conflicting Relational and Identity Goals", *Journal of Consumer Research*, Vol. 42, No. 3, 2015, pp. 378 – 400.

② Z. Raj, *Brand rituals: How Successful Brands Bond with Customers for Life*, Mill Valley, CA: Spyglass Pub. Group Inc., 2012.

③ G. McCracken, "Culture and Consumption: A Theoretical Account of the Structure and Movement of the Cultural Meaning of Consumer Goods", *Journal of Consumer Research*, Vol. 13, No. 1, 1986, pp. 71 – 84.

的研究目的提供了基础。McCracken 指出，消费者意义（meaning）主要存在于三个地方：世界、消费商品和消费个体。具体来讲，世界的文化符号（或称意义）可以通过广告系统和时尚系统影响消费物品，进而通过四种仪式形式——拥有仪式、交换仪式、梳妆仪式和丢弃仪式影响消费者个体，如图 3—1 所示。意义迁移过程包括三个阶段：第一阶段，世界的文化环境给一些符号赋予象征性意义；第二阶段，通过商业活动——广告系统和时尚系统，世界文化符号的意义就从世界文化迁移到商品上，给商品赋予某种象征性意义；第三阶段，消费者通过消费或使用仪式，从商品中获得世界文化中的象征性意义，进而构建自我身份和形象。现有研究基于不同消费情境的角度，证实了意义迁移模型的普适性，如名人代言、圣诞节、消费习惯等[①]。

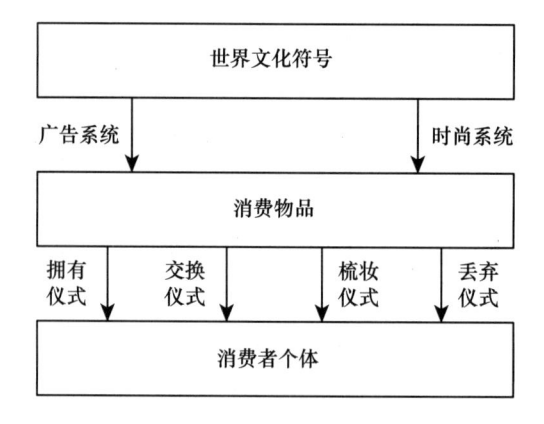

图 3—1 意义迁移模型[②]

[①] D. B. Holt, "How Consumers Consume: A Typology of Consumption Practices", *Journal of Consumer Research*, Vol. 22, No. 1, 1995, pp. 1 – 16; G. McCracken, "Culture and Consumption: A Theoretical Account of the Structure and Movement of the Cultural Meaning of Consumer Goods", *Journal of Consumer Research*, Vol. 13, No. 1, 1986, pp. 71 – 84; S. McKechnie and C. Tynan, "Social Meanings in Christmas Consumption: An Exploratory Study of UK Celebrants' Consumption Rituals", *Journal of Consumer Behaviour*, Vol. 5, No. 2, 2006, pp. 130 – 144.

[②] G. McCracken, "Culture and Consumption: A Theoretical Account of the Structure and Movement of the Cultural Meaning of Consumer Goods", *Journal of Consumer Research*, Vol. 13, No. 1, 1986, pp. 71 – 84.

虽然意义迁移模型对初步理解仪式中的符号流动有一定启发，但是该模型仍存在一定不足：第一，现代消费已与以往有所不同，再加上中国文化背景中的缘、面子、分享等社会意识，McCracken 提出的四种仪式类型可能并不能涵盖所有现今消费者的品牌仪式内容；第二，McCracken 仅探讨了某一时点上的意义迁移路径，并未涉及随着时间变迁的演变路径，这不利于了解品牌仪式的影响过程；第三，McKechnie 和 Tynan 指出，意义迁移模型是单向的自上而下（top-to-bottom；即仪式符号影响消费者）的理论思路，难以解释自下而上（bottom-to-top；即消费者影响仪式符号的形成）或双向影响[①]。因此，本章的研究既基于意义迁移模型形成一套品牌仪式理论体系，也补充了意义迁移模型的理论盲点。

从现有文献看来，尚存在一些理论缺口：一是多数文献对品牌仪式的探讨停留于现象讨论阶段，缺乏对品牌仪式的基础理论研究。二是关于品牌仪式的前因研究还较为粗糙，缺乏深入研究。三是专门研究品牌仪式的形成路径的文献还很少见。虽然已有文献的变量（如消费仪式）与品牌仪式具有一定关系，但这些变量的内涵与品牌仪式并不完全一致，导致品牌仪式的维度、形成机理和影响因素还未形成一个系统的理论框架。为了弥补理论缺口，本章旨在从微观的消费者角度，探索品牌仪式的内涵和维度，进而构建其形成路径，最后全面发掘可能的影响因素，以期为企业制定品牌策略以及构建品牌形象提供理论和实践启示。

第三节　研究设计

一　研究方法

作为一项探索性研究，本章通过非结构化方法对消费者进行访谈以收集一手资料，采用扎根理论的研究方法探索品牌仪式的轮廓。选择该研究方法的主要原因如下：一是本章的研究立足于意义迁移模型考察品

[①] S. McKechnie and C. Tynan, "Social Meanings in Christmas Consumption: An Exploratory Study of UK Celebrants' Consumption Rituals", *Journal of Consumer Behaviour*, Vol. 5, No. 2, 2006, pp. 130 – 144.

牌仪式的内涵，而现有品牌仪式文献还处于起步阶段，没有形成成熟的变量范畴、测量量表和理论假设，因此不宜使用经验型的实证方法。二是本章的研究目的在于揭示品牌仪式的形成机理，探讨消费者对品牌仪式的认识及其形成过程，因此直接采用问卷调查难以完全剖析消费者的真实想法①，但是以扎根理论为代表的质性研究方法适合回答"怎么样（how）"和"为什么（why）"的问题。三是相比其他质性研究方法，如民族志、话语分析，扎根理论方法是一种自下而上的方法，更适合进行概念内容剖析和提炼②。因此，总体看来，扎根理论与本章的研究目的契合。

二 资料收集

扎根理论研究包括资料收集和资料分析两个阶段③。参考 Bonsu 和 Belk 的研究④，本章采取循序渐进的启发式深度访谈方法：一是让被访者表达对仪式的看法及重要性，并回忆自己参加仪式的经验，详细具体地描述参与仪式的原因、体验和反应。二是主持人提示被访者，在企业实践中，一些品牌会在宣传、产品属性、购买构成中加入仪式，请被访者列举所知道的与商业有关的仪式，并详细回忆自己亲身经历过的品牌仪式，描述参与前、参与中、参与后的情绪、感受、评价等体验（如果被访者表示没有参与过品牌仪式，引导被访者描述一次看到过的品牌仪式，及其参与感受）。三是主持人不断地提出一系列问题，引导被访者回忆这些感受的原因，并促进被访者思考品牌仪式的具体内容、影响因素和特殊性，目的是让被访者形成对品牌仪式的系统性认识。根据以上思路，

---

① S. Spiggle, "Analysis and Interpretation of Qualitative Data in Consumer Research", *Journal of Consumer Research*, Vol. 21, No. 3, 1994, pp. 491 – 503.

② G. McCracken, "Culture and Consumption: A Theoretical Account of the Structure and Movement of the Cultural Meaning of Consumer Goods", *Journal of Consumer Research*, Vol. 13, No. 1, 1986, pp. 71 – 84.

③ N. R. Pandit, "The Creation of Theory: A Recent Application of the Grounded Theory Method", *The Qualitative Report*, Vol. 2, No. 4, 1996, pp. 1 – 15.

④ S. K. Bonsu and R. W. Belk, "Do Not Go Cheaply into That Good Night: Death-Ritual Consumption in Asante, Ghana", *Journal of Consumer Research*, Vol. 30, No. 1, 2003, pp. 41 – 55.

本书作者在网络上对 10 位消费者进行访谈式的预研究，并将预研究提纲在两次项目小组交流会上讨论，最后形成了共 20 项详细问题的正式提纲（见附录）。

关于被访谈对象和样本量的确定，本章主要采用两项原则："理论抽样"和"持续比较"①。理论抽样强调以研究目的为标准选择具体访谈对象②。由于质性研究要求被访谈者对访谈主题有一定理解和认识，被访谈者基本都是本科或以上学历，且信息丰富、思想活跃的中青年消费者。在此基础上，采用持续比较的原则确定样本量。持续比较是指数据收集和分析同步，并不断提炼和修正理论，即根据第一轮参与者提供的文本内容提炼内容框架，然后进入第二轮招募，重复第一轮的数据收集和分析过程，补充完善理论框架，接着进入第三轮，直到被访谈者提供的文本不再产生新的理论贡献时，停止增加样本③。因此，第一阶段招募了 6 位全日制本科生进行访谈；第一阶段确定和调试了基本框架。第二阶段访谈了 10 位全日制硕士生和博士生；第二阶段的访谈对象具有科学培养经历，看待问题会更加细致专业，从而补充和完备理论框架。第三阶段选取的研究对象是 5 位 MBA 学生；这一阶段的研究对象的阅历和工作经验均较丰富，弥补了前两个阶段研究对象的不足，目的在于重复资料收集和分析过程，补充并验证理论框架，达到理论饱和并停止继续抽样。最终一共进行了 21 次一对一的深度访谈，每位被访谈者的访谈时间为 60—90 分钟，访谈者信息如表 3—1 所示。

在正式的访谈过程中，本书作者担任访谈主持人，进行记录和提问，在征得被访谈者同意的情况下使用录音笔全程录音。在访谈中，主持人会一方面根据最初的访谈提纲对被访谈者进行提问，另一方面根据被访谈者的回答及思路进行深入追问，避免由于受访者口误或信息不全带来

---

① B. G. Glaser and A. L. Strauss, *The Discovery of Grounded Theory: Strategies for Qualitative Research*, New York: Aldine, 1967.

② 王建明、王俊豪：《公众低碳消费模式的影响因素模型与政府管制政策——基于扎根理论的一个探索性研究》，《管理世界》2011 年第 4 期。

③ B. G. Glaser and A. L. Strauss, *The Discovery of Grounded Theory: Strategies for Qualitative Research*, New York: Aldine, 1967.

的证据偏差。在访谈后,编码者会在 24 小时内整理完整的访谈记录,再由本书作者核对确认。最终形成共 11 万余字的访谈记录,随机选取 3/4 的访谈记录(即 16 份深度访谈)进行数据编码和模型建构,另外 1/4(即 5 份深度访谈)用于进行理论饱和度检验。

表 3—1　　　　　　　　　被访谈者基本信息

编号	姓氏	性别	出生年份（年）	学历	访谈时间（分钟）
1	刘女士	女	1993	本科在读	31
2	吴女士	女	1994	本科在读	42
3	李先生	男	1992	本科在读	38
4	赵先生	男	1995	本科在读	39
5	黄女士	女	1993	本科在读	57
6	吴女士	女	1996	本科在读	40
7	杨女士	女	1993	全日制硕士研究生在读	73
8	王先生	男	1995	全日制硕士研究生在读	94
9	叶女士	女	1994	全日制硕士研究生在读	33
10	董先生	男	1994	全日制硕士研究生在读	34
11	谢女士	女	1987	全日制博士研究生在读	55
12	彭先生	男	1989	全日制博士研究生在读	52
13	王女士	女	1991	全日制博士研究生在读	45
14	岳女士	女	1985	全日制博士研究生在读	37
15	郑先生	男	1988	全日制博士研究生在读	62
16	许先生	男	1982	全日制博士研究生在读	66
17	张先生	男	1980	MBA 在读	40
18	王女士	女	1982	MBA 在读	45
19	周女士	女	1986	MBA 在读	31
20	陈女士	女	1979	MBA 在读	38
21	廖先生	男	1985	MBA 在读	42

三 资料分析

依照 Strauss 和 Corbin 的观点，扎根理论方法对资料分析和归类的过程称为编码，即将搜集的资料不断打碎、整理和重组，从而挖掘概念、提炼范畴、构建意义[①]。对于 877 条访谈记录，研究者按照以下标准进行了初步整理：首先，剔除不相关内容，如被访者对于品牌其他因素（如电影、代言人）的观点和看法、对访谈目的的猜测式询问等；其次，剔除访谈中缺乏确切内容的记录，如表示"嗯、啊"等附和回答；第三，排除因被访者理解错误而回答的记录，如被访者最初对仪式的理解与引导后产生重大偏差的言论。然后，按照逻辑顺序将访谈记录进行逐条整理，并得到 798 条有效访谈记录。最后，本章的研究采用探索性技术，通过对访谈记录逐步进行开放编码（open coding）、主轴编码（axial coding）、选择编码（selective coding）三个步骤，形成品牌仪式的形成路径和影响因素模型。

第四节 范畴提炼和模型建构

一 开放编码

开放性编码也可称为一级编码，是对访谈资料进行逐一地编码、提取、标记，从原始资料中产生初始概念和挖掘概念范畴。两位编码者分别通读所有有效的访问记录，进行初始概念的渐进式编码。进入编码的条目必须与仪式和品牌仪式相关，每项表达只能计入一项条目。两位编码者一致认可的条目方可进入初始概念条目库，对于意见不一致的条目经与本书作者讨论后再确定是否进入初始概念条目库。开放性编码过程共得到 89 个概念，通过提出无效与重复概念合并后，共获得 24 个范畴，如表 3—2 所示。为了节省篇幅，每个范畴仅展示 1—2 条原始资料语句及其初始概念。

---

① A. Strauss and J. Corbin, *Basics of Qualitative Research: Grounded Theory Procedures and Techniques*, Newbury Park, CA: Sage, 1990.

表 3—2　　　　　　　　　开放编码及其范畴

范畴	原始语句（初始概念）
产品功能意义	就是一些促销或者非促销的原价（产品促销） 鞋子有设计感，请的广告明星很多，宣传做得好（产品设计）
产品价值意义	感觉功夫茶和打太极相似，一套动作下来之后，自己做的饭更香，自己做下来会有一种特殊的东西在里面（产品情感价值） 喜欢屈臣氏，不知道为什么就是吸引我，想走近她，很愿意购买，对屈臣氏模式很感兴趣，买到不同东西（产品销售模式）
基础情感意义	扯面的第一次感觉很新鲜（消费好奇情绪） 方所的创始人办一场听书会，豆瓣上参与的人很多，我没有去，听起来很有吸引力（消费吸引情绪）
道德情感意义	大家做一下这个动作时，会觉得很恶心（厌恶情绪） 仪式体验还可以给人带来道德感，但是要这种体验过程本身对于体验者来讲是重要的，就会体验得到，对于觉得不重要的人，就体验不出来（道德情绪）
自我意识情感意义	很成功，能参与是很荣耀的事情（自豪情感） 很满足少女心，我也感到很奇怪，也不是一个奢侈品品牌，衣服也很平价，但是确实对做到了时尚界顶尖的秀感到很神奇（身份情感）
联想意义	520、525 我爱我自己创造这个节日让大家觉得关心别人关系自己，关注这方面的产品，这个时候推出自己的活动可以扩大宣传力，加深顾客心中的印象（语义联想意义） 叫花鸡吃喝仪式也是跟产品连接起来，是与产品特征的关联（特征联想意义）
价值观意义	听同学说起，传统古典的东西本身就赋予历史韵味，配得上一套东西来体现，让我们更有感觉（传统文化价值观） 仪式来源于宗教，回族去麦加朝圣，朝圣对他们就是神圣的事，每周礼拜，每年斋月，对他们来说是很神圣的使命感（宗教价值观）
自我概念意义	仪式感很重要，生活很平淡，一个固定纪念性日子会让意义出现（仪式之时间概念） （维密秀）不管是模特还是明星，还是看秀的人，都是时尚界知名人士（仪式之身份概念）

第三章 概念内涵：品牌仪式是什么？

续表

范畴	原始语句（初始概念）
自我参与意义	就是活动没有搞好，感觉参与感不会很大，毕竟亲身参与了，就会更有这种感觉（仪式之临场感） 参与感更强，互动，海底捞和外婆家，我们是被动接受，有仪式的话就是参与人员（仪式之参与感）
自我更新意义	仪式寄托在产品或服务商的一系列的动作，消费者觉得更加神圣（仪式之神圣感） 仪式感很重要，生活太平淡，仪式让生活变的新鲜，做一套动作强化自己的使命感，让生活更丰富多彩（仪式之使命感）
自我展示意义	有段时间流行集齐毛线帽，还有一种维生素水都有这样的搜集活动，集齐颜色在网上展示（自我风格展示）
消费者线上互动	朋友来吃饭，在豆瓣上看到，觉得很有趣就去了，之前并不知道，因为要去参加就会从网上先了解这个品牌（消费者网络搜索）
消费者线下互动	奥利奥，主要体现在小的时候，广告出来之后，大家好奇会做一下这个动作（消费者—产品互动） 对人很重要，仪式是维持关系的润滑剂，不管是两个人或者家庭，都能传递重要的东西（消费者—消费者互动）
企业供应链关系	企业与企业搞活动的那种，例如开业剪彩，就是为了表明两个企业的合作（企业合作仪式） 上周新天地黄小厨的集也算一个仪式（企业活动场所）
企业品牌联盟	阿迪跟球星合作的鞋，也算品牌合作的仪式（品牌联盟）
员工互动	去美容院修指甲、祛痘的时候，服务员会在正式开始之前会用半小时的时间来讲解，关于怎么健康调理，非常具有仪式感（服务仪式互动）
仪式风格因素	是重要的，仪式是大范围的，有传承的，是隆重的，不经常，太经常就不能称得上很有意义（仪式规模性） 仪式本身是否重要，对个人来说，生日、毕业典礼之类是很重要的场合（仪式重要性）

▶ 品牌仪式:形成与效应

续表

范畴	原始语句（初始概念）
仪式匹配因素	对于女装男性参与很少，会有局限性（仪式—消费者匹配） 环境会影响仪式，嘈杂的环境沏茶，古典音乐的环境和东西都很精致那么沏茶就会很舒服（仪式—环境匹配）
消费者相关性	方所有特定的目标人群，对他们是有吸引力的，这种活动形式大家面对面的聊就很有吸引力（目标消费者群体）
消费者忠诚度	我很喜欢购买北极绒的产品，做床单家居用品，因为自己床上用品、睡衣都是这个品牌，它举办的活动我都很乐意去关注（消费者忠诚）
品牌个性	品牌运动风受众很广（兴奋型品牌个性） 品牌定位会影响到仪式，阳光的品牌H&M，要繁文缛节的穿旗袍之类的就不合适，品牌仪式应该是简约的（兴奋型品牌个性）
品牌资产	感觉跟品牌形象很符合，很有内涵（品牌形象因素） 得看品牌是否深入人心，仪式的正面效果可能没有那么强，但品牌深入人心的话就会影响很大（品牌记忆度） 品牌知名度会影响仪式的效果，越知名，看到品牌仪式会觉得挺有趣的所以多看两眼（品牌知名度）
仪式氛围因素	每年都买的很多，因为有活动，或者节日气氛，就回去看看有什么是我想要的（节日气氛因素）
群体压力因素	双11算是全民的互动狂欢节，当天没有购买就会觉得很out（群体身份压力） 很多人五点起床看天安门升旗仪式，我觉得只是从众心理，毕竟大家到了北京都要去看一下升旗（群体行为压力）
面子文化因素	这几年过年的仪式变弱，饭局太多会烦，不得不去的感觉，不去就感觉不给别人面子（他人面子考虑） 对于海底捞的扯面仪式，一般我们都会看，因为如果不看感觉不尊重（他人面子考虑）

二 主轴编码

主轴编码旨在发现范畴之间的潜在逻辑联系，发展主范畴及其子范畴。本章根据不同子范畴在概念上的相互关系和逻辑次序，共归纳出7个主范畴，表3—3为主轴编码及其对应的开放性编码子范畴。

表3—3　　　　　　　　　　开放性编码及其范畴

主范畴	子范畴	范畴内涵
品牌基础意义	产品意义	品牌以产品为依托，传递的产品功能（如促销、价格等）和产品价值（如产品设计、产品模式等）两方面的意义
	情感意义	消费者使用品牌过程中感受到的基础情感和道德情感
	文化意义	品牌宣扬和表达的与文化有关的意义，包括联想意义和价值观意义
品牌仪式意义	自我概念意义	消费者通过仪式过程而形成对自我身份的认识
	自我展示意义	消费者通过仪式过程展示和表达自我的意义
	自我参与意义	消费者通过仪式过程而感知到一种参与感的意义
	自我更新意义	消费者通过仪式过程而更新、提升、改变自我的意义
互动方式	消费者互动	消费者与消费者之间的互动，包括线上互动和线下互动
	企业互动	企业与企业之间的上下游关系、合作、竞争等产生的互动
	员工互动	员工与外部主体在仪式中产生的互动
仪式因素	仪式风格因素	仪式中动作、语言、符号等因素形成的风格
	仪式匹配因素	仪式与周遭的人、环境、品牌等形成的匹配感
消费者因素	消费者相关性	消费者感知到的与事物相关性的程度
	消费者忠诚度	消费者对品牌和仪式的先验性忠诚感知
品牌因素	品牌资产	消费者由于品牌知识而产生的对该品牌营销的不同反应
	品牌个性	品牌向消费者传递的具有拟人特质的特殊性线索
社会因素	仪式氛围因素	社会风气、社会规范导致的社会参与仪式的整体气氛
	群体压力因素	群体压力、社会评价导致消费者趋向大众消费的因素
	面子文化因素	他人面子意识、自我面子仪式导致的参与品牌仪式的因素

资料来源：本书作者整理。

三 选择性编码

选择性编码是分析主范畴之间的连结关系，并以"故事线"（story-line）的方式勾勒范畴背后的现象脉络，从而完成故事框架和理论构架。在本章中，主范畴之间的关系结构及其内涵如表3—4所示。

表3—4　　　　　　　　　　主范畴关系结构与内涵

范畴关系结构	关系的内涵
品牌基础意义——品牌仪式意义	在品牌仪式中，品牌意义是仪式意义的前驱因素，两者的关系直接决定品牌仪式的模式
品牌基础意义→互动方式→品牌仪式意义	互动是传递品牌意义到仪式意义的关键途径，首先品牌意义引起互动，进而互动带动仪式意义的协同产生
仪式因素 ↓ 品牌基础意义——品牌仪式意义	仪式因素是品牌仪式的内部组成因素，会影响品牌意义向仪式意义传递的关系强度和关系方向
消费者因素 ↓ 品牌基础意义——品牌仪式意义	消费者因素是品牌仪式参与者的个人特征因素，会影响品牌意义向仪式意义传递的关系强度和关系方向
品牌因素 ↓ 品牌基础意义——品牌仪式意义	品牌因素是品牌仪式的内部组成因素，会影响品牌意义向仪式意义传递的关系强度与关系方向
社会因素 ↓ 品牌基础意义——品牌仪式意义	社会因素是品牌仪式的外部情境条件，会影响品牌意义向仪式意义转移的关系强度和关系方向

资料来源：本书作者整理。

为了挖掘"品牌仪式的形成路径"的核心，本章梳理的核心范畴的"故事线"包括：品牌基础意义、品牌仪式意义、互动方式、仪式因素、消费者因素、品牌因素、社会因素。其中，品牌基础意义是形成品牌仪式的前驱因素，品牌仪式意义是后效因素；互动方式是传递品牌基础意义到品牌仪式意义的关键路径；仪式因素、消费者因素、品牌因素和社会因素影响品牌基础意义和品牌仪式意义的关系。以此"故事线"关系为基础，本章建构和发展出一个全新的品牌仪式的理论框架，并将其称为"品牌仪式的形成路径模型"，如图3—2所示。

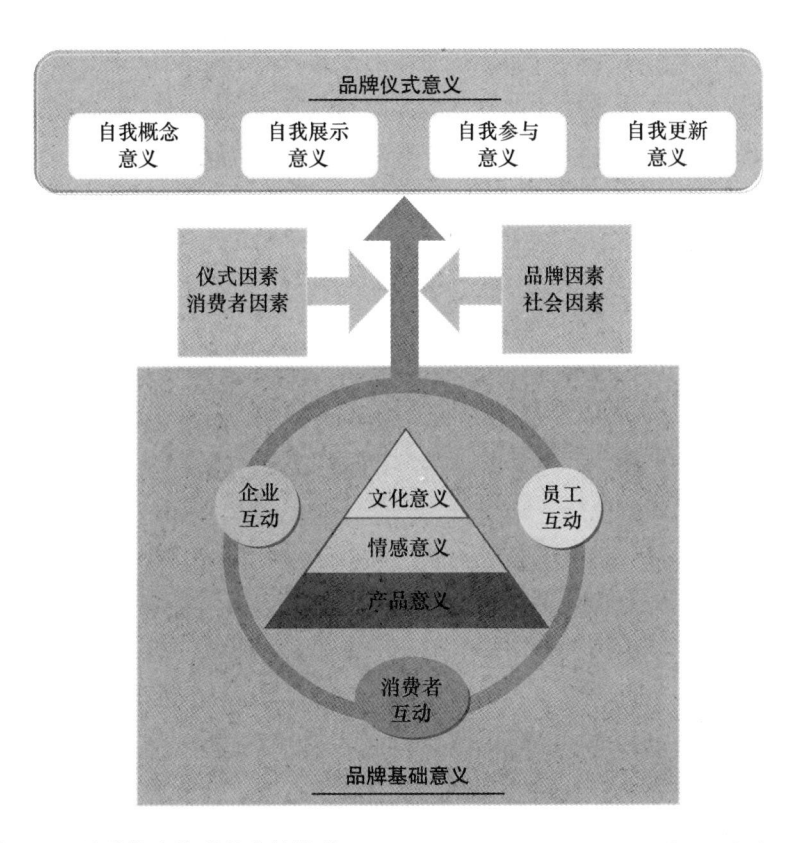

图3—2 品牌仪式的形成路径模型（formation mechanism model of brand ritual）

四 饱和度检验

剩余的1/4访谈记录进行理论饱和度检验。结果表明，对于品牌仪式形成路径的7个主范畴，均没有发现新的重要概念和关系，主范畴之间也没有发现新的关系。由此可以认为，在理论上"品牌仪式的形成路径模型"已饱和。

第五节　模型阐释

通过前面的数据整理和数据分析发现,"品牌仪式的形成路径模型"可以有效地解释品牌仪式的形成机理。具体来说,品牌仪式的形成关键在于品牌基础意义通过互动过程向品牌仪式意义的流动,因此其中包括三个主范畴:品牌基础意义、品牌仪式意义和贯穿两类意义的互动方式。另外,品牌仪式的影响因素可以归纳为以下4个主范畴:仪式因素、消费者因素、品牌因素和社会因素,但这4类因素对品牌仪式的影响机制(即影响效价和影响路径)存在不同。下面将对以上主范畴进行具体阐释。

一　品牌仪式的形成路径

品牌基础意义是促使仪式意义展现的前置因素,是品牌仪式的根本内因,包括产品意义、情感意义和文化意义三个层面。就品牌的三层基础意义来讲,产品意义是最根本、最直接的意义,表明品牌是以产品为依托,传递产品功能(如促销、价格等)和产品价值(如产品设计、产品模式等)两方面的意义;情感意义是品牌的人格化特质的意义,是消费者使用品牌过程中感受到的情感反应,这种情感包括基础情感(如快乐、悲伤、愤怒等)和道德情绪(如内疚、羞愧、自豪等);文化意义则是侧重品牌宣扬和表达的文化内涵,包括两种具体意义:一是联想意义,是消费者通过品牌联想网络而关联到的文化意义;二是价值观意义,是消费者通过品牌而体会或顿悟到的价值观(如美国航空品牌的彩虹标志体现支持同性恋的价值观)。品牌基础意义的加入使得品牌仪式拥有了独特的内涵,突出品牌符号在仪式中的展现和烘托作用。进而,恰当的品牌仪式有助于品牌在同质化竞争中脱颖而出[1],树立与众不同的品牌形象[2],形成忠

---

[1] 薛海波:《品牌仪式:打造粉丝忠诚的利器》,《清华管理评论》2015年第1期。
[2] C. Otnes and L. M. Scott, "Something Old, Something New: Exploring the Interaction between Ritual and Advertising", *The Journal of Advertising*, Vol. 25, No. 1, 1996, pp. 33 – 50.

第三章 概念内涵：品牌仪式是什么？

诚的品牌态度①，凝聚参与者互动的强度②等。

仪式是各种象征符号的聚集体，其本质在于揭示价值意义，这种价值意义囿于传统和形式③。因此，个体通过品牌仪式了解自身价值，激发情感共鸣和认同感，共包括四类与自我相关的价值意义：自我概念意义、自我展示意义、自我参与意义和自我更新意义。第一，自我概念价值是消费者通过品牌仪式过程而形成对自我身份（identity）的认识。一个品牌仪式流程在实施过程中往往一再重复其过程和符号，目的是渲染仪式氛围、增强仪式的神圣感和权威感④。在这种仪式氛围下，消费者可以增强对自我身份和概念的认识，如 Muñiz 和 Schau 发现，仪式可以树立消费者在品牌社群中的身份和角色⑤。第二，自我展示意义是指消费者通过品牌仪式过程展示和表达自我的意义。仪式具有符号化呈现和表演特征，由此这种戏剧性和艺术性呈现一种非常美好、人人向往的世界或生活状态，为个体表达自我构造了理想的平台⑥。第三，自我参与意义是消费者借由品牌仪式过程而感知到一种参与感的意义。参与是社会人融入社会、并被社会所接纳的表现，而品牌仪式刚好在互动过程中将个体划分为被接纳的局内人（insider）和未被接纳的局外人（outsider）⑦。由此，品牌仪式可以给消费者带来参与的意义感和被重视感。第四，自我更新意义

---

① K. M. Prexl and P. Kenning, "An Empirical Analysis of the Antecedents and Consequences of Brand Rituals", *European Advances in Consumer Research*, Vol. 9, 2011, pp. 1 – 2.

② T. W. Bradford and J. F. Sherry, "Domesticating Public Space through Ritual: Tailgating as Vestaval", *Journal of Consumer Research*, Vol. 42, No. 1, 2015, pp. 130 – 151.

③ R. Collins, *Interaction Ritual Chains Theory*, NY: Princeton University Press, 2009.

④ D. W. Rook, "The Ritual Dimension of Consumer Behavior", *Journal of Consumer Research*, Vol. 12, No. 3, 1985, pp. 251 – 264.

⑤ A. M. Muñiz and H. J. Schau, "Religiosity in the Abandoned Apple Newton Brand Community", *Journal of Consumer Research*, Vol. 31, No. 4, 2005, pp. 737 – 747.

⑥ D. B. Holt, "Examining the Descriptive Value of "Ritual" in Consumer Behavior: View from the Field", *Advances in Consumer Research*, Vol. 19, No. 1, 1992, pp. 213 – 218; D. B. Holt, "How Consumers Consume: A Typology of Consumption Practices", *Journal of Consumer Research*, Vol. 22, No. 1, 1995, pp. 1 – 16; J. Robbins, "Ritual, Value, and Example: On the Perfection of Cultural Representations", *Journal of the Royal Anthropological Institute*, Vol. 21, No. S1, 2015, pp. 18 – 29.

⑦ K. R. Brown, "Interaction Ritual Chains and the Mobilization of Conscientious Consumers", *Qualitative Sociology*, Vol. 34, No. 1, 2011, pp. 121 – 141.

是消费者借由品牌仪式而体验到的更新、提升、改变自我的意义。仪式最初的功能在于"过渡"①，诸多仪式如成人仪式、婚礼仪式、葬礼仪式等，都代表了人们从一种状态进入另一种状态的转变。一些研究还发现，仪式可以帮助个体更快、更顺利地接受新角色和新生活②，本章的研究也发现品牌仪式可以产生自我更新的意义。

互动方式是联结品牌基础意义和品牌仪式意义关系的途径。互动仪式链理论指出，高度的互为主体性（即互动）和强烈的情感连带——通过身体的相互协同、参加者共同唤起的神经系统——结合在一起，由此才使得仪式的作用得以发挥③。在该视角下，品牌仪式是品牌和消费者接触的仪式化表现，其本质就是一种多维互动行为。卫海英、骆紫薇指出，应该把"顾客—员工—组织"的互动行为分立，称为"互动三元组合"④。在此理论基础以及访谈数据的基础上，本书作者也同样发现互动方式应分为三类：企业互动、员工互动和消费者互动。其一，企业互动是企业与消费者的直接互动，该品牌仪式方式强调企业通过设定相应服务政策，以充分满足每一个消费者的需要为理念，以一对一的沟通、关系的成本利益管理和共同的价值创造平台为手段⑤。其二，员工互动是员工与企业或者员工与消费者的互动方式，员工与企业的品牌仪式方式以提升员工的需求层次为核心，以象征行为、情感行为、认知导向行为为重要的仪式化管理⑥。其三，消费者互动的品牌仪式方式是消费者与消费

---

① E. Durkheim, *The Elementary Forms of Religious Life*, NY, New York: Free Press, 1965.
② S. K. Bonsu and R. W. Belk, "Do Not Go Cheaply into That Good Night: Death-Ritual Consumption in Asante, Ghana", *Journal of Consumer Research*, Vol. 30, No. 1, 2003, pp. 41-55; M. I. Norton and F. Gino, "Rituals Alleviate Grieving for Loved Ones, Lovers, and Lotteries", *Journal of Experimental Psychology: General*, Vol. 143, No. 1, 2014, pp. 266-272.
③ R. Collins, *Interaction Ritual Chains Theory*, NY: Princeton University Press, 2009.
④ 卫海英、骆紫薇：《互动行为与服务品牌资产》，科学出版社2015年版。
⑤ 卫海英、骆紫薇：《中国的服务企业如何与顾客建立长期关系？——企业互动导向、变革型领导和员工互动响应对中国式顾客关系的双驱动模型》，《管理世界》2014年第1期；卫海英、杨国亮：《企业互动导向下的品牌危机预防模式研究》，《商业经济与管理》2013年第12期。
⑥ 卫海英、刘红艳：《服务企业员工互动响应能力的生成路径研究》，《营销科学学报》2015年第1期；F. Massa, W. Helms, M. Voronov and L. Wang, "Emotion Uncorked: Inspiring Evangelism for the Emerging Practice of Cool Climate Wine Making in Ontario", *Academy of Management Journal*, Vol. 60, No. 2, 2016, pp. 461-499.

者之间产生的重复的、规范的、有意义的仪式互动（如品牌社群的仪式化互动），既包括线上消费者互动，也包括线下消费者互动①。

不同的互动方式对品牌基础意义和品牌仪式意义的融合效应有所差异，这与意义迁移模型的精髓不谋而合。意义迁移模型从社会建构的视角解释了消费过程中个体、物体和关联仪式的符号流动和符号变迁②，并指出不同互动方式引起的意义迁移过程有所差异。对于消费者来讲，员工互动和消费者互动的品牌仪式是直接的人际互动，企业互动的品牌仪式则是非人际互动，即企业互动的品牌仪式只能通过员工或其他消费者口碑的传递而对消费者产生影响。本章的研究发现，员工互动和消费者互动对品牌仪式意义的形成作用大于企业互动（赵先生："跟一个陌生人或者一群陌生人，去另一个地方，或者那个地方的朋友带我出去，做了一些动作，我会跟着他做，而企业指定的动作我则没有模仿的欲望。"王女士："同学描述他家信基督，这个男生和妈妈每天吃饭前就祷告，睡觉也会祷告。另一个同学去他们家做客，看到这个场景，也会模仿，向耶稣祷告"）这与 Schroede 等的研究结论③具有一定类通之处——人际仪式产生的效果（如合作、亲社会动机）会优于非人际仪式。另外，由于消费者与其他消费者具有角色一致性，所以相比代表企业的员工，消费者会更倾向于相信其他消费者。由此，无论是线上还是线下的消费者互动对品牌仪式产生的积极作用都会高于员工互动（李先生："我很喜欢苹果品牌，因为我在网上看到这个品牌的评价符合我的要求，大家普遍反映它很简洁、轻便。我一般不会太听从店员的介绍"）。因此，就这三种互动方式对品牌仪式的形成效应而言，消费者互动高于员工互动，再高于企业互动。

---

① 薛海波：《品牌社群作用机理理论研究和模型构建》，《外国经济与管理》2012 年第 2 期。

② G. McCracken, "Culture and Consumption: A Theoretical Account of the Structure and Movement of the Cultural Meaning of Consumer Goods", *Journal of Consumer Research*, Vol. 13, No. 1, 1986, pp. 71-84.

③ J. Schroeder, J. Risen, F. Gino and M. I. Norton, "Handshaking Promotes Cooperative Dealmaking", *Harvard Business School NOM Unit Working Paper*, 2014, pp. 14-117.

二 品牌仪式的影响因素及其影响效应

品牌仪式的形成过程主要存在四类影响因素：仪式因素、消费者因素、品牌因素和社会因素。其中，仪式因素和品牌因素是影响品牌仪式意义传递的内部情境因素，属于品牌仪式的组成因素，是品牌仪式形成路径的启动因素（enabling factor）；消费者因素和社会因素是影响品牌仪式意义传递的外部因素，属于品牌仪式形成路径的强化因素（reinforcing factor）。仪式因素、消费者因素、品牌因素和社会因素这四个情境因素都会影响品牌基础意义向品牌仪式意义的传递关系或关系强度，属于调节变量。

（一）仪式因素

仪式因素包括仪式风格因素和仪式匹配因素，仪式风格因素是指仪式中动作、语言、符号等因素形成的风格，仪式匹配因素是仪式与周遭的人、环境、品牌等形成的匹配感。以下首先分析仪式风格因素对品牌仪式形成的影响效应。基于刻板印象内容模型（stereotype content model）[1]，品牌仪式的风格可以分为两个维度——能力（competence）维度和温暖（warmth）维度，前者表示品牌仪式的实现目标，即目标是否是正面、合作意图或负面、竞争、利用意图等，后者描述品牌仪式实现目标的效能，即品牌仪式能否实现其意图[2]。其中，温暖维度包含诸如道德、信赖、真诚、体贴和友善之类的特性，而能力维度包含诸如效能、技能、创造性、自信和聪明之类的特性。本章从深度访谈中得到启示：其一，品牌仪式的能力维度代表一种重视感和正式感，可以促进品牌意义与仪式意义的关系（吴女士："仪式庄严感会让大家有一种更看重的感觉……仪式感很重要，生活很平淡，一个固定纪念性日子会让意义出现，对品

---

[1] A. J. Cuddy, S. T. Fiske and P. Glick, "The BIAS Map: Behaviors from Intergroup Affect and Stereotypes", *Journal of Personality and Social Psychology*, Vol. 92, No. 4, 2007, pp. 631 – 648.

[2] S. T. Fiske, A. J. Cuddy, P. Glick and J. Xu, "A Model of (Often Mixed) Stereotype Content: Competence and Warmth Respectively Follow from Perceived Status and Competition", *Journal of Personality and Social Psychology*, Vol. 82, No. 6, 2002, pp. 878 – 902; S. T. Fiske, A. J. Cuddy and P. Glick, "Universal Dimensions of Social Cognition: Warmth and Competence", *Trends in Cognitive Sciences*, Vol. 11, No. 2, 2007, pp. 77 – 83.

牌印象更深刻")其二，品牌仪式的温暖维度虽然可以拉近消费者与品牌的距离，但是会弱化仪式意义，抑制品牌意义向仪式意义的传递（岳女士："外婆家上叫花鸡就会说外婆给你上叫花鸡了，海底捞的面在你面前显摆一番，第一次感觉很新鲜，之后就没有感觉了"）。接下来分析仪式匹配因素对品牌仪式形成的影响效应。当仪式与品牌风格为高匹配时，品牌意义和仪式意义更为一致，引发的意义理解、关联联想乃至记忆网络更加明确，由此增强品牌仪式的形成（陈女士："肯定要安静的环境，对节日，西班牙桑巴舞，整个氛围就很热情，但是祷告就很庄重严肃。"董先生："氛围很重要，仪式的氛围要看仪式是什么调调，例如Chanel腕表发布会推出新表，仪式的氛围就很时尚、潮，邀请界内大腕也很时尚，如陈伟霆，一身打扮不止潮，还很优雅，就很符合整个发布会优雅的氛围"）。

（二）消费者因素

消费者因素包括消费者相关性和消费者忠诚度，两者都是消费者涉入度（involvement）的体现，但不同之处在于：前者是认知或行为的涉入度，后者是情感的涉入度。根据深度访谈，相比低相关性或低忠诚度的消费者，高相关性或高忠诚度的消费者更会增强其对品牌意义和仪式意义的理解，进而领悟品牌意义与仪式意义的关系，促进品牌仪式的形成（叶女士："去教堂的时候，参观者也要庄重，参与的时候要与里面的人一样，有模有样，不能破坏规矩。"王女士："自己比较独立，跟社会不融合的人会觉得很尴尬，不符合自己的个性，不与人交流的人就不太会参与这样的仪式"）。也就是说，消费者相关性和消费者忠诚度正向调节品牌基础意义和品牌仪式意义的关系。

（三）品牌因素

品牌因素涵盖品牌资产和品牌个性。品牌资产是顾客在认知基础上而产生的对有品牌产品和无品牌产品之间差异性反应，体现为一种附加价值或附加利益，反映于消费者对有关品牌的认识和感受[①]。因此，高品

[①] 卫海英、张蕾：《服务品牌资产驱动模型研究——基于多维互动质量的视角》，《经济管理》2010年第5期。

质资产的品牌可以促进品牌仪式意义的展现，加强品牌基础意义向品牌仪式意义的转移，形成积极的品牌仪式（杨女士："李易峰代言也用了 oppo 手机，明星圈很多明星也在用 oppo 手机，还有身边的朋友给我洗脑，因此我看见 oppo 的仪式活动就很想参加"）。此外，品牌个性源于消费者心中人际交往和社会关系的需求，会影响消费者对品牌基础意义和品牌仪式意义的感知。Aaker 将品牌个性分为五类——真诚型、兴奋型、称职型、教养型和强壮型，而真诚型和兴奋型是营销领域最为关注，且占据品牌个性评分大部分的两种品牌风格[①]。由于消费者倾向于与真诚型品牌（vs. 兴奋型品牌）建立长久的、稳定的关系，因此消费者更倾向于关注真诚型品牌（vs. 兴奋型品牌）的品牌仪式意义。此外，品牌的真诚型风格与仪式本质更为贴切，这种一致性会加强品牌基础意义向品牌仪式意义的转移（李先生："品牌定位会影响到仪式，阳光的品牌 H&M，要繁文缛节的穿旗袍之类的就不合适，品牌仪式应该是简约的"）。总而言之，真诚型品牌正向增强品牌基础意义与品牌仪式意义的关系，而兴奋型品牌弱化品牌基础意义与品牌仪式意义的关系。

（四）社会因素

社会因素包括仪式氛围、群体压力和面子文化三类，是影响品牌基础意义传向品牌仪式意义的外部情境因素。首先，仪式氛围是社会风气、社会规范导致的社会参与仪式的整体气氛。相比拥有信仰的群体、民族或国家，无信仰（或较少信仰）的群体、民族或国家的仪式氛围会较弱。深度访谈发现，仪式氛围会增强消费者参与品牌仪式的动机，从而正向调节品牌基础意义与品牌仪式意义的关系（吴女士："都会有相应的仪式，只是繁简的问题，西方每个节日的仪式不同，中国每个节日都差不多，具体仪式是怎么做的……中国仪式会烦，每年都要过，花费，走亲戚感觉烦，不喜欢"）。其次，群体压力是群体评价和社会评价引导消费者趋向大众消费的因素。品牌仪式通常是一个群体形成的规范性动作和

[①] J. L. Aaker, S. Fournier and S. A. Brasel, "When Good Brands Do Bad", *Journal of Consumer Research*, Vol. 31, No. 1, 2004, pp. 1 – 16; J. L. Aaker, "Dimensions of Brand Personality", *Journal of Marketing Research*, Vol. 43, No. 3, 1997, pp. 347 – 356.

流程，因此来自群体的压力会驱使消费者参与仪式，增强品牌基础意义与品牌仪式意义的融合（郑先生："很多人5点钟起床看天安门升旗仪式，我觉得只是从众心理，毕竟大家去了北京都要去看一下升旗"）。此外，面子文化与群体压力相近，但是更加符合中国文化背景，既包括考虑他人面子的意识，也包括保护自我面子的动机[①]。在面子意识的驱动下，消费者会主动参与（与群体压力的被动参与不同）仪式，并会为品牌仪式的意义寻找原因（谢女士："实习期间，去房地产咨询公司，甲乙双方要喊口号，很押韵的……当时感觉是一个团队很团结很nice。有的人觉得做作，但是我觉得为了同一个目标做事情，并且公司的同事挺好的，策划团队销售团队的团队建设都特别好"）。因此，面子文化会正向调节品牌基础意义和品牌仪式意义的关系。

第六节 讨论

本章通过文献分析、深度访谈和基于扎根理论的质性分析，首次探讨了品牌仪式的形成路径模型。概念模型表明，品牌仪式的形成主路径涵盖了品牌基础意义、品牌仪式意义和互动方式这三个主范畴，其中的影响因素涉及了品牌因素、消费者因素、仪式因素和社会因素四个子范畴。其中，品牌仪式是由品牌基础意义向品牌仪式意义的流动而形成的，品牌基础意义是品牌仪式意义的前置变量，互动方式是代表意义"链"的驱动力。此外，品牌因素和仪式因素是品牌仪式的内部影响变量，消费者因素和社会因素是品牌仪式的外部情境变量，不同因素的影响效应各有不同。

首先，本章的研究突破了现有仪式研究关注点的窠臼——宗教仪式，将品牌仪式与宗教仪式区分开来。本章的研究发现，品牌仪式的关键在于品牌基础意义与品牌仪式意义的融合，使之与单纯的宗教仪式区分开来。根据Durkheim以及Ahler和Tamney的观点，宗教仪式注重认识"本

---

① Y. Bao, K. Z. Zhou and C. Su, "Face Consciousness and Risk Aversion: Do They Affect Consumer Decision-Making?" *Psychology & Marketing*, Vol. 20, No. 8, 2003, pp. 733–755.

我",了解自身能力的局限性,从而建立与"超我"——即神灵的关系①。品牌仪式具有意行合一的特征,品牌仪式化行为的流程步骤融入了消费者对品牌的情感和认知,从而有助于消费者通过仪式过程认识和内化品牌意义。由此,本章探讨了品牌仪式的独特性,拓宽了学者们对于多文化、多市场背景下仪式类型的考虑范围,从而对仪式研究的现有成果形成了有益的补充,并启发未来更多研究(尤其是营销研究)在考察"品牌仪式对消费者影响效应"这一问题上,摆脱仅考虑仪式意义的桎梏,将品牌意义和品牌因素作为重要的前因变量纳入理论框架的整体考虑中。

其次,本章的研究首次从意义迁移的角度提出了品牌仪式的形成。基于意义迁移模型,仪式来源于符号意义的流动,其中世界文化符号是根基,广告和时尚是反映体系,进而体现到消费物品上,再通过消费者的行为影响消费者心理。本章的"品牌仪式的形成路径模型"表明,品牌仪式形成的主路径是品牌基础意义向品牌仪式意义流动的结果,这再一次证实了符号意义的流动过程。但是与 McCracken 的模型不同的是,本章的研究在意义迁移模型的基础上进行了如下拓展:首先,符号意义的迁移具有双向性。意义迁移模型认为,符号是单向性流动,其根本来源是混杂的世界文化符号,通过目的性活动形成具有特定意义的符号。而本章的研究发现,品牌仪式的形成是符号与符号之间的流动,是双向性过程。此外,符号是通过互动进行迁移的。McCracken 的意义迁移模型强调个人行为是建构符号的途径,而本章的研究指出互动方式(包括企业互动、消费者互动和员工互动)是意义迁移的助推器。该研究结论与 Collins 提出的互动仪式链理论的观点不谋而合。

最后,本章推进了品牌仪式的研究,分析了品牌仪式形成的影响因素及其影响效用。纵观仪式研究,学者们集中于探讨仪式(有 vs. 无)对个体的影响,以及仪式因素和消费者因素的调节作用。近来,少量研

---

① E. Durkheim, *The Elementary Forms of Religious Life*, NY, New York: Free Press, 1965; J. G. Ahler and J. B. Tamney, "Some Functions of Religious Ritual in a Catastrophe", *Sociology of Religion*, Vol. 25, No. 4, 1964, pp. 212-230.

究开始关注到社会因素在仪式中的作用，如群体聚集、外部文化等。本章的部分结论得到了以往研究的支持。例如，Prexl 和 Kenning 发现，消费者相关性和品牌忠诚均会正向影响品牌仪式强度，该研究中的品牌仪式强度即是本章所指的消费者感知到的品牌意义与仪式意义的关系强度。在以往研究的基础上，本章的研究不仅增进、归纳和分析了仪式因素、消费者因素、社会因素的调节效应，而且发现了品牌因素在品牌仪式形成中的关键作用。此外，尽管国外学者对仪式议题近年来展开了较为热烈的探讨，但国内有关仪式和品牌仪式的研究仍较为缺乏。本章首次探索了中国文化背景下的品牌仪式，以期达到抛砖引玉的效果，引起国内学者对品牌仪式研究的关注和探索。

第四章

双刃剑效应:品牌仪式如何影响参与型消费者?

第一节 研究目的

对于参与型消费者,品牌仪式如何影响其购买意愿?近年来,仪式的作用掀起心理学、消费者行为学和组织行为学领域的研究关注。但已有文献集中于仪式的积极效果,如提升食品口味、安抚焦虑情绪、增强表现绩效、凝聚群体和社会关系等[1],有关仪式是否可能存在负面效果却鲜有研究提及。前文的文献回顾(即品牌仪式的理论发展)中已经提到,由于仪式的元素,品牌仪式具有四个主要特征:动作程式化、行

---

[1] K. D. Vohs, Y. Wang, F. Gino and M. I. Norton, "Rituals Enhance Consumption", *Psychological Science*, Vol. 24, No. 9, 2013, pp. 1714 – 1721; M. I. Norton and F. Gino, "Rituals Alleviate Grieving for Loved Ones, Lovers, and Lotteries", *Journal of Experimental Psychology: General*, Vol. 143, No. 1, 2014, pp. 266 – 272; A. W. Brooks, J. Schroeder, J. L. Risen, F. Gino, A. D. Galinsky, M. I. Norton and M. E. Schweitzer, "Don't Stop Believing: Rituals Improve Performance by Decreasing Anxiety", *Organizational Behavior and Human Decision Processes*, Vol. 137, 2016, pp. 71 – 85; M. J. Rossano, "The Essential Role of Ritual in the Transmission and Reinforcement of Social Norms", *Psychological Bulletin*, Vol. 138, No. 3, 2012, pp. 529 – 549; B. Gainer, "Ritual and Relationships: Interpersonal Influences on Shared Consumption", *Journal of Business Research*, Vol. 32, No. 3, 1995, pp. 253 – 260.

为例行化、表演象征性和意行合一性①。从动作程式化和行为例行化的特点可以看出,品牌仪式可能会给消费者带来约束感和限制感,进而限制感会使得消费者产生负面态度,如发展心理学研究指出,母亲对幼儿的限制会导致幼儿消极行为②。此外,一些临床心理学的研究也发现,仪式化行为与强迫症、自闭症等临床症状具有相关性③。心理学家洛蕾利斯·辛格霍夫也曾在其《我们为什么需要仪式》一书中提道:

> 仪式也并非百利而无一害。如果稳定性变成一种强制性力量,导向变成强迫执行,保护传统变成空洞的机械化行为时,仪式的负面作用就显现出来了。比如很多人为了逃避一些节日的繁琐风俗,他们甚至会出国旅行。④

因此,在本章中作者认为,品牌仪式对于品牌购买意愿不仅单方面地存在正面影响,也可能存在负面影响,即具有一个增益和损耗并存的"双刃剑"路径。

除了仪式的作用,品牌本身的因素也会影响品牌仪式对消费者的作用。尤其品牌个性作为与消费者建立关系的直接类人属性(humanlike

---

① 薛海波:《品牌仪式:打造粉丝忠诚的利器》,《清华管理评论》2015年第1期; Z. Raj, *Brand rituals: How Successful Brands Bond with Customers for Life*, Mill Valley, CA: Spyglass Pub. Group Inc., 2012, D. W. Rook, "The Ritual Dimension of Consumer Behavior", *Journal of Consumer Research*, Vol. 12, No. 3, 1985, pp. 251 – 264.

② 例如厌食,参见 M. H. Pesch, A. L. Miller, D. P. Appugliese, K. L. Rosenblum and J. C. Lumeng, "Affective Tone of Mothers' Statements to Restrict Their Children's Eating", *Appetite*, Vol. 103, 2016, pp. 165 – 170.

③ P. Boyer and P. Liénard, "Why Ritualized Behavior? Precaution Systems and Action Parsing in Developmental, Pathological and Cultural Rituals", *Behavioral and Brain Sciences*, Vol. 29, No. 6, 2006, pp. 595 – 613; P. Boyer and P. Liénard, "Ritual Behavior in Obsessive and Normal Individuals: Moderating Anxiety and Reorganizing the Flow of Action", *Current Directions in Psychological Science*, Vol. 17, No. 4, 2008, pp. 291 – 294.

④ [德]洛蕾利斯·辛格霍夫:《我们为什么需要仪式》,刘永强译,中国人民大学出版社2009年版。

characterisitic），是消费者评价产品、参与产品互动的重要考虑因素①。例如，苹果（Apple）品牌就被认为具备创新、年轻和兴奋的个性特征，属于彰显独特、具有吸引力的兴奋品牌②；与之对应的，诺基亚（Nokia）品牌则被认为是真诚且实在的品牌，这种真诚型品牌个性被看为更可信、可靠③。研究表明，仪式会传递一种正式感、庄重感和严肃感④，这无疑与真诚型品牌个性匹配。由此推测，品牌仪式的"双刃剑"路径可能会受到品牌个性的影响。

因此，本章拟聚焦于参与型消费者，考察品牌仪式的"双刃剑"效应。具体而言，本章的研究试图探讨以下问题：第一，品牌仪式程度对消费者购买意愿的影响；第二，品牌仪式"双刃剑"效应的心理机制，从而为品牌仪式程度与消费者购买意愿之间的因果关系提供一个有价值的解释视角；第三，探讨品牌个性的调节作用，即对于不同个性的品牌，如何设计相应的品牌仪式，从而为品牌仪式的影响效应确立更加明确的营销启示。

第二节　文献回顾与研究假设

综合已有研究，本章提出品牌仪式既增加感知乐趣（perceived enjoy-

---

① J. L. Aaker, "Dimensions of Brand Personality", *Journal of Marketing Research*, Vol. 43, No. 3, 1997, pp. 347 – 356.

② G. M. Fitzsimons, T. L. Chartrand and G. J. Fitzsimons, "Automatic Effects of Brand Exposure on Motivated Behavior: How Apple Makes You 'Think Differenct'", *Journal of Consumer Research*, Vol. 35, No. 1, 2008, pp. 21 – 35; N. Maehle, C. Otnes and M. Supphellen, "Consumers' Perceptions of the Dimensions of Brand Personality", *Journal of Consumer Behavior*, Vol. 10, No. 5, 2011, pp. 290 – 303; J. L. Aaker, S. Fournier and S. A. Brasel, "When Good Brands Do Bad", *Journal of Consumer Research*, Vol. 31, No. 1, 2004, pp. 1 – 16.

③ R. Van der Lans, B. Van den Bergh and E. Dieleman, "Partner Selection in Brand Alliances: An Empirical Investigation of the Drivers of Brand Fit", *Marketing Science*, Vol. 33, No. 4, 2014, pp. 551 – 566; J. L. Aaker, "Dimensions of Brand Personality", *Journal of Marketing Research*, Vol. 43, No. 3, 1997, pp. 347 – 356.

④ E. J. Arnould, "Special Session Summary: Rituals Three Gifts and Why Consumer Researchers Should Care", *Advances in Consumer Research*, Vol. 28, 2001, pp. 384 – 386; D. W. Rook, "The Ritual Dimension of Consumer Behavior", *Journal of Consumer Research*, Vol. 12, No. 3, 1985, pp. 251 – 264.

ment；即"利之刃"），也削弱感知自主性（perceived autonomy；即"伤之刃"）。进而，根据行为之思维定势理论（behavioral mindset theory），人们在某一情境中的行为和想法会影响到接下来的评价和行为，感知趣味和感知限制会塑造消费者的思维定势（mindset），影响消费者接下来购买意愿以及对品牌的态度[1]。对于利之刃，当品牌注入仪式行为后，消费者可以通过参与仪式行为而感受到乐趣。正如仪式文献的观点，仪式行为可以改善负面情绪（如焦虑）、引发正面情绪（如兴奋感)[2]，这些情绪表现均是乐趣的体现。Vohs 等通过实验发现，仪式可以提升被试吃食物（即巧克力、胡萝卜和柠檬水）的享受程度和愉悦程度，甚至还可以使得消费过程也更有乐趣[3]。此外，基于游戏的研究也发现，重复性的动作可以预测游戏乐趣[4]。由此，品牌仪式促进参与者在试用产品过程中的感知乐趣，从而加强对产品的购买意愿。

另一方面，对于伤之刃，品牌仪式的行为约束会使得消费者产生被限制自主性的感觉。虽然已有研究从认知角度指出，仪式中重复和刻板的行为动作能够满足个体的控制感，但是该类研究局限于个体的控制感

---

[1] R. S. Wyer and A. J. Xu, "The Role of Behavioral Mind-Sets in Goal-Directed Activity: Conceptual Underpinnings and Empirical Evidence", *Journal of Consumer Psychology*, Vol. 20, No. 2, 2010, pp. 107 – 125.

[2] M. Lang, J. Krátký, J. H. Shaver, D. Jerotijević and D. Xygalatas, "Effects of Anxiety on Spontaneous Ritualized Behavior", *Current Biology*, Vol. 25, No. 14, 2015, pp. 1892 – 1897; J. Tinson and P. Nuttall, "Exploring Appropriation of Global Cultural Rituals", *Journal of Marketing Management*, Vol. 26, No. 11 – 12, 2010, pp. 1074 – 1090; J. L. Jacobs, "The Effects of Ritual Healing on Female Victims of Abuse: A Study of Empowerment and Transformation", *Sociology of Religion*, Vol. 50, No. 3, 1989, pp. 265 – 279.

[3] K. D. Vohs, Y. Wang, F. Gino and M. I. Norton, "Rituals Enhance Consumption", *Psychological Science*, Vol. 24, No. 9, 2013, pp. 1714 – 1721.

[4] S. Kim, R. P. Chen and K. Zhang, "Anthropomorphized Helpers Undermine Autonomy and Enjoyment in Computer Games", *Journal of Consumer Research*, Vol. 43, No. 2, 2016, pp. 282 – 302; S. Trepte and L. Reinecke, "The Pleasures of Success: Game-Related Efficacy Experiences as a Mediator between Player Performance and Game Enjoyment", *Cyberpsychology, Behavior, and Social Networking*, Vol. 14, No. 9, 2011, pp. 555 – 557.

缺乏的情境，如遭遇灾难、遇到困难、压力情境等①。而当个体处于正常控制感水平时，仪式行为反而会使得个体感知被控制，并且这种被控制的感觉会使得消费者远离品牌、降低购买意愿。例如，一些组织行为研究表明，高纪律和高规则的组织管理会使得员工产生情绪枯竭和工作倦怠，并加强员工的离职意愿②。本章的研究认为，这种被限制的控制感表现为个体的自主性。自主性是指人们感觉能够自我制定决策和自我掌控行为的程度，来源于自我控制的心理需求。已有研究表明，自主性需求与个体的主观幸福感正相关，即自主性可以提升主观幸福感，且该效应在不同文化下均得到了验证③；相反，自主性缺乏会降低主观幸福感，甚至还会引发一系列精神病理反应（如出汗、焦虑、失眠等）④。因此，品牌仪式加强感知限制，进而降低品牌购买意愿。综合"双刃"路径，本章提出以下假设：

假设 1 品牌仪式程度（a）既促进感知乐趣，（b）也削弱感知自主性。

---

① E. J. Hamerman and G. V. Johar, "Conditioned Superstition: Desire for Control and Consumer Brand Preferences", *Journal of Consumer Research*, Vol. 40, No. 3, 2013, pp. 428 – 443; M. J. Rossano, "The Essential Role of Ritual in the Transmission and Reinforcement of Social Norms", *Psychological Bulletin*, Vol. 138, No. 3, 2012, pp. 529 – 549; A. L. Ai, T. N. Tice, C. Peterson and B. Huang, "Prayers, Spiritual Support, and Positive Attitudes in Coping with the September 11 National Crisis", *Journal of Personality*, Vol. 73, No. 3, 2005, pp. 763 – 792; R. L. Celsi, R. L. Rose and T. W. Leigh, "An Exploration of High-Risk Leisure Consumption through Skydiving", *Journal of Consumer Research*, Vol. 20, No. 1, 1993, pp. 1 – 23; C. A. Wrisberg and R. L. Pein, "The Preshot Interval and Free Throw Shooting Accuracy: An Exploratory Investigation", *The Sport Psychologist*, Vol. 6, No. 1, 1992, pp. 14 – 23; B. Singer and V. A. Benassi, "Occult Beliefs: Media Distortions, Social Uncertainty, and Deficiencies of Human Reasoning Seem to Be at the Basis of Occult Beliefs", *American Scientist*, Vol. 69, No. 1, 1981, pp. 49 – 55.

② G. Levy and R. Razin, "Rituals or Good Works: Social Signaling in Religious Organizations", *Journal of the European Economic Association*, Vol. 12, No. 5, 2014, pp. 1317 – 1360.

③ E. L. Deci and R. M. Ryan, "The 'What' and 'Why' of Goal Pursuits: Human Needs and the Self-Determination of Behavior", *Psychological Inquiry*, Vol. 11, No. 4, 2000, pp. 227 – 268.

④ R. M. Ryan, E. L. Deci, W. S. Grolnick and J. G. La Guardia, "The Significance of Autonomy and Autonomy Support in Psychological Development and Psychopathology", in D. Cicchetti and D. Cohen, eds., *Developmental psychopathology: Theory and methods*, Vol. 1, New York: Wiley, 2006, pp. 795 – 849.

假设 2 (a) 感知乐趣正向影响品牌购买意愿,(b) 感知自主性也正向影响品牌购买意愿。

品牌个性是品牌的人格化特征①,是消费者对品牌的感知而非与品牌的关系②。一般而言,消费者可以通过顾客评论、广告、以往经历、产品外观等推断品牌的个性③。Aaker 指出,品牌个性包括五个维度:真诚、兴奋、能力、教养和强壮④。其中,真诚型和兴奋型是营销领域中关注最为突出的两种品牌个性⑤,其原因在于:一方面,真诚型和兴奋型属于亲密人际关系中三种理想伴侣类型的两类⑥,能代表两类不同的关系;另一方面,真诚型和兴奋型占据品牌个性评分的大部分差异值。因此,本章专注于对比真诚型和兴奋型品牌个性。

Aaker 等指出,相比兴奋型品牌(如雅虎、百事可乐),消费者更倾向于与真诚型品牌(如福特、可口可乐)建立长久关系⑦。换言之,兴奋型品牌个性与短期关系更加匹配,而真诚型品牌个性与长期关系更加匹配。另外,兴奋型品牌被认为更具备年轻人特征、文化活力,真诚型品牌则被认为更温暖、更实在。因此,在消费者看来,相比兴奋个性,真诚个性的品牌与仪式特征——长期关系、稳定、重复等一致。根据归因

---

① J. L. Aaker, "Dimensions of Brand Personality", *Journal of Marketing Research*, Vol. 43, No. 3, 1997, pp. 347 – 356.

② J. J. Brakus, B. H. Schmitt and L. Zarantonello, "Brand Experience: What Is It? How Is It Measured? Does It Affect Loyalty?" *Journal of Marketing*, Vol. 73, No. 3, 2009, pp. 52 – 68.

③ T. J. Noseworthy and R. Trudel, "Looks Interesting, But What Does It Do? Evaluation of Incongruent Product Form Depends on Positioning", *Journal of Marketing Research*, Vol. 48, No. 6, 2011, pp. 1008 – 1019; A. Sundar and T. J. Noseworthy, "Too Exciting to Fail, Too Sincere to Succeed: The Effects of Brand Personality on Sensory Disconfirmation", *Journal of Consumer Research*, Vol. 43, No. 1, 2016, pp. 44 – 67.

④ J. L. Aaker, "Dimensions of Brand Personality", *Journal of Marketing Research*, Vol. 43, No. 3, 1997, pp. 347 – 356.

⑤ J. L. Aaker, S. Fournier and S. A. Brasel, "When Good Brands Do Bad", *Journal of Consumer Research*, Vol. 31, No. 1, 2004, pp. 1 – 16; A. Sundar and T. J. Noseworthy, "Too Exciting to Fail, Too Sincere to Succeed: The Effects of Brand Personality on Sensory Disconfirmation", *Journal of Consumer Research*, Vol. 43, No. 1, 2016, pp. 44 – 67.

⑥ J. L. Aaker, S. Fournier and S. A. Brasel, "When Good Brands Do Bad", *Journal of Consumer Research*, Vol. 31, No. 1, 2004, pp. 1 – 16.

⑦ Ibid..

理论（attribution theory）[①]，对于真诚型品牌，消费者会将仪式的负面效应（如约束、限制、缺乏自主性等）归因为品牌的"真诚"属性特征，会倾向于将高程度品牌仪式的步骤重复、因果晦涩看作是建立长期关系的表现，从而增强消费者的购买意愿和品牌态度。反之，对于兴奋型品牌，消费者会认为仪式的负面效应与品牌个性不匹配，且短期关系的品牌风格使得消费者会对高仪式程度的流程产生厌倦感，从而强化品牌仪式的负面效应——即感知自主性受限，进而使得消费者产生负面的品牌态度和购买意愿。此外，以往研究也为该推断提供了一定支持。例如，Sundar 和 Noseworthy 发现，品牌个性会影响消费者对产品感官失调（sensory disconfirmation；即五感的认知不一致的情况）的评价，且对于兴奋型品牌，感官失调更加符合其品牌本质，从而提升品牌真实性和品牌态度，而对于真诚型品牌则效应相反[②]。综上，本章提出如下假设：

假设 3. 品牌个性会调节品牌仪式程度对感知乐趣和感知自主性的影响。

假设 3a 对于真诚型品牌，感知自主性的中介作用会减弱，品牌仪式程度与消费者购买意愿正相关；

假设 3b 对于兴奋型品牌，感知自主性的中介作用会增强，品牌仪式程度与消费者购买意愿呈倒 U 型关系。

综合以上假设，本章的理论框架如图 4—1 所示。

本章将通过 4 个实验室实验检验以上假设。其中，实验 4—1 检验品牌仪式对购买意愿的基础效应及其心理机制，即假设 1 和假设 2。在建立主效应的基础上，实验 4—2 验证假设 3，确定品牌个性的调节作用。实验 4—3 旨在排除其他可能性解释，并且验证在不同品牌个性情境下，感知乐趣和感知自主性的中介效应。实验 4—4 为了增强本章研究结果的外部效度，以产品选择任务为实验范式，通过田野实验的方式重复了本章

[①] B. Weiner, "Attributional Thoughts about Consumer Behavior". *Journal of Consumer Research*, Vol. 27, 2000, pp. 382–387.

[②] A. Sundar and T. J. Noseworthy, "Too Exciting to Fail, Too Sincere to Succeed: The Effects of Brand Personality on Sensory Disconfirmation", *Journal of Consumer Research*, Vol. 43, No. 1, 2016, pp. 44–67.

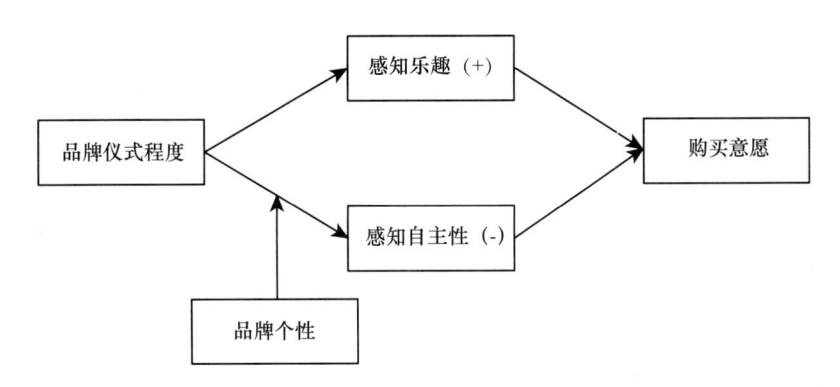

图4—1　本章（子研究二）的理论框架

的研究发现。另外，四个实验采用多操纵方法、多测量方法的结合。一方面，品牌仪式作为本章中的关键前因变量，采用了多种操纵方法：实验4—1和4—2采用的流程数量的操控方式；实验4—3采用流程动作的因果关系的操控方式。另一方面，三个实验的品牌名称和产品品类均进行了差异化设计。

第三节　品牌仪式预实验

一　实验设计

预实验是为了对本章实验中的品牌仪式操纵进行检验。从实验4—1到4—3，本书作者设计了三种不同的品牌及其相应的品牌仪式，实验4—1和实验4—2包括低、中、高三种不同程度的品牌仪式，实验4—3包括低和高两种不同程度的品牌仪式，本实验旨在确认品牌仪式的操纵设计是否成功。

61名被试（56%女性，$M_{age}=32.05$岁，$SD=6.30$）通过网络调查方式参与了该实验，实验结束后每人获得参与费5元微信现金红包。预实验的实验设计为3（品牌仪式程度：低 vs. 中 vs. 高）×3（品牌：列奥尼达Leonida手表 vs. HeyJuice新鲜果汁 vs. 施克Sheko文具）混合因子设计，其中品牌仪式程度因素为组间因子设计，品牌因素为组内因子设计，且对于不同的品牌,品牌仪式程度的材料随机呈现,品牌的呈现按照实验先后顺序。

二 实验流程

被试首先阅读一段实验的引导语,其中要求被试认真、如实、独立地填写问卷。然后被试阅读一段有关目标品牌的介绍,并想想自己正在进行以下描述的动作,阅读后被试对品牌介绍中的仪式动作进行有关品牌仪式程度的评价。最后,被试回答性别和年龄的人口统计学信息,领取微信红包后结束实验。

三 变量测量

结合仪式有效性的测量①和品牌意义的测量②,品牌仪式程度的测量共包含六条测项,即"我认为文中介绍的产品试用流程很特殊/符合品牌风格/与众不同/彰显品牌意义/具有仪式化色彩/表达品牌内涵",其中"特殊/与众不同/具有仪式化色彩"与仪式相关(Cronbach α 介于 0.76—0.84),"符合品牌风格/彰显品牌意义/表达品牌内涵"与品牌相关(Cronbach α 介于 0.80—0.86),6 条测项的一致性系数 Cronbach α 值介于 0.86—0.91。

四 分析与结果

为了确保预实验参与人数的有效性,采用 G*Power 3.1 软件计算样本的统计检验力(statistical power)③。选择 t 检验的均值对比分析,效应

---

① R. Kapitány and M. Nielsen, "Adopting the Ritual Stance: The Role of Opacity and Context in Ritual and Everyday Actions", *Cognition*, Vol. 145, 2015, pp. 13 – 29; J. Sorensen, P. Lienard and C. Feeny, "Agent and Instrument in Judgements of Ritual Efficacy", *Journal of Cognition and Culture*, Vol. 6, No. 3 – 4, 2006, pp. 463 – 482.

② J. L. Aaker, S. Fournier and S. A. Brasel, "When Good Brands Do Bad", *Journal of Consumer Research*, Vol. 31, No. 1, 2004, pp. 1 – 16.

③ F. Faul, E. Erdfelder, A. Buchner and A. G. Lang, "Statistical Power Analyses Using G*Power 3.1: Tests for Correlation and Regression Analyses", *Behavior Research Methods*, Vol. 41, No. 4, 2009, pp. 1149 – 1160.

量 dz 为 0.5，显著性水平 α 为 0.05，总样本数为 61，结果显示检验力为 0.99，大于最小接受值 0.8，因此样本的统计检验力通过。预实验的描述性统计结果如表 4—1 所示。

表 4—1　　　　　　　　品牌仪式预实验描述性统计表

实验	品牌仪式程度组	仪式程度 $M(SD)$	品牌程度 $M(SD)$	品牌仪式程度 $M(SD)$
2—1 列奥尼达 Leonida 手表	低	2.92 (0.93)	3.00 (1.06)	2.95 (0.92)
	中	3.53 (0.69)	3.68 (0.62)	3.61 (0.59)
	高	4.46 (0.29)	4.44 (0.43)	4.45 (0.25)
2—2 HeyJuice 新鲜果汁	低	2.58 (0.74)	2.63 (0.74)	2.61 (0.70)
	中	3.38 (1.06)	3.39 (0.98)	3.39 (0.98)
	高	4.07 (0.43)	4.12 (0.68)	4.09 (0.47)
2—3 施克 Sheko 文具	低	2.75 (0.87)	3.09 (1.00)	2.92 (0.85)
	高	4.11 (0.59)	3.98 (0.73)	4.04 (0.53)

对于列奥尼达 Leonida 手表，高品牌仪式组被试感知到的仪式程度、品牌程度以及品牌仪式程度均显著高于中品牌仪式组被试和低品牌仪式组被试（高 vs. 中，$t_{仪} = 5.68$，$p < 0.001$；$t_{品} = 4.62$，$p < 0.001$；$t_{品仪} = 6.02$，$p < 0.001$；高 vs. 低，$t_{仪} = 7.26$，$p < 0.001$；$t_{品} = 5.78$，$p < 0.001$；$t_{品仪} = 7.16$，$p < 0.001$），中品牌仪式组的三项分值也显著高于低品牌仪式组（$t_{仪} = 2.39$，$p < 0.05$；$t_{品} = 2.49$，$p < 0.05$；$t_{品仪} = 2.66$，$p < 0.05$）。同样地，对于 HeyJuice 新鲜果汁，高品牌仪式组被试对仪式程度、品牌程度以及品牌仪式程度的评分显著高于中品牌仪式组被试和低品牌仪式组被试（高 vs. 中，$t_{仪} = 2.72$，$p < 0.05$；$t_{品} = 2.75$，$p < 0.01$；$t_{品仪} = 2.92$，$p < 0.01$；高 vs. 低，$t_{仪} = 7.47$，$p < 0.001$；$t_{品} = 6.52$，$p < 0.001$；$t_{品仪} = 7.78$，$p < 0.001$），中品牌仪式组的三项分值也高于低品牌仪式组（$t_{仪} = 2.73$，$p < 0.05$；$t_{品} = 2.77$，$p < 0.01$；$t_{品仪} = 2.89$，$p < 0.01$）。对于施克文具，相比低品牌仪式组，高品牌仪式组的仪式程度（$t = 6.98$，$p <$

0.001)、品牌程度（$t = 3.86$，$p < 0.001$）以及品牌仪式程度（$t = 6.01$，$p < 0.001$）分值更高。

因此，以上分析结果表明本章的品牌仪式程度设计成功，品牌仪式程度的操纵不仅能表现出仪式程度的差异，还能体现品牌关联程度。

第四节 实验4—1：品牌仪式程度对购买意愿的影响

一 实验设计

此实验是为了验证品牌仪式程度和品牌购买意愿的因果关系。

130名在校大学生（61%女性，$M_{age} = 22.80$岁，$SD = 2.32$）参与了该实验，实验结束后每人获得参与费15元人民币现金。所有被试被平均且随机分到4（品牌仪式程度：无 vs. 低 vs. 中 vs. 高）组间因子设计中的一组。

实验刺激材料是名为列奥尼达（Leonida）的手表品牌，见图4—2所示。列奥尼达（Leonida）手表是一家位于广东省的手表企业，手表名称来源于古希腊时期的斯巴达国王的名字，具有较强的欧洲风情。前测研究（$N = 30$）发现，仅针对列奥尼达（Leonida）手表的品牌名称，消费者倾向于认为该手表是一个国外品牌的比例（93.33%）超过认为是本土品牌的比例（6.67%）。并且，所有被试均表示未听过该品牌，由此表明列奥尼达（Leonida）手表品牌的知名度较低，可作为虚拟品牌的实验材料。为了避免其他因素（如材质、颜色等）的影响，最终统一选择了白色表面、钨钢表带的普通手表作为实验材料。

针对品牌仪式程度的操纵，Legare和Souza的研究指出，流程的数量是仪式程度的关键前因，即动作流程数量越多、仪式化程度越高[①]。基于

[①] C. H. Legare and A. L. Souza, "Evaluating Ritual Efficacy: Evidence from the Supernatural", *Cognition*, Vol. 124, No. 1, 2012, pp. 1–15.

图 4—2　实验 4—1 刺激材料（正式实验中为实物）

该研究以及相关仪式研究①，本实验通过操纵流程的数量来设计品牌仪式的程度。

二　实验流程

本实验的流程见图 4—3。本实验共招募 4 名硕士研究生作为实验助手，参与整个实验的准备和数据收集工作。正式实验之前，本书作者对 4 名实验助手进行了统一培训，并做了一对一的实验模拟演练，其目的在于统一指导语，尽可能使实验过程标准化，减少主试的个人因素和行为因素对实验效果产生的干扰。

---

① A. W. Brooks, J. Schroeder, J. L. Risen, F. Gino, A. D. Galinsky, M. I. Norton and M. E. Schweitzer, "Don't Stop Believing: Rituals Improve Performance by Decreasing Anxiety", *Organizational Behavior and Human Decision Processes*, Vol. 137, 2016, pp. 71 – 85; M. I. Norton and F. Gino, "Rituals Alleviate Grieving for Loved Ones, Lovers, and Lotteries", *Journal of Experimental Psychology: General*, Vol. 143, No. 1, 2014, pp. 266 – 272; K. D. Vohs, Y. Wang, F. Gino and M. I. Norton, "Rituals Enhance Consumption", *Psychological Science*, Vol. 24, No. 9, 2013, pp. 1714 – 1721.

▶ 品牌仪式：形成与效应

实验前期工作
- 实验材料准备
- 量表翻译和编制
- 实验被试招募
- 被试通知与预约

↓ 被试到达实验室

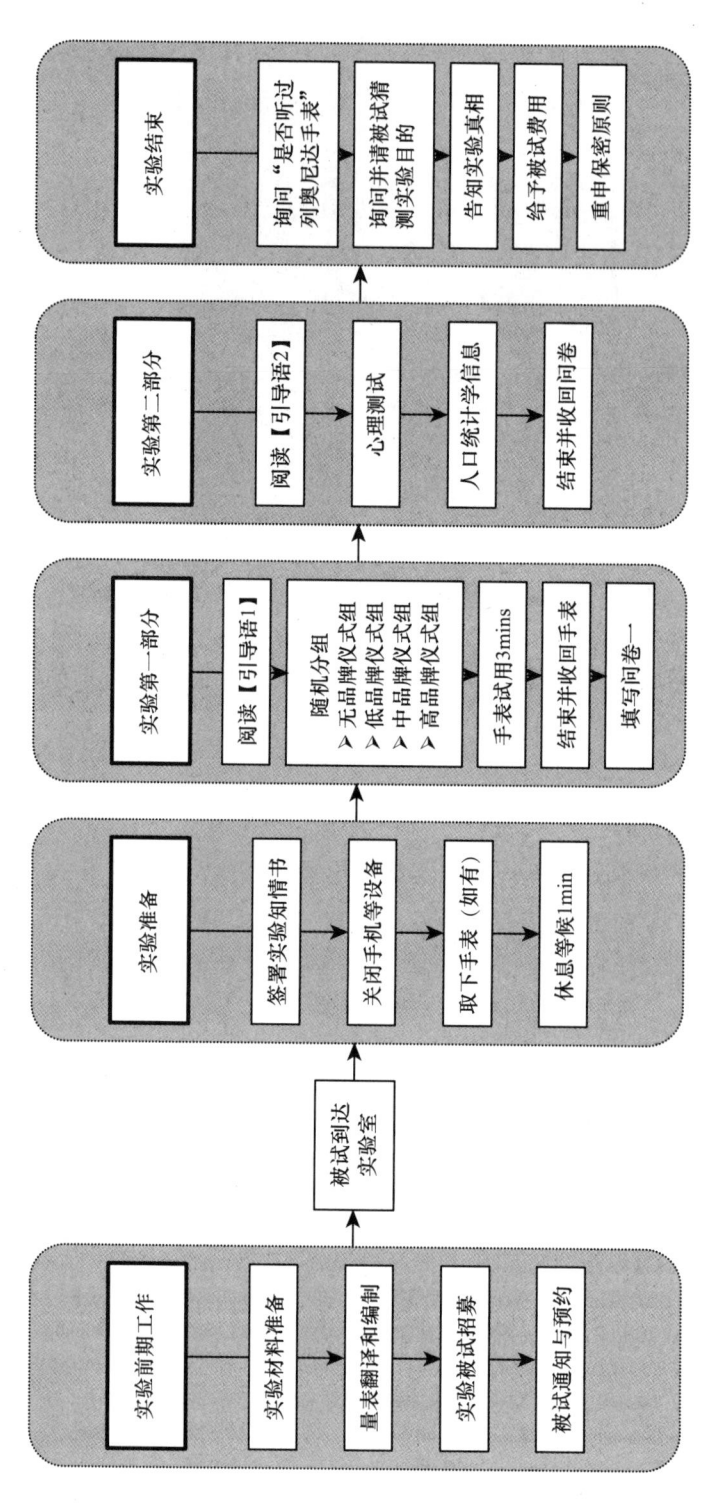

实验准备
- 签署实验知情书
- 关闭手机等设备
- 取下手表（如有）
- 休息等候1min

实验第一部分
- 阅读【引导语1】
- 随机分组
  ➤ 无品牌仪式组
  ➤ 低品牌仪式组
  ➤ 中品牌仪式组
  ➤ 高品牌仪式组
- 手表试用3mins
- 结束并收回手表
- 填写问卷一

实验第二部分
- 阅读【引导语2】
- 心理测试
- 人口统计学信息
- 结束并收回问卷

实验结束
- 询问"是否听过列奥尼达手表"
- 询问并请被试猜测实验目的
- 告知实验真相
- 给予被试费用
- 重申保密原则

图4—3 实验4—1流程图

· 84 ·

第四章 双刃剑效应：品牌仪式如何影响参与型消费者？

整个实验过程保证每位被试单独完成实验。首先，被试到达实验室外后，先在实验准备室签署实验知情书（知情书内容见附录），并要求被试关闭手机，如果被试佩戴手表，则请求被试取下手表并交予实验助手暂时保管。随后，实验助手请被试在实验室外休息等候一分钟，以起到情绪缓冲和认知准备的作用。然后，实验助手安排被试入座。实验正式开始后，被试首先阅读实验引导语。被试被告知该实验包括两个部分，一个是"手表新产品试用"，另一个是心理小测试。在第一个实验中，被试先阅读一则列奥尼达 Leonida 手表的介绍，所有被试均被告知：

列奥尼达 Leonida 于2001年诞生于手表制造业的摇篮——瑞士，是一家新兴的手表品牌。列奥尼达 Leonida 坚持最好的品质的工作哲学，对时间工艺不断地努力开拓。近来，列奥尼达 Leonida 推出一款新表型，我们邀请您试用并感受一下新产品。

接下来，实验助手交给被试一个盒子装的列奥尼达（Leonida）手表，并告诉被试有三分钟的试用时间，请被试按照试用流程进行试用。在无品牌仪式组中，被试将阅读一段文字：

请用三分钟的时候观察或佩戴一下列奥尼达 Leonida 的新产品。

三个仪式组被试都将阅读以下文字：

列奥尼达 Leonida 为新产品设计了一段名为"时间之声"的仪式，时长为三分钟，请您严格根据以下步骤试用新产品。

其中，在低等品牌仪式组中，被试将阅读以下文字：

首先，静下心来，将手表放在手上；
然后，看着表盘的秒针，尽量去用心倾听秒针的声音；
仪式结束。

在中等品牌仪式组中,被试将阅读以下文字:

首先,静下心来,将手表放在手上;
然后,看着表盘的秒针,尽量去用心倾听秒针的声音;
跟随秒针的滴答声,从一数到十;
仪式结束。

在高等品牌仪式组中,被试将阅读以下文字:

首先,静下心来,将手表放在手上;
然后,闭上眼睛感受表带的温度,用手指感受表带的材质和形状;
睁开眼睛,看着表盘的秒针,尽量去用心倾听秒针的声音;
跟随秒针的滴答声,从一数到十;
再次闭上眼睛,在心里回忆刚才的滴答声,再从一数到十;
睁开眼睛;
仪式结束。

试用的三分钟时间到后,实验助手收回手表及盒子,并交给被试一份问卷。其中,被试先回答购买意愿、品牌态度、感知质量、感知产品特殊性、价格估计、感知限制和感知趣味、试用注意力的问题。然后,被试回答一些开放性问题,包括对试用的列奥尼达(Leonida)手表进行估价,以及对列奥尼达(Leonida)手表的看法、建议和意见。随后,被试被询问一些有关手表产品的问题,包括是否佩戴手表(即"请问您是否佩戴过手表"),还测量了对手表产品的喜爱程度("请问你喜欢手表产品的程度是多少"和"你愿意主动了解手表产品吗")、消费频率("请问你消费手表产品的频率是?")①

---

① 依据 T. J. Noseworthy and M. R. Goode, "Contrasting Rule-based and Similarity-based Category Learing: The Effects of Mood and Prior Knowledge on Ambiguous Categorization", *Journal of Consumer Psychology*, Vol. 21, No. 3, 2011, pp. 362 – 371.

被试进入第二个部分,即心理小测试,目的是测量一些控制变量,包括自我控制感水平(按照本章研究的逻辑,感知限制是解释路径之一,而控制感和感知限制直接相关,因此自我控制感可能会影响主效应)、基本情绪、平日参与仪式的频率、性别、年龄和宗教信仰。最后,实验助手询问被试是否曾经听说过列奥尼达(Leonida)手表,被试回答后,实验助手询问被试认为该实验目的是什么(为了排除需求效应的影响),然后告知被试实验真相,随后给予被试实验参与费用并重申实验保密原则,被试从实验室后门离开现场(避免与等待的其他被试聊天)。

三 变量测量

购买意愿。购买意愿包括三条测项,"我会购买列奥尼达(Leonida)手表的可能性是"("1"=完全不可能,"7"=完全可能)、"当我需要购买手表时,我会考虑列奥尼达(Leonida)品牌的可能性是"("1"=完全不可能,"7"=完全可能)、"我会购买列奥尼达(Leonida)手表的意愿是"("1"=非常低,"7"=非常高[①]),三条测项的一致性系数 Cronbach α 值为 0.84。

品牌态度。品牌态度也包括三条测项,即"试用产品后,我对列奥尼达(Leonida)品牌的态度是"("1"=完全不喜欢,"7"=完全喜欢)、"试用产品后,我对列奥尼达(Leonida)品牌的印象是"("1"=完全不宜人,"7"=完全宜人)、"试用产品后,我认为列奥尼达(Leonida)品牌的形象是"("1"=完全负面,"7"=完全正面),三条测项的一致性系数 Cronbach α 值为 0.90。

感知产品特殊性。感知产品特殊性改编自 Wan 等的感知自我特殊性量表[②],包括三条测项,"我感觉列奥尼达(Leonida)手表很特别""我

[①] 依据 W. B. Dodds, K. B. Monroe, K. B. and D. Grewal, "Effects of Price, Brand, and Store Information on Buyers' Product Evaluations", *Journal of Marketing Research*, Vol. 28, No. 3, 1991, pp. 307 – 319.

[②] E. W. Wan, J. Xu and Y. Ding, "To Be or Not to Ne Unique? The Effect of Social Exclusion on Consumer Choice", *Journal of Consumer Research*, Vol. 40, No. 6, 2014, pp. 1109 – 1122.

认为列奥尼达（Leonida）手表与众不同""如果佩戴列奥尼达（Leonida）手表，我会看上去很独特"，三条测项的选项都是"1"=完全不同意，"7"=完全同意，一致性系数 Cronbach α 值为 0.86。

产品质量评价。产品质量感知仅一条测项，"我认为列奥尼达（Leonida）手表的质量是"（"1"=非常不好，"7"=非常好）。

感知乐趣。感知趣味来自于 Ryan 等开发的内部动机量表（Intrisic Motivation Inventory，IMI）的子维度①，包括"试用列奥尼达（Leonida）手表让我觉得很无聊"（反向计分）、"试用列奥尼达（Leonida）手表让我觉得很好玩"和"试用列奥尼达（Leonida）手表是一件很有趣的事情"，三条问项采用同意程度 7 分李克特量表，"1"=完全不同意，"7"=9 完全同意，一致性系数 Cronbach α 值为 0.86。

感知自主性。感知自主性包括三条测项②，即"在试用列奥尼达（Leonida）手表过程中，我感到很自由"（反向计分）、"试用列奥尼达（Leonida）手表让我感觉被限制"和"在试用列奥尼达（Leonida）手表过程中，我感觉自己被约束"，"1"=完全不同意，"7"=完全同意，一致性系数 Cronbach α 值为 0.84。

手表价格估计。价格估计的问题是"你认为，你试用的列奥尼达（Leonida）手表值多少钱？（单位：人民币元）"

个人控制感。控制感共包括四个问项，其中两个正向问题，两个反向问题（反向计分），正向问题来自于 Kay 等的个体控制感测量量表③，

---

① R. M. Ryan, R. Koestner and E. L. Deci, "Ego-involved Persistence: When Free-choice Behavior Is Not Intrinsically Motivated", *Motivation and Emotion*, Vol. 15, No. 3, 1991, pp. 185 – 205；同见于 K. D. Vohs, Y. Wang, F. Gino and M. I. Norton, "Rituals Enhance Consumption", *Psychological Science*, Vol. 24, No. 9, 2013, pp. 1714 – 1721; F. Chen and J. Sengupta, "Forced to Be Bad: The Positive Impact of Low-Autonomy Vice Consumption on Consumer Vitality", *Journal of Consumer Research*, Vol. 41, No. 4, 2014, pp. 1089 – 1107.

② 参见 R. M. Ryan, R. Koestner and E. L. Deci, "Ego-involved Persistence: When Free-choice Behavior Is Not Intrinsically Motivated", *Motivation and Emotion*, Vol. 15, No. 3, 1991, pp. 185 – 205.

③ A. C. Kay, D. Gaucher, J. L. Napier, M. J. Callan and K. Laurin, "God and the Government: Testing a Compensatory Control Mechanism for the Support of External Systems", *Journal of Personality and Social Psychology*, Vol. 95, No. 1, 2008, pp. 18 – 35.

包括"我生命中的很多事情取决于我自己的努力和行动""我能够控制在我生命中发生的很多事情",反向问题来自于 Norton 和 Gino 的控制感缺失(lack of control)水平测量[①],包括"我经常感到很无助""我经常遇到超过我控制范围的事情,让我感到无能为力","1" = 完全不同意,"5" = 完全同意,一致性系数 Cronbach α 值为 0.61。

正负面情绪。基本情绪测量来自于正负面情绪量表(positive and negative affect scale,PANAS)[②],情绪形容词的中文翻译来自张卫东和刁静对 PANAS 量表的跨文化检验研究[③]。正面情绪形容词包括:活跃、充满热情、快乐、兴高采烈、自豪、欣喜、精力充沛、感激、兴奋,负面情绪形容词包括:恼怒、战战兢兢、易怒、内疚、惊恐、紧张、害怕、难过、羞愧。被试对这些形容词进行依次打分,"1" = 完全不同意,"5" = 完全同意,正面情绪的一致性系数 Cronbach α 值为 0.85,负面情绪的一致性系数 Cronbach α 值为 0.85。

日常仪式化行为习惯。日常仪式行为习惯来源于 Kapitány 和 Nielsen 开发的"宗教和仪式接触历史(history of religion and ritual exposure)"量表[④]。原量表包括 16 项行为,由于文化差异,本章的研究选择了其中 8 项仪式行为,包括"坐着的时候抖腿"、"做幸运手势"、"参加一些正式的宗教崇拜活动"、"参加私下的个人仪式,如祷告"、"生日一定要吹蜡烛、吃蛋糕"、"别人生病时会送花表示关心"、"在特定的重要日子,如考试、约会等,会穿与自己幸运色一致的衣服"、"电视中唱国歌时会站立、肃穆",被试对这些行为的参与频率进行打分,"1" = 非常低,"5" = 非常高。

[①] M. I. Norton and F. Gino, "Rituals Alleviate Grieving for Loved Ones, Lovers, and Lotteries", *Journal of Experimental Psychology: General*, Vol. 143, No. 1, 2014, pp. 266 – 272.

[②] 参见 D. Watson, L. A. Clark and A. Tellegen, "Development and Validation of Brief Measures of Positive and Negative Affect: The PANAS Scales", *Journal of Personality and Social Psychology*, Vol. 54, No. 6, 1988, pp. 1063 – 1070.

[③] 张卫东、刁静:《正、负性情绪的跨文化心理测量:PANAS 维度结构检验》,《心理科学》2004 年第 1 期。

[④] R. Kapitány and M. Nielsen, "Adopting the Ritual Stance: The Role of Opacity and Context in Ritual and Everyday Actions", *Cognition*, Vol. 145, 2015, pp. 13 – 29.

四 分析与结果

对于实验目的,仅一名被试提及了仪式,因此在后续的分析中,我们将其数据删除。最后每组被试人数分别为:$N_{\text{no-ritual}} = 32$,$N_{\text{low-ritual}} = 32$,$N_{\text{moderate-ritual}} = 33$,$N_{\text{high-ritual}} = 32$。为了确保实验参与人数的有效性,本次实验采用 G*Power 3.1 软件计算样本的统计检验力。选择 F 检验,效应量 f 为 0.4,显著性水平 α 为 0.05,总样本数为 129,结果显示检验力为 0.97,大于最小接受值 0.8,因此样本的统计检验力通过。另外,所有被试均表示未曾听过列奥尼达(Leonida)这个手表品牌,表明列奥尼达(Leonida)作为虚拟品牌的基本设定成功。

接下来,以购买意愿、品牌态度和价格估计分别为因变量,4 种(品牌仪式程度:无 vs. 低 vs. 中 vs. 高)单因素方差分析(analysis of variance,ANOVA)描述统计结果如表 4—2,本章全部数据均采用 SPSS 19.0 软件进行处理和分析。

在剩下的 129 名被试数据中,有 15 名被试表示自己有信仰,其中共产主义信仰 4 位、佛教信仰 7 位、基督教信仰 4 位。

(一)购买意愿

对于购买意愿,品牌仪式程度的主效应显著($F(3, 125) = 3.03$,$p < 0.05$,$\eta_p^2 = 0.07$),如图 4—4 所示。进一步的简单效应分析发现,相比无品牌仪式组,低品牌仪式组和中品牌仪式组的购买意愿更高(低品牌仪式组 vs. 无品牌仪式组,$F(1, 125) = 3.99$,$p < 0.05$,$\eta_p^2 = 0.06$;中品牌仪式组 vs. 无品牌仪式组,$F(1, 125) = 7.51$,$p < 0.001$,$\eta_p^2 = 0.11$),但高品牌仪式组和无品牌仪式组没有差异($F < 1$,$p = 0.48$)。并且,中品牌仪式组的购买意愿显著高于高品牌仪式组($F(1, 125) = 4.26$,$p < 0.05$,$\eta_p^2 = 0.06$)。

表 4—2   实验 4—1 描述性统计表

品牌仪式情境	无品牌仪式组	低品牌仪式组	中品牌仪式组	高品牌仪式组
购买意愿	3.64 (0.96)	4.15 (1.08)	4.29 (0.98)	3.80 (0.94)

续表

品牌仪式情境	无品牌仪式组	低品牌仪式组	中品牌仪式组	高品牌仪式组
品牌态度	4.52 (0.98)	5.04 (0.99)	5.03 (0.84)	4.49 (1.00)
感知产品特殊性	3.42 (0.78)	3.91 (1.11)	3.96 (0.98)	3.40 (1.20)
手表价格估计	790.22 (642.04)	1377.19 (1814.03)	2110.48 (3055.57)	934.28 (818.46)
感知乐趣	3.34 (1.34)	3.69 (0.95)	4.35 (1.15)	4.40 (1.08)
感知自主性	4.55 (1.03)	4.11 (1.21)	4.35 (1.36)	3.27 (1.28)
产品质量	4.84 (1.25)	4.91 (0.96)	5.15 (1.33)	4.84 (0.92)
注意焦点（手表）	5.41 (1.10)	4.97 (1.36)	5.48 (1.15)	5.38 (1.13)
意见和建议字数	43.38 (23.21)	38.75 (25.04)	34.91 (22.61)	36.53 (29.54)
平日喜爱手表程度	5.16 (1.17)	5.13 (1.04)	5.18 (1.24)	4.97 (1.45)
购买手表产品频率	3.31 (1.31)	3.00 (1.37)	2.97 (1.13)	2.84 (1.25)
个人控制感	3.60 (0.45)	3.71 (0.67)	3.52 (0.51)	3.73 (0.63)
正面情绪	3.36 (0.53)	3.25 (0.65)	3.19 (0.69)	3.28 (0.62)
负面情绪	1.62 (0.65)	1.63 (0.60)	1.64 (0.52)	1.49 (0.55)
仪式化行为习惯	2.37 (0.43)	2.41 (0.68)	2.31 (0.51)	2.39 (0.53)

注：表格中数字格式表示 $M(SD)$；虚线上为关键因变量，虚线中为中介变量，虚线下为控制变量。

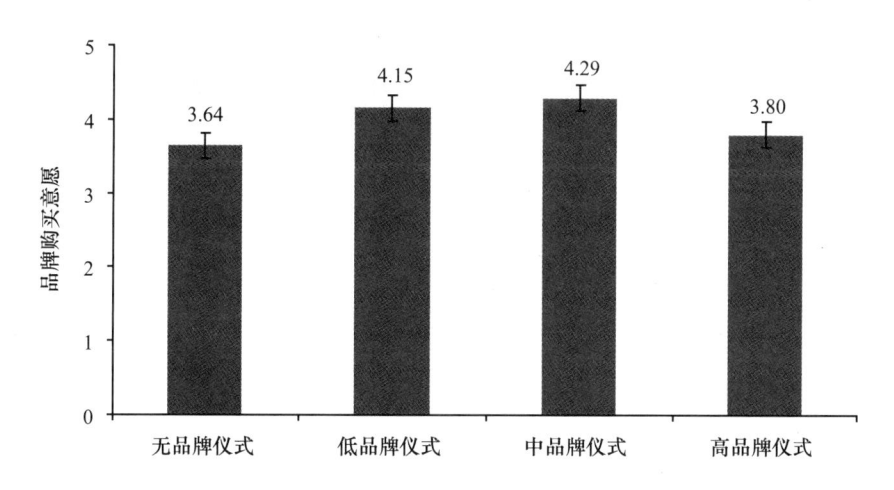

图4—4 品牌仪式程度对购买意愿的影响（柱状线条表示标准误差）

将品牌仪式程度作为连续变量,购买意愿为因变量的曲线估计发现,二次项模型的匹配度最高($R=0.26$,$F=4.51$,$p<0.05$)。二次项模型的结果表明,品牌仪式程度与购买意愿的关系呈现倒 U 型关系,即品牌仪式与购买意愿线性正相关($\beta_{ritual}=1.32$,$SE=0.44$,$t=2.99$,$p<0.01$)、品牌仪式的二次项与购买意愿负相关($\beta_{ritual}=-0.25$,$SE=0.09$,$t=-2.88$,$p<0.01$),如图 4—5 所示。具体地,品牌仪式程度与购买意愿的二次项数学模型如下所示:

$$WTP = -0.25 * Ritual^2 + 1.32 * Ritual + 2.55$$

品牌仪式程度与购买意愿的倒 U 型关系提供了非常重要的结果:中等程度的品牌仪式是倒 U 型关系的最高点。有人可能会指出,极端繁文缛节的品牌仪式会降低购买意愿,然而本章的研究却发现倒 U 型的逆转点为 2.62,介于低品牌仪式(2)和中品牌仪式(3)之间。

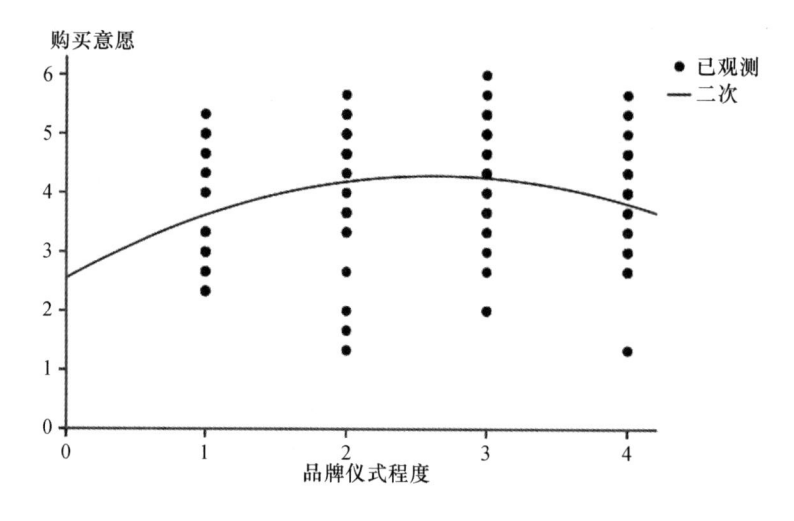

图 4—5 品牌仪式程度与购买意愿的倒 U 型关系

(二)品牌态度

对于品牌态度,品牌仪式程度的主效应显著($F(3,125)=3.37$,$p<0.05$,$\eta_p^2=0.08$),如图 4—6 所示。与购买意愿的效应一致,相比无品牌仪式组,低品牌仪式组和中品牌仪式组的品牌态度都分别更高(低品牌仪式组 vs. 无品牌仪式组,$F(1,125)=4.46$,$p<0.05$,$\eta_p^2=$

0.07；中品牌仪式组 vs. 无品牌仪式组，$F(1, 125) = 4.93$，$p < 0.05$，$\eta_p^2 = 0.07$），但高品牌仪式组和无品牌仪式组没有差异（$F < 1$，$p = 0.90$）。另外，相比高品牌仪式组，低品牌仪式组和中品牌仪式组的品牌态度也都呈现出分别更高的效应（低品牌仪式组 vs. 高品牌仪式组，$F(1, 125) = 5.16$，$p < 0.05$，$\eta_p^2 = 0.08$；中品牌仪式组 vs. 高品牌仪式组，$F(1, 125) = 5.75$，$p < 0.05$，$\eta_p^2 = 0.08$）。

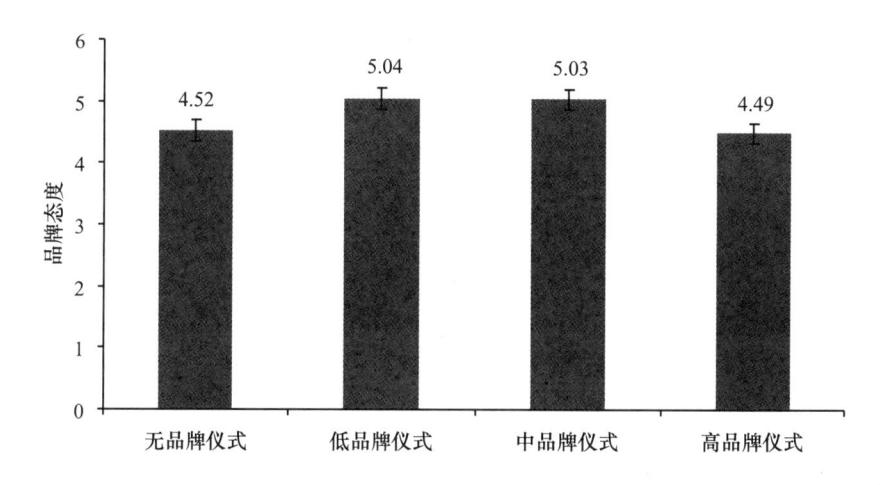

图 4—6　品牌仪式程度对品牌态度的影响（柱状线条表示标准误差）

（三）手表价格估计

对于手表价格估计，品牌仪式程度的主效应显著（$F(3, 125) = 3.31$，$p < 0.05$，$\eta_p^2 = 0.07$），如图 4—7 所示。就四组对比而言，中品牌仪式组的价格估计最高，且显著高于无品牌仪式组和高品牌仪式组（中品牌仪式组 vs. 无品牌仪式组，$F(1, 125) = 5.73$，$p < 0.05$，$\eta_p^2 = 0.08$；中品牌仪式组 vs. 高品牌仪式组，$F(1, 125) = 4.43$，$p < 0.05$，$\eta_p^2 = 0.07$），低品牌仪式组边缘显著地高于无品牌仪式组（$F(1, 125) = 2.98$，$p < 0.1$，$\eta_p^2 = 0.05$），但低品牌仪式组与中品牌仪式组没有差异（$F = 1.37$，$p = 0.25$），无品牌仪式组和高品牌仪式组也没有显著差异（$F < 1$，$p = 0.44$）。

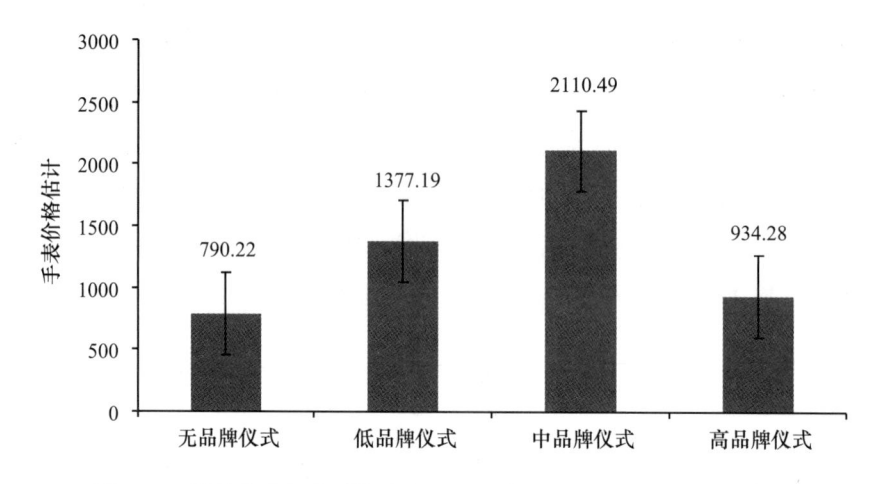

图4—7 品牌仪式程度对价格估计的影响（柱状线条表示标准误差）

（四）感知产品特殊性

以感知产品特殊性为因变量，品牌仪式程度的主效应显著（$F(3, 125) = 2.84$，$p < 0.05$，$\eta_p^2 = 0.06$），如图4—8所示。组间分析显示，相比无品牌仪式组，低品牌仪式组和中品牌仪式组的感知产品特殊性都分别更高（低品牌仪式组 vs. 无品牌仪式组，$F(1, 125) = 4.18$，$p < 0.05$，$\eta_p^2 = 0.06$；中品牌仪式组 vs. 无品牌仪式组，$F(1, 125) = 6.12$，$p < 0.05$，$\eta_p^2 = 0.09$），但高品牌仪式组和无品牌仪式组没有差异（$F < 1$，$p = 0.94$）。并且，中品牌仪式组和低品牌仪式组的感知产品特殊性分别显著（或边缘显著）地高于高品牌仪式组（中品牌仪式组 vs. 高品牌仪式组，$F(1, 125) = 4.32$，$p < 0.05$，$\eta_p^2 = 0.06$；低品牌仪式组 vs. 高品牌仪式组，$F(1, 125) = 3.11$，$p < 0.1$，$\eta_p^2 = 0.05$）。

（五）感知乐趣和感知自主性的中介作用

首先，品牌仪式程度对感知乐趣（$F(3, 125) = 6.62$，$p < 0.001$，$\eta_p^2 = 0.14$）和感知自主性（$F(3, 125) = 6.78$，$p < 0.001$，$\eta_p^2 = 0.14$）的主效应显著。对于感知乐趣，品牌仪式程度与之正相关（$\beta_{ritual} = 0.38$，$SE = 0.09$，$t = 4.27$，$p < 0.001$），即无品牌仪式组和低品牌仪式组无差异（$p = 0.23$），但均显著低于中品牌仪式组（$ps < 0.001$）和高品牌仪式组（$ps < 0.05$）。对于感知自主性，品牌仪式程度与之正相关（$\beta_{ritual} = -0.36$，$SE = 0.10$，$t = -3.64$，$p < 0.001$），即无、低、中品牌仪式组之

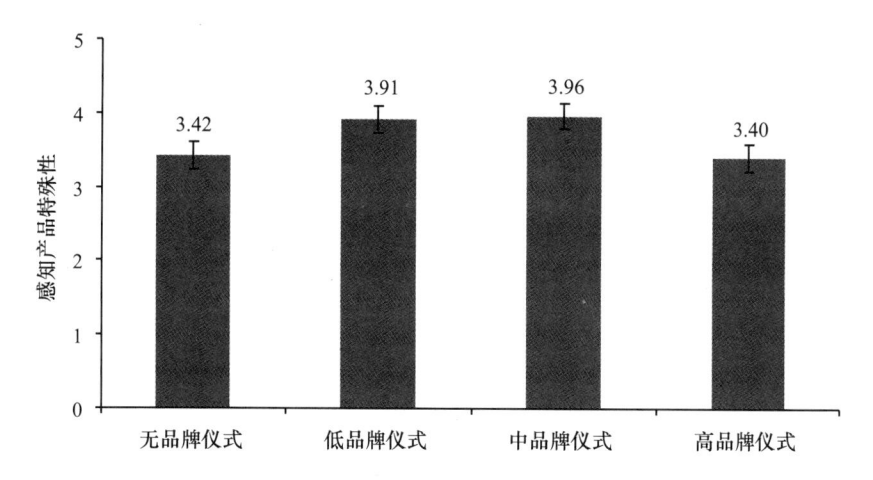

第四章 双刃剑效应:品牌仪式如何影响参与型消费者?

图4—8 品牌仪式程度对感知产品特殊性的影响(柱状线条表示标准误差)

间无显著差异($ps > 0.16$),但都显著高于高品牌仪式组($ps < 0.01$)。

为了验证感知乐趣和感知自主性的中介作用,本章分别采用了 Preacher 和 Hayes 的 Bootstrapping 分析[①]和 Baron 和 Kenny 的三步法[②]进行回归分析。选择 PROCESS 的 model 4,以感知乐趣和感知自主性为中介变量,品牌购买意愿为因变量,偏差修正的 bootstrap 1000 次的结果发现:品牌仪式程度对购买意愿的非直接效应显著(非直接路径效应 = 0.14,$SE = 0.05$,95% CI:[0.0612, 0.2214]),其中感知乐趣(非直接路径效应 = 0.19,$SE = 0.06$,95% CI:[0.1040, 0.2919])和感知自主性(非直接路径效应 = -0.05,$SE = 0.03$,95% CI:[-0.1090, -0.0013])的中介效应均显著,如图4—9 所示。具体地,对于感知乐趣路径,品牌仪式程度提升感知乐趣,进而促进购买意愿($\beta_{ritual} = 0.49$,$SE = 0.08$,$t = 6.02$,$p < 0.001$),支持假设1a和假设2a;对于感知自主性路径,品牌仪式程度削弱感知自主性,进而促进购买意愿($\beta_{ritual} = 0.14$,$SE = 0.07$,

---

[①] K. J. Preacher and A. F. Hayes, "SPSS and SAS Procedures for Estimating Indirect Effects in Simple Mediation Models", *Behavior Research Methods, Instruments & Computers*, Vol. 36, No. 4, 2004, pp. 717 – 731.

[②] R. M. Baron and D. A. Kenny, "The Moderator-Mediator Variable Distinction in Social Psychological Research: Conceptual, Strategic, and Statistical Considerations", *Journal of Personality and Social Psychology*, Vol. 51, No. 6, 1986, pp. 1173 – 1182.

$t=1.87$,$p<0.1$),支持假设 1b 和假设 2b。

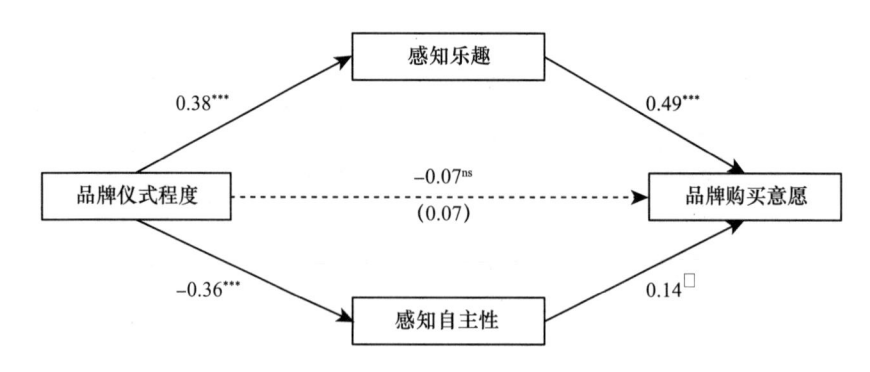

图 4—9 实验 4—1 的 bootstrapping model 4 中介分析

(虚线表示路径不显著;路径系数后的 ns 表示 $p>0.1$,† 表示 $p<0.1$,*** 表示 $p<0.001$)

为了排除感知乐趣和感知自主性的连续中介作用,本章采用中介分析模型(Model 6,boostrap 1000 次)进行了验证。分析表明,"品牌仪式程度→感知乐趣→感知自主性→购买意愿"模型的连续中介路径不显著(非直接路径效应 = -0.03,$SE=0.02$,95%CI:[-0.0801,0.0010]);"品牌仪式程度→感知自主性→感知乐趣→购买意愿"模型虽然显著(非直接路径效应 = 0.08,$SE=0.03$,95%CI:[0.0423,0.1465]),但在该模型中,品牌仪式程度与购买意愿之间的非直接路径效应低于图4—9 中的并行中介模型(非直接路径效应 = 0.14)。由此,以上结果进一步证实了品牌仪式程度的"双刃剑"路径模型。

此外,本章继续采用 Baron 和 Kenny 的三步法进行中介检验。首先,以购买意愿为因变量,品牌仪式程度及其平方项为自变量进行回归,回归结果显示,R 方为 0.07,模型显著,且品牌仪式程度与购买意愿的关系为倒 U 型。然后,自变量不变,将因变量改为感知乐趣,回归结果显示,R 方为 0.13,模型显著;将因变量改为感知自主性,R 方为 0.10。最后,以购买意愿为因变量,品牌仪式程度、感知乐趣和感知自主性为自变量进行回归,回归结果显示,R 方为 0.24,模型显著,但加入感知乐趣和感知自主性后,品牌仪式程度与购买意愿的关系不显著,说明感知乐趣和感知自主性中介品牌仪式程度与购买意愿之间的关系。具体回归结果如表4—3所示。

（六）控制变量

此外，本实验还测量了一些控制变量，如感知产品质量、注意焦点、日常对手表产品的消费习惯、基础情绪等。对于手表的质量评价，四组被试没有显著性差异（$F<1$，$p=0.65$），表明品牌仪式未影响被试对于手表质量的感知。

表4—3　　　　　　　实验4—1中介分析的回归数据结果

变量	模型1	模型2.1	模型2.2	模型3
	购买意愿	感知乐趣	感知自主性	购买意愿
截距	2.55***	2.99***	4.97***	1.66**
品牌仪式程度	1.32**	0.38**	-0.36***	-0.07
品牌仪式程度的平方	-0.25**	×	×	×
感知乐趣				0.49***
感知自主性				0.14†
F值	4.51*	18.20***	13.26***	13.02***
R^2	0.07	0.13	0.10	0.24

注：*** $p<0.001$，** $p<0.01$，* $p<0.05$，† $p<0.1$，×表示在回归模型中未加入该变量，表中为非标准化回归系数。

在实验过程中，四组被试对于手表的注意力集中度也没有显著差异（$F=1.22$，$p=0.31$），组间对比均不显著，说明在试用的三分钟时间中，被试对产品试用的注意力均较高且无差异。

另外，关于被试在产品试用中的涉入度，我们借鉴了Kirmani和Shiv的研究，通过计算被试的开放性问题作为指标，即被试在给手表意见和建议的字数越多，表明被试的涉入度更高[①]。分析发现，四组间的涉入度水平没有显著差异（$F<1$，$p=0.56$），组间对比同样没有差异。

此外，四组被试的正面情绪（$F<1$，$p=0.73$）和负面情绪（$F<1$，

---

① A. Kirmani and B. Shiv, "Effects of Source Congruity on Brand Attitude and Beliefs: The Moderating Role of Issue-relevant Elaboration", *Journal of Consumer Psychology*, Vol.7, 1998, pp.25–47.

$p=0.69$)也未呈现出差异,表示情绪不是解释组间在购买意愿、品牌态度和价格估计上差异的机制。

以个体日常对于手表产品的喜爱、知识和购买频率为因变量,单因素方差分析表明,四组被试之间也没有显著差异($Fs<1$, $ps>0.50$)。

最后,四组被试的控制感和仪式行为习惯没有显著性差异($ps>0.38$)。

五 实验小结

实验4—1以虚拟的手表品牌为刺激物,采用被试真实试用手表为背景,考察了品牌仪式程度对消费者购买反应的影响。研究结果支持了假设1和假设2的成立,即品牌仪式程度既促进感知乐趣又抑制感知自主性,感知乐趣和感知自主性正向影响购买意愿。换言之,实验4—1既验证了品牌仪式程度与购买意愿的倒U型关系,也证实了感知乐趣和感知自主性的中介作用。而本章的重点在于探讨如何针对品牌设计相应的品牌仪式,因此实验4—2将分析品牌仪式程度与品牌个性的交互作用。

第五节 实验4—2:品牌仪式与品牌个性的交互作用

一 实验设计

此实验的目的是验证品牌仪式程度和品牌个性的交互作用对品牌购买意愿的影响。

共131名在校大学生(69%女性,$M_{age}=22.65$岁,$SD=2.07$)参与此次实验,实验结束后每人获得参与费10元人民币现金。所有被试平均且随机分到2(品牌个性:真诚型 vs. 兴奋型)×3(品牌仪式程度:低 vs. 中 vs. 高)组间因子设计中的一组。

实验刺激材料是果汁饮料,其中兴奋型品牌为HeyJuice新鲜果汁,真诚型品牌为HelloJuice新鲜果汁。果汁的包装如图4—10,选择这种瓶型的原因在于方便设计和张贴包装。依照 Aaker 等的实验设计[①]，HeyJuice 和 HelloJuice 包装的不同之处在于：（1）logo 字体，HeyJuice 为 Comic Sans 字体，HelloJuice 为 Jester 字体；（2）标语设计，HeyJuice 的标语为"爱·生活，爱奔放！"，HelloJuice 的标语是"爱·生活，爱意义！"；（3）包装颜色，HeyJuice 为亮红色，HelloJuice 为浅棕色；（4）包装图片，HeyJuice 为一张攀岩的图片，而 HelloJuice 为一家人野外聚餐的图片。

图 4—10　实验 4—2 刺激材料

注：左为兴奋型品牌 HeyJuice，右为真诚型品牌 HelloJuice。

另外，正式实验中的实体材料为真实饮料。饮料瓶为标准的苏打水瓶，标准容量为 250ml，详细尺寸如图 4—11 左图所示，饮料均为重新灌装，原饮料为可口可乐公司旗下的美汁源果粒橙饮料，实物如图 4—11 右图所示。

---

① J. L. Aaker, S. Fournier and S. A. Brasel, "When Good Brands Do Bad", *Journal of Consumer Research*, Vol. 31, No. 1, 2004, pp. 1–16.

图4—11 实验4—2实验材料

二 品牌个性预实验

46位被试（78.3%女性，$M_{age} = 24.59$，$SD = 2.46$）参与了果汁包装设计的预实验。被试首先被告知"请依据产品包装对产品进行评价"，每位被试均会对HeyJuice新鲜果汁和HelloJuice新鲜果汁进行兴奋型风格和真诚型风格评价。兴奋型品牌的形容词包括：兴奋、独特、年轻、潮流，真诚型品牌的形容词包括：真诚、健康、富有情感、家庭导向，量表为7分李克特量表，"1" = 完全不是，"7" = 完全是，两种果汁的先后顺序和测项问题均为随机顺序呈现。最后，被试汇报了其性别和年龄，并请被试回忆看到的第一幅包装的颜色。

首先，93.47%被试成功回忆了第一幅包装的颜色，仅3名被试表示忘记第一幅图片的颜色，表明被试关注包装颜色的结果可信。组内对比结果表明，对于HeyJuice新鲜果汁，被试对其兴奋型风格评价（$M = 5.26$，$SD = 1.25$）显著高于真诚型风格评价（$M = 4.28$，$SD = 0.96$；$t(45) = 5.62$，$p < 0.001$），而对于HelloJuice新鲜果汁，被试对其真诚型风格评价（$M = 5.79$，$SD = 1.16$）显著高于兴奋型风格评价（$M = 3.82$，$SD = 1.10$；$t(45) = 8.53$，$p < 0.001$）。接下来，组间对比显示，被试认为HeyJuice新鲜果汁的兴奋型风格显著高于HelloJuice新鲜果汁（$t(45) = 5.83$，$p < 0.001$），而被试认为HelloJuice新鲜果汁的真诚型

风格显著高于 HeyJuice 新鲜果汁（$t(45) = 8.87, p < 0.001$）。因此，前测结果表明，品牌个性的操纵成功。

三 实验流程

本实验的流程见图4—12。本实验仍采用实验4—1中的4名实验助手。正式实验之前，本书作者再次对实验助手进行了针对本实验的培训，并做了一对一的实验模拟演练，旨在减少主试的个人因素和行为因素对实验效果产生干扰。

首先，被试到达实验室外后，先在实验准备区域签署实验知情书，并要求被试关闭手机。随后，实验助手请被试在实验室外休息等候一分钟，以起到情绪缓冲和认知准备的作用。实验助手引导被试进入实验室。实验正式开始后，被试首先阅读实验引导语，被试被告知该实验包括两个不相关的部分，第一部分是"新产品试用小实验"，第二部分是一个心理测试。在第一个实验部分中，被试先阅读一则 HeyJuice 或者 HelloJuice 新鲜果汁的介绍，所有被试均被告知：

HeyJuice（HelloJuice）新鲜果汁是一家新兴的果汁品牌。HeyJuice（HelloJuice）大约含10%左右的橙肉，主要针对18—35岁的成年消费者，其富含的水果纤维同时有助于消化和营养吸收，主要目的就是迎合年轻消费者的口感。浓浓果香，口感醇厚，口口都能吃到的阳光果肉，美味与营养如影随形。

近来，HeyJuice（HelloJuice）新鲜果汁根据产品特色，设计了一段仪式，时长为一分钟，请您严格根据以下步骤试用新产品。

随后，如研究一，实验助手给被试一瓶 HeyJuice 或 HelloJuice 新鲜果汁，并请被试按照流程饮用该饮料。在低等品牌仪式组中，被试将阅读以下文字：

首先，将 HeyJuice（HelloJuice）放在手上，观看其包装；
然后，将瓶身倒立，摇三次；

打开瓶盖直接饮用；
仪式结束，你可以感受到不同的果汁味道。

在中等品牌仪式组中，被试将阅读以下文字：

首先，将 HeyJuice（HelloJuice）放在手上，观看其包装；
然后，将瓶身倒立，静止十秒，观察果肉在水中缓缓落下；
正立瓶身，摇三次；
打开瓶盖，先小喝一口，接着大口饮用；
仪式结束，你可以感受到不同的果汁味道。

在高等品牌仪式组中，被试将阅读以下文字：

首先，将 HeyJuice（HelloJuice）放在手上，观看其包装；
然后，将瓶身倒立，静止十秒，观察果肉在水中缓缓落下；
正立瓶身，摇三次；
打开瓶盖，先小喝一口，接着喝一大口；
接着，再盖上瓶盖，摇三次；
打开瓶盖直接饮用；
仪式结束，你可以感受到不同的果汁味道。

试用的一分钟时间到后，实验助手交给被试一份问卷，请被试进行评价。其中，被试先回答购买意愿（Cronbach $\alpha = 0.88$）、品牌态度（Cronbach $\alpha = 0.77$）、感知产品特殊性（Cronbach $\alpha = 0.85$）、感知质量、好喝程度、品牌个性操作检验、试用注意力的问题。然后，被试回答一些开放性问题，包括对试用的 HeyJuice（HelloJuice）新鲜果汁进行市场价格估计，以及对 HeyJuice（HelloJuice）新鲜果汁的看法、建议和意见。随后，被试被询问一些日常的果汁饮用习惯，包括是否喜欢喝果汁（即"请问您平时喜欢喝果汁吗"），测量对果汁产品的知识程度（"请问你平时愿意主动了解果汁类产品吗"）、消费频率（"请问你消费果汁产品的频率是"）。

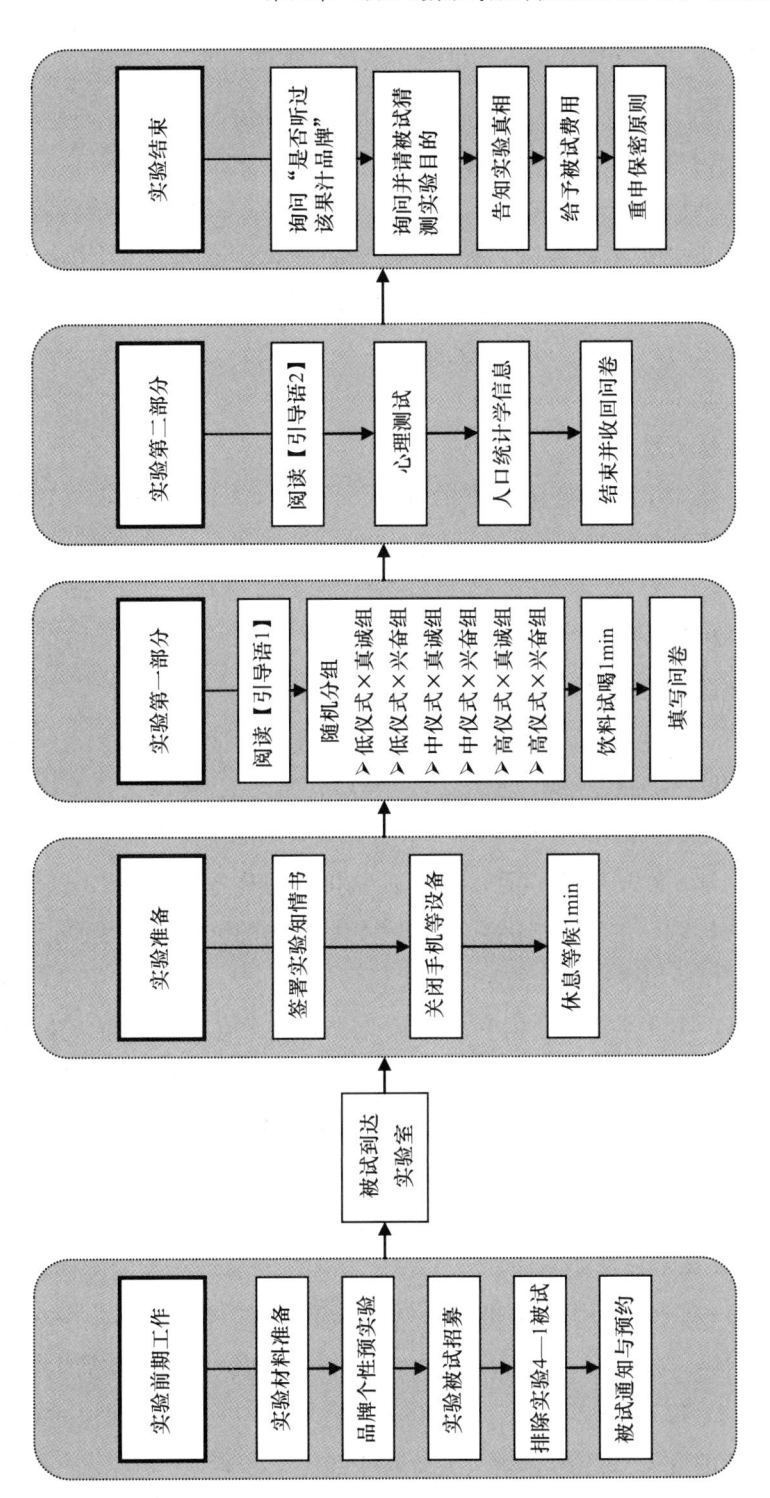

第四章 双刃剑效应：品牌仪式如何影响参与型消费者？

实验前期工作
- 实验材料准备
- 品牌个性预实验
- 实验被试招募
- 排除实验4-1被试
- 被试通知与预约

被试到达实验室

实验准备
- 签署实验知情书
- 关闭手机等设备
- 休息等候1min

实验第一部分
- 阅读【引导语1】
- 随机分组
  - 低仪式×真诚组
  - 低仪式×兴奋组
  - 中仪式×真诚组
  - 中仪式×兴奋组
  - 高仪式×真诚组
  - 高仪式×兴奋组
- 饮料试喝1min
- 填写问卷

实验第二部分
- 阅读【引导语2】
- 心理测试
- 人口统计学信息
- 结束并收回问卷

实验结束
- 询问"是否听过该糖果品牌"
- 询问并请被试猜测实验目的
- 告知实验真相
- 给予被试费用
- 重申保密原则

图4—12 实验4—2流程图

本实验第二部分与实验 2.1 相同，测量了被试的个人控制感（Cronbach α = 0.70）、基本情绪（正面情绪，Cronbach α = 0.87；负面情绪，Cronbach α = 0.87）和日常仪式化行为（Cronbach α = 0.59）。最后，实验助手询问被试是否听过 HeyJuice（HelloJuice）果汁品牌，并请被试猜测该实验的目的。被试回答后，实验助手告诉被试 HeyJuice（HelloJuice）新鲜果汁是美汁源果粒橙，并请被试按照实验知情书要求保密，然后被试领取参与费用并从后门离开实验现场。

四 变量测量

研究二增加了果汁好喝程度的评价，即"你认为 HeyJuice（HelloJuice）新鲜果汁好喝吗？"，"1" = 非常不好喝，"7" = 非常好喝。

五 分析与结果

两名被试在问项评价中遗漏了问题，因此在后续的分析中，我们将其数据删除。最后每组被试人数分别为：$N_{\text{low-excite}}$ = 22，$N_{\text{moderate-excite}}$ = 24，$N_{\text{high-excite}}$ = 20，$N_{\text{low-sincere}}$ = 20，$N_{\text{moderate-sincere}}$ = 21，$N_{\text{high-sincere}}$ = 22。与实验 4—1 一致，本次实验采用 G * Power 3.1 软件计算样本的统计检验力。选择 F 检验，效应量 f 为 0.4，显著性水平 α 为 0.05，总样本数为 129，结果显示检验力为 0.97，大于最小接受值 0.8，因此样本的统计检验力通过。另外，没有被试猜出本次实验的实验目的。

在剩下的 129 名被试数据中，有 17 名被试表示自己有信仰，其中共产主义信仰 2 位、佛教信仰 11 位、基督教信仰 3 位、道教信仰 1 位。

以购买意愿、品牌态度、果汁价格估计等分别为因变量，我们分别进行了 3（品牌仪式程度：低 vs. 中 vs. 高）×2（品牌个性：兴奋型 vs. 真诚型）的方差分析，数据的描述统计结果如表 4—4。

（一）品牌个性操纵检验

以兴奋型个性评价为因变量，3（品牌仪式程度：低 vs. 中 vs. 高）× 2（品牌个性：兴奋型 vs. 真诚型）的方差分析表明，品牌个性的主效应显著（$F(1, 123)$ = 29.34，$p < 0.001$，η_p^2 = 0.19），但品牌仪式程度和品牌个性的交互作用不显著（$F(2, 123)$ = 2.04，$p = 0.13$，η_p^2 =

0.03)。同样地，对于真诚型个性评价而言，品牌个性的主效应显著（$F(1, 123) = 105.86$，$p < 0.001$，$\eta_p^2 = 0.46$），但品牌仪式程度和品牌个性的交互作用不显著（$F(2, 123) = 1.67$，$p = 0.19$，$\eta_p^2 = 0.03$）。并且，组间对比显示，被试认为HeyJuice新鲜果汁（$M = 4.59$，$SD = 1.04$）的兴奋型风格显著高于HelloJuice新鲜果汁（$M = 3.52$，$SD = 1.06$；$t(65) = 6.27$，$p < 0.001$），而HelloJuice新鲜果汁（$M = 5.26$ $SD = 0.91$）的真诚型风格显著高于HeyJuice新鲜果汁（$M = 3.65$，$SD = 0.93$；$t(62) = 9.53$，$p < 0.001$）。以上分析表明，品牌个性操纵成功。

表4—4 实验4—2 描述性统计表

品牌仪式情境	兴奋型品牌			真诚型品牌		
	低品牌仪式	中品牌仪式	高品牌仪式	低品牌仪式	中品牌仪式	高品牌仪式
购买意愿	4.79 (1.05)	5.24 (0.83)	4.42 (1.28)	3.97 (1.00)	4.70 (0.91)	5.00 (0.78)
品牌态度	4.97 (1.10)	5.10 (0.91)	4.40 (1.08)	4.47 (1.11)	5.05 (0.88)	5.02 (0.81)
果汁价格估计（元）	3.57 (1.74)	4.21 (1.43)	3.46 (1.38)	3.39 (0.97)	3.43 (0.86)	4.05 (1.67)
果汁好喝程度	4.95 (1.29)	5.21 (0.72)	4.55 (1.23)	4.35 (0.93)	4.95 (0.80)	5.09 (0.93)
感知产品特殊性	3.72 (1.21)	4.38 (1.05)	3.72 (1.34)	3.47 (0.78)	4.27 (0.98)	4.29 (1.03)
兴奋个性评价	4.63 (1.02)	4.78 (1.04)	4.33 (1.05)	4.15 (0.90)	3.48 (0.81)	3.35 (0.91)
真诚个性评价	2.94 (0.93)	3.68 (1.04)	3.95 (1.00)	5.11 (1.02)	5.24 (0.83)	5.42 (0.89)
产品质量	5.04 (1.46)	5.42 (1.18)	4.70 (1.26)	4.45 (1.28)	4.76 (1.14)	5.31 (0.78)

续表

品牌仪式情境	兴奋型品牌			真诚型品牌		
	低品牌仪式	中品牌仪式	高品牌仪式	低品牌仪式	中品牌仪式	高品牌仪式
注意焦点（果汁）	5.14 (1.21)	5.54 (1.14)	4.95 (1.19)	5.40 (1.14)	5.52 (0.75)	5.05 (0.95)
意见字数	29.25 (17.09)	25.54 (14.65)	27.25 (18.23)	29.25 (19.71)	23.95 (15.93)	24.59 (14.49)
喜爱果汁程度	5.41 (1.30)	5.75 (1.29)	5.50 (1.19)	5.40 (1.36)	5.36 (1.38)	5.45 (1.19)
正面情绪	3.62 (0.82)	3.56 (0.70)	3.47 (0.58)	3.43 (0.52)	3.63 (0.55)	3.54 (0.53)
负面情绪	1.47 (0.42)	1.61 (0.49)	1.63 (0.64)	1.83 (0.68)	1.73 (0.68)	1.66 (0.66)
个人控制感	3.90 (0.51)	3.73 (0.72)	3.69 (0.54)	3.63 (0.63)	3.81 (0.69)	3.69 (0.65)
个人仪式感	2.40 (0.57)	2.36 (0.58)	2.19 (0.56)	2.46 (0.42)	2.44 (0.60)	2.45 (0.56)

注：表格中数字格式表示 M（SD）；虚线上为关键因变量，虚线下为控制变量。

（二）购买意愿

以购买意愿为因变量，进行 3（品牌仪式程度：低 vs. 中 vs. 高）×2（品牌个性：兴奋型 vs. 真诚型）的方差分析，如图 4—13 所示。首先，品牌仪式程度的主效应显著（$F(2, 123) = 3.91$，$p < 0.05$，$\eta_p^2 = 0.06$），并且中品牌仪式组被试对于果汁的购买意愿显著高于低品牌仪式组（$M_{moderate} = 4.99$，$M_{low} = 4.40$；$t = 2.74$，$p < 0.01$，$\eta_p^2 = 0.08$），中品牌仪式组和高品牌仪式组之间没有显著差异（$M_{high} = 4.72$；$t = 1.24$，$p = 0.22$）；品牌个性的主效应并不显著（$M_{excite} = 4.84$，$M_{sincere} = 4.57$；$F(1, 123) = 2.22$，$p = 0.14$）。

其次，品牌仪式程度和品牌个性的交互作用显著（$F(2, 123) = 6.01$，$p < 0.01$，$\eta_p^2 = 0.09$）。对于兴奋型品牌，品牌仪式程度的主效应

显著（$F(2, 63) = 3.33$，$p < 0.05$，$\eta_p^2 = 0.10$），且呈现类似于倒 U 型的关系——中品牌仪式组的购买意愿显著高于高品牌仪式组（$t = 2.56$，$p < 0.05$，$\eta_p^2 = 0.14$），低品牌仪式组和中品牌仪式组之间没有显著差异（$t = 1.62$，$p = 0.11$）。同样地，对于真诚型品牌，品牌仪式程度的主效应显著（$F(2, 60) = 7.22$，$p < 0.01$，$\eta_p^2 = 0.19$），但是呈现正向递增的关系——中和高品牌仪式组的购买意愿都分别显著高于低品牌仪式组（中品牌仪式组 vs. 低品牌仪式组，$t = 2.45$，$p < 0.05$，$\eta_p^2 = 0.13$；高品牌仪式组 vs. 低品牌仪式组，$t = 3.74$，$p < 0.01$，$\eta_p^2 = 0.26$），中和高品牌仪式组之间没有显著差异（$t = 1.17$，$p = 0.25$）。由此说明，品牌个性调节品牌仪式程度与购买意愿的关系，即：对于兴奋型品牌，品牌仪式程度越高，消费者购买意愿反而降低；对于真诚型品牌，品牌仪式程度越高，消费者购买意愿更高。

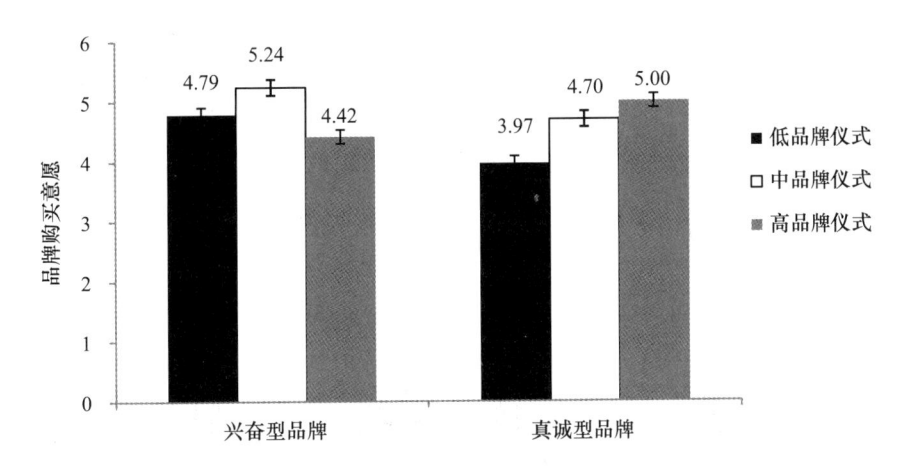

图 4—13 品牌仪式程度和品牌个性的交互作用对购买意愿的影响（柱状线条表示标准误差）

（三）品牌态度

以品牌态度为因变量，进行了 3（品牌仪式程度：低 vs. 中 vs. 高）×2（品牌个性：兴奋型 vs. 真诚型）方差分析，整体效应如图 4—14。首先，品牌仪式程度的主效应不显著（品牌仪式程度，$F(2, 123) = 1.94$，$p = 0.15$），但是中品牌仪式组的被试对于果汁的购买意愿边缘显著地高于高品牌仪式组（$M_{\text{moderate}} = 5.07$，$M_{\text{high}} = 4.73$；$t = 1.75$，$p < 0.1$，$\eta_p^2 = 0.04$）；品牌个性的主效应并不显著（$M_{\text{excite}} = 4.84$，$M_{\text{sincere}} = 4.85$；$F(2, 123) = 0.01$，$p = 0.91$）。

然而关键的是，品牌仪式程度和品牌个性的交互作用显著（$F(2, 123) = 3.41$，$p < 0.05$，$\eta_p^2 = 0.05$）。与购买意愿的效应一致，对于兴奋型品牌，品牌仪式程度的主效应显著（$F(2, 63) = 2.74$，$p < 0.1$，$\eta_p^2 = 0.08$），且同样类似于倒 U 型的关系——中品牌仪式组的购买意愿显著高于高品牌仪式组（$t = 2.32$，$p < 0.05$，$\eta_p^2 = 0.11$），低品牌仪式组和中品牌仪式组之间没有显著差异（$t = 0.43$，$p = 0.67$）。同样地，对于真诚型品牌，品牌仪式程度的主效应显著（$F(2, 60) = 2.49$，$p < 0.1$，$\eta_p^2 = 0.08$），但是呈现正向递增的关系——中和高品牌仪式组的购买意愿都显著高于低品牌仪式组（中品牌仪式组 vs. 低品牌仪式组，$t = 1.86$，$p < 0.1$，$\eta_p^2 = 0.08$；高品牌仪式组 vs. 低品牌仪式组，$t = 1.85$，$p < 0.1$，$\eta_p^2 = 0.08$），中和高品牌仪式组之间没有显著差异（$t = 0.13$，$p = 0.90$）。由此说明，品牌个性调节品牌仪式程度与品牌态度的关系，即：对于兴奋型品牌，品牌仪式程度越高，消费者的品牌态度反而降低；对于真诚型品牌，品牌仪式程度越高，消费者的品牌态度更高。

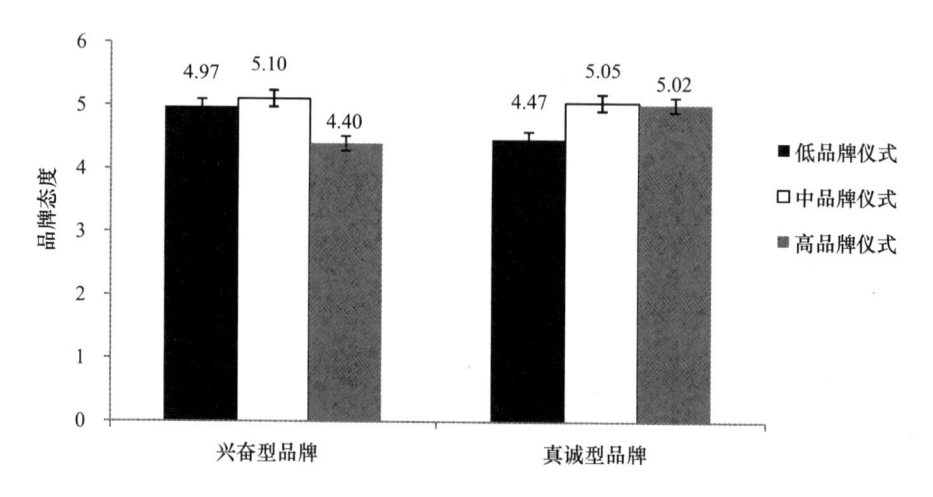

图4—14 品牌仪式程度和品牌个性的交互作用对品牌态度的影响（柱状线条表示标准误差）

(四) 果汁价格估计

同样地,品牌个性调节品牌仪式程度对果汁价格估计的影响($F(2, 123) = 2.73$, $p < 0.1$, $\eta_p^2 = 0.04$),如图4—15。对于兴奋型品牌,品牌仪式程度与果汁价格估计的关系为倒U型,中品牌仪式组的被试对于果汁的价格估计边缘显著地高于高品牌仪式组的被试($t = 1.75$, $p < 0.1$, $\eta_p^2 = 0.07$),低品牌仪式组与中品牌仪式组对果汁价格估计的差异不显著($t = 1.37$, $p = 0.18$)。而对于真诚型品牌,品牌仪式程度与果汁价格估计为正相关,高品牌仪式组被试估计的果汁价格均边缘性显著地高于低和中品牌仪式组被试(高品牌仪式组 vs. 低品牌仪式, $t = 1.67$, $p < 0.1$, $\eta_p^2 = 0.05$;高品牌仪式组 vs. 中品牌仪式组, $t = 1.64$, $p < 0.1$, $\eta_p^2 = 0.07$)。

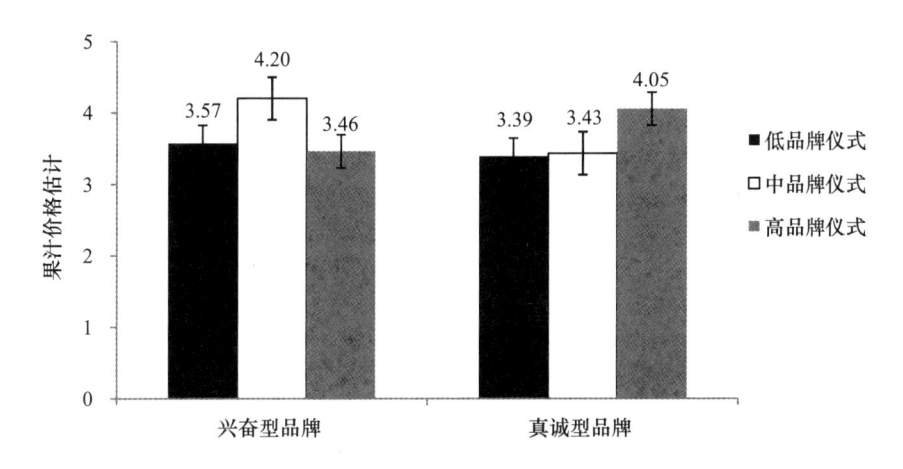

图4—15 品牌仪式程度和品牌个性的交互作用
对果汁价格估计的影响(柱状线条表示标准误差)

(五) 果汁好喝程度

对于果汁好喝程度,品牌个性和品牌仪式程度的交互作用同样显著($F(2, 123) = 3.60$, $p < 0.05$, $\eta_p^2 = 0.06$),两者的主效应都分别不显著($ps > 0.14$),如图4—16。

在兴奋型品牌组中,中品牌仪式组被试认为的果汁好喝程度高于高品牌仪式组($t = 2.20$, $p < 0.05$, $\eta_p^2 = 0.10$),中品牌仪式组和低品牌仪

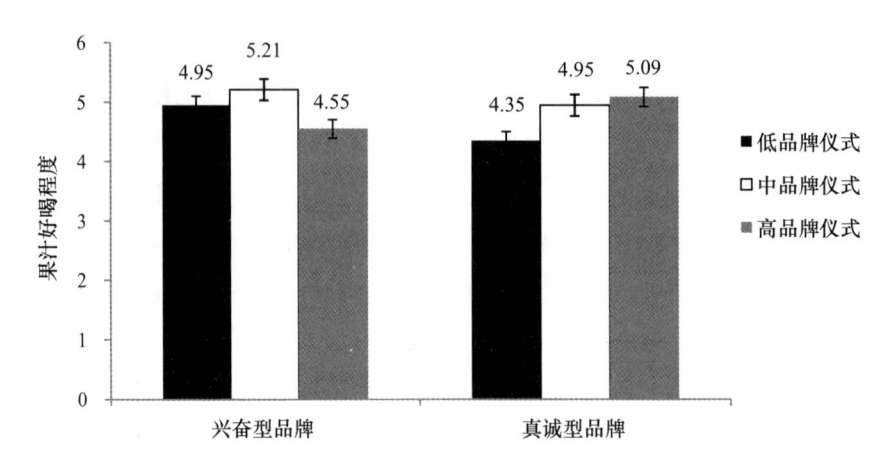

图4—16 品牌仪式程度和品牌个性的交互作用对果汁好喝程度的影响（柱状线条表示标准误差）

式组没有显著差异（$t=0.83$，$p=0.41$）。在真诚型品牌组中，中和高品牌仪式组的被试对果汁口感的评价都高于低品牌仪式组（中品牌仪式组 vs. 低品牌仪式组，$t=2.22$，$p<0.05$，$\eta_p^2=0.11$；高品牌仪式组 vs. 低品牌仪式组，$t=2.57$，$p<0.05$，$\eta_p^2=0.14$），且中和高品牌仪式组的果汁口感评价没有差异（$p=0.61$）。因此，品牌个性和品牌仪式程度不仅会影响购买意愿、品牌态度等认知变量，还会影响被试品尝果汁的口感。

（六）感知产品特殊性

以感知产品特殊性为因变量，品牌个性和品牌仪式程度的交互作用不显著（$F(2,123)=1.82$，$p=0.17$，$\eta_p^2=0.03$），但品牌仪式程度的主效应显著（$F(1,123)=4.81$，$p<0.05$，$\eta_p^2=0.07$），如图4—14。在兴奋型品牌组中，中品牌仪式组被试认为的产品的特殊性高于低品牌仪式组（$F=3.62$，$p<0.1$，$\eta_p^2=0.08$）和高品牌仪式组（$F=3.35$，$p<0.1$，$\eta_p^2=0.07$），高品牌仪式组和低品牌仪式组没有显著差异（$F<1$，$p=0.95$）。在真诚型品牌组中，中和高品牌仪式组的被试对产品特殊性的评价都分别高于低品牌仪式组（中品牌仪式组 vs. 低品牌仪式组，$F=8.40$，$p<0.01$，$\eta_p^2=0.18$；高品牌仪式组 vs. 低品牌仪式组，$F=8.33$，$p<0.01$，$\eta_p^2=0.17$），且中和高品牌仪式组的果汁口感评价

没有差异($F<1$,$p=0.95$)。

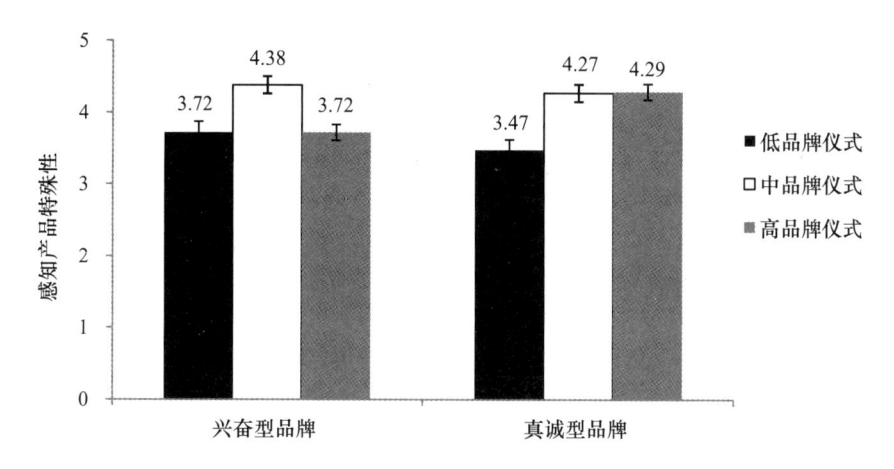

图4—17 品牌仪式程度和品牌个性的交互作用对感知产品特殊性的影响（柱状线条为标准误差）

六 实验小结

在实验4—1结果的基础上，实验4—2验证并支持了假设3，即品牌个性的调节作用。具体来讲，对于兴奋型品牌，品牌仪式程度与消费者购买反应呈先促进后抑制的关系；对于真诚型品牌，品牌仪式程度与消费者购买反应呈正相关。该结论不仅回应了Vohs等的结论——仪式（有vs.无）影响消费者试用产品的口感[①]，还进一步揭示了仪式程度高低也会影响产品口感，且这种影响效应依赖于品牌个性的作用——对于兴奋型品牌，品牌仪式程度与果汁口感呈倒U型关系，而对于真诚型品牌，品牌仪式程度与果汁口感正相关。不仅如此，实验4—2还在其他变量（如购买意愿、品牌态度等）重复了以上效应。实验4—3将对品牌仪式程度和品牌个性采用不同的实验操控方法，并探讨不同个性品牌下，感知乐趣和感知自主性分别的中介作用。

[①] K. D. Vohs, Y. Wang, F. Gino and M. I. Norton, "Rituals Enhance Consumption", *Psychological Science*, Vol. 24, No. 9, 2013, pp. 1714–1721.

第六节　实验 4—3：不同品牌个性下品牌仪式程度的影响机理

一　实验设计

此实验主要有两个目的：（1）验证品牌仪式和品牌个性交互作用影响购买意愿的心理机制，即感知自主性和感知乐趣的中介作用。（2）更换品牌仪式和品牌个性的操纵方式。一方面，实验 4—1 和实验 4—2 均采用仪式流程数量操控品牌仪式程度[①]，而流程数量会影响被试的认知资源。为了排除认知资源差异对实验结果的影响，本实验借鉴 Kapitány 和 Nielsen 的研究[②]，通过仪式动作的因果关系操纵品牌仪式程度——即因果关系越不明显，品牌仪式程度越高。另一方面，实验 4—2 以视觉设计操控不同品牌个性，而颜色本身可能影响被试的信息加工[③]，因此，本实验通过品牌介绍操控品牌个性。

174 名在校大学生（55.3% 女性，M_{age} = 23.09 岁，SD = 1.84）参与了该实验，实验结束后每人获得参与费 15—20 元人民币现金。所有被试平均且随机分到 3（品牌仪式程度：无 vs. 低 vs. 高）×2（品牌个性：兴奋型品牌 vs. 真诚型品牌）组间因子设计中的一组。

实验刺激材料为签字笔文具，品牌名为虚拟品牌——施克（Sheko）。依照 Sundar 和 Noseworthy 的实验操纵方式[④]，本实验采用品牌风格描述的方法进行品牌个性设计。兴奋型品牌的介绍侧重于年轻、奋斗、刺激的形象，而真诚型品牌的介绍强调稳重、成熟、温暖的形象。签字笔产品

[①] 参见 C. H. Legare and A. L. Souza, "Evaluating Ritual Efficacy: Evidence from the Supernatural", *Cognition*, Vol. 124, No. 1, 2012, pp. 1 – 15.

[②] R. Kapitány and M. Nielsen, "Adopting the Ritual Stance: The Role of Opacity and Context in Ritual and Everyday Actions", *Cognition*, Vol. 145, 2015, pp. 13 – 29.

[③] R. Mehta and R. J. Zhu, "Blue or Red? Exploring the Effect of Color on Cognitive Task Performances", *Science*, Vol. 323, No. 5918, 2009, pp. 1226 – 1229.

[④] A. Sundar and T. J. Noseworthy, "Too Exciting to Fail, Too Sincere to Succeed: The Effects of Brand Personality on Sensory Disconfirmation", *Journal of Consumer Research*, Vol. 43, No. 1, 2016, pp. 44 – 67.

为黑色、重量相等，如图4—15，实验材料全部经过无标签、无logo的处理。

图4—18　实验4—3刺激材料

二　品牌个性预实验

预实验为2（品牌个性：真诚型品牌 vs. 兴奋型品牌）组间因子设计，实验在一个课堂正式开始前进行，共32人（50%女性；M_{age} = 23.84，SD = 1.92）参加该实验。被试首先阅读一段有关施克（Sheko）文具公司的介绍，然后对品牌个性条目进行感知评价。品牌个性测量条目与实验4—2中的预实验相同。

组内对比结果表明，对于"年轻时尚"的施克（Sheko）文具公司介绍，被试对其的兴奋型风格评价（M = 4.45，SD = 0.97）显著高于真诚型风格评价（M = 3.91，SD = 1.04；t（31） = 3.74，$p < 0.01$），而对于"发展成熟"的施克（Sheko）文具公司介绍，被试对其的真诚型风格评价（M = 4.73，SD = 1.14）显著高于兴奋型风格评价（M = 2.64，SD = 1.32；t（31） = 5.45，$p < 0.001$）。接下来，组间对比显示，被试认为"年轻时尚"施克描述的兴奋型风格显著高于"发展成熟"的施克描述（t（31） = 5.16，$p < 0.001$），而被试认为"发展成熟"的施克描述的真诚型风格显著高于"年轻时尚"施克描述（t（31） = 4.52，$p < 0.001$）。因此，该预实验结果证实，品牌个性的操纵成功。

三　实验流程

实验4—3的流程如图4—16所示。本实验重新招募了2名全日制硕

▶ 品牌仪式：形成与效应

士生作为实验助手。正式实验之前，本书作者针对本实验对实验助手进行了培训，并做了一对一的模拟演练，尽量减少主试的个人因素和行为因素对实验效果产生干扰。

首先，被试到达实验室外后，先在实验准备区域签署实验知情书，并被要求关闭手机。随后，实验助手请被试在实验室外休息等候一分钟，以起到情绪缓冲和认知准备的作用。实验助手引导被试进入实验室。实验正式开始后，被试首先阅读实验引导语，被试被告知该实验是一个"签字笔体验调查"。被试先阅读一则施克（Sheko）文具公司介绍，兴奋型品牌个性组的被试将阅读到：

> 施克（Sheko）文具公司是一家年轻时尚的文具生产公司，创建于 2000 年，已历经了 17 年的探索与拼搏。施克（Sheko）文具公司定位于国际一流综合文具供应商，旨在打造快时尚、兴奋的、独一无二的品牌形象。无论你是正在追梦路上的学子，还是在办公室奋斗拼搏的青年，施克（Sheko）文具总会提供给你最独特的体验！

而真诚型品牌个性组的被试将阅读到：

> 施克（Sheko）文具公司是一家发展成熟的文具生产公司，创建于 2000 年，已历经了 17 年的沉淀与进步。施克（Sheko）文具公司定位于国际一流综合文具供应商，旨在打造温情的、真诚的、携手共进的品牌形象。无论你正在写表述思念的家书，还是在绘制未来美好的蓝图，施克（Sheko）文具总会提供给你最贴心的陪伴！

然后被试均阅读到：

> 施克（Sheko）文具公司最近推出一款新型签字笔，请您作为一名消费者，按照下列步骤，体验施克（Sheko）签字笔，并在体验后写下一段消费者体验的评论。

然后，被试将被告知施克（Sheko）文具公司推出了一款新型签字笔。实验助手给被试一只签字笔，并邀请被试作为一名消费者，按照步骤进行体验。在无品牌仪式组中，被试仅被告知试用签字笔，无试用流程。

在低品牌仪式组中，被试试用签字笔的流程是：

> 轻轻将笔拿起，放在白纸上；
> 观看签字笔外观；
> 拿起旁边的餐巾纸，擦拭签字笔；
> 打开笔盖，在纸上写下签字笔的品牌名字"施克"；
> 再在本页的空白处重复写两遍"施克"；
> 合上笔盖，将笔放回原位，体验结束。

在高品牌仪式组中，被试试用签字笔的流程是：

> 轻轻将笔拿起，放在白纸上，笔与纸长平行；
> 视线与笔平行，观看笔外观的色泽；
> 默念十秒后，拿起旁边的餐巾纸，在空中挥舞三下；
> 打开笔盖，在空中写下签字笔的品牌名字"施克"；
> 再在本页的正反面空白处分别写一遍"施克"；
> 合上笔盖，将笔放回原位，体验结束。

试用完毕后，实验助手收回签字笔，并交给被试另一支实验用笔和一份问卷。与前两个实验不同，实验4—3对问卷题项的先后顺序进行了调整。首先，被试回答开放性问题，即提出对施克（Sheko）签字笔的试用看法、意见和建议。然后，被试评价对施克（Sheko）签字笔的感受，评价购买意愿（Cronbach $\alpha = 0.87$）、品牌态度（Cronbach $\alpha = 0.85$）和感知质量的问题。接着，被试评价对施克（Sheko）签字笔的试用过程的感受，包括感知乐趣（$r = 0.56$, $p < 0.001$）、感知做作（overkill）（$r = 0.77$, $p < 0.001$）、感知自主性、感知真实性和品牌个性（真诚型个性，

$Cronbach\ \alpha = 0.73$；兴奋型个性，$Cronbach\ \alpha = 0.81$）评价。随后，被试猜测一支施克（Sheko）签字笔在市场上的标价、是否听过施克（Sheko）品牌，以及一些日常的文具购买习惯，包括产品熟悉度（即"我对文具产品很熟悉"）、产品知识程度（"我平时愿意主动了解一些文具产品"）、产品消费习惯（"我平时经常购买文具产品"），所有问项为 Likert 七分量表。最后，被试对平时仪式化行为进行了评价，并回答了个人信息，包括年龄、性别和宗教信仰。

完成实验后，实验助手请被试猜测该实验的目的。被试回答后，实验助手告诉被试实验真相，并请被试按照实验知情书要求保密，然后被试领取参与费用并离开现场。

四 变量测量

本实验采用了不同的感知自主性和感知乐趣的测量，并增加了感知真实性和感知做作的测量，所有测项都是 7 分 Likert 量表，其中"1" = 完全不同意，"7" = 完全同意。

感知乐趣。本实验采用感知无趣的反向计分作为感知乐趣的指标[①]，共两条测项，即"使用施克（Sheko）签字笔的过程让我觉得很无聊"、"使用施克（Sheko）签字笔不能吸引我的注意力"。

感知自主性。感知自主性采用 Chen 和 Sengupta 的测量量表[②]，共五条问项，正面测项包括"我相信除了试用施克（Sheko）签字笔，我还有其他的选择"、"我感觉试用施克（Sheko）签字笔是我自己的选择"，负面测项包括"施克（Sheko）签字笔的试用过程让我感觉被控制"、"在使用施克（Sheko）签字笔的过程中，我感觉自己没有主动权"、"我使用施克（Sheko）签字笔是因为实验员的要求"。

---

① S. Kim, R. P. Chen and K. Zhang, "Anthropomorphized Helpers Undermine Autonomy and Enjoyment in Computer Games", *Journal of Consumer Research*, Vol. 43, No. 2, 2016, pp. 282 – 302.

② F. Chen and J. Sengupta, "Forced to Be Bad: The Positive Impact of Low-Autonomy Vice Consumption on Consumer Vitality", *Journal of Consumer Research*, Vol. 41, No. 4, 2014, pp. 1089 – 1107.

第四章 双刃剑效应：品牌仪式如何影响参与型消费者？

实验前期工作 → **实验材料准备** → **品牌个性预实验** → **实验被试招募** → **排除已参与的被试** → **被试通知与预约**

↓

被试到达实验室

↓

实验准备 → **签署实验知情书** → **关闭手机等设备** → **休息等候1min**

↓

实验实施 → **阅读【引导语】** → **随机分组**
- 低仪式×真诚组
- 低仪式×兴奋组
- 高仪式×真诚组
- 高仪式×兴奋组

→ **钢笔试用1mins** → **填写问卷** → **个人信息与信仰**

↓

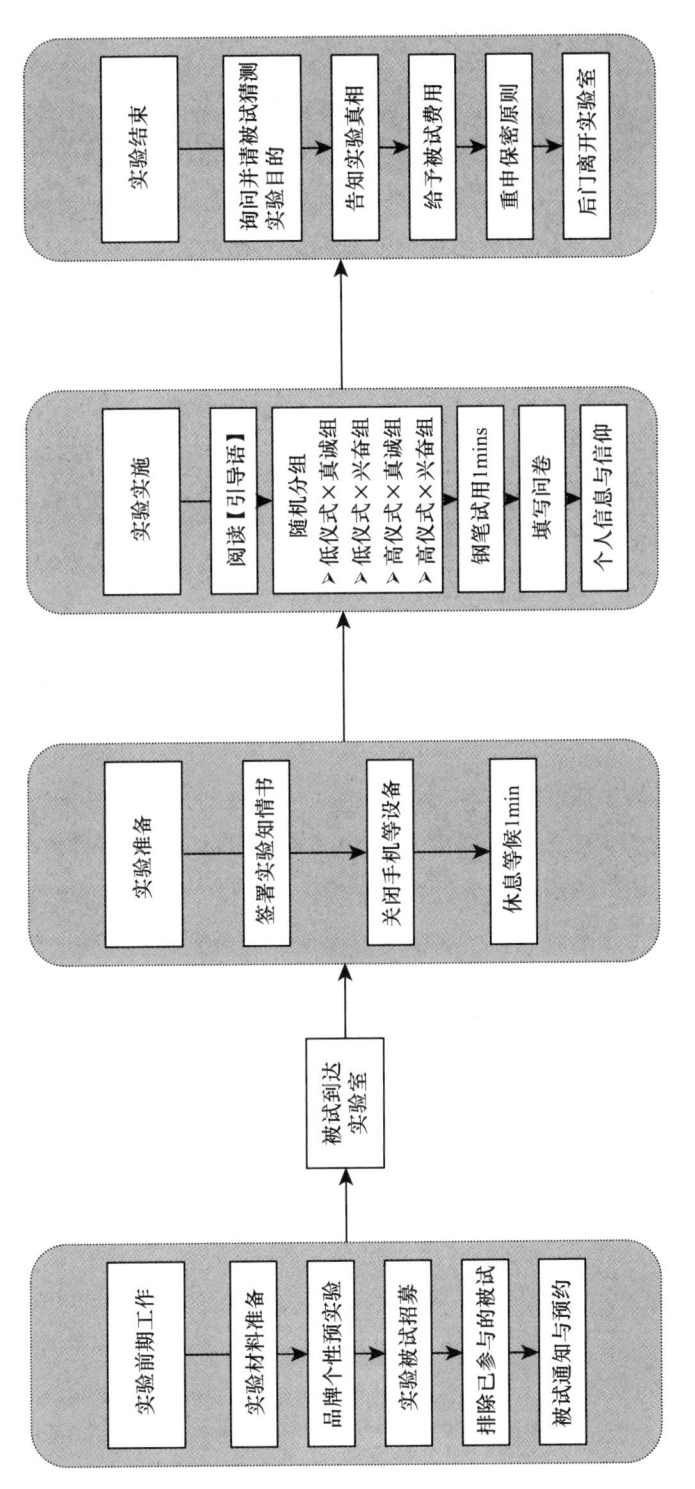

实验结束 → **询问并请被试猜测实验目的** → **告知实验真相** → **给予被试费用** → **重申保密原则** → **后门离开实验室**

图4—19 实验4—3流程图

感知做作。感知做作共两条测项,"施克(Sheko)签字笔的试用流程很做作"、"施克(Sheko)签字笔的试用流程多此一举"。

感知真实性。本实验根据 Morhart 等开发的量表①,从品牌真实性的持续性、可靠性、真实性、符号性四个方面各选取一个测量条目,即"施克(Sheko)签字笔的试用流程和它在我心中的形象很一致"、"施克(Sheko)签字笔的试用流程和已有风格一致"、"施克(Sheko)显著的风格与其历史具有传承性"、"施克(Sheko)签字笔的试用流程很特殊"。

五　分析与结果

两名被试在问项评价中遗漏了问题,因此在后续的分析中,其数据被剔除。最后每组被试人数分别为:$N_{control\text{-}excite} = 29$,$N_{low\text{-}excite} = 26$,$N_{high\text{-}excite} = 29$,$N_{control\text{-}excite} = 31$,$N_{low\text{-}sincere} = 29$,$N_{high\text{-}sincere} = 28$。与实验4—1一致,本次实验采用 G * Power 3.1 软件计算样本的统计检验力。选择 F 检验,效应量 f 为0.4,显著性水平 α 为0.05,总样本数为172,结果显示检验力为0.96,大于最小接受值0.8,因此样本的统计检验力通过。另外,没有被试猜出实验目的。

在剩下的172名被试数据中,有19名被试表示自己有信仰,其中共产主义信仰4位、佛教信仰7位、基督教信仰7位、儒家信仰1位。

以购买意愿、品牌态度、签字笔价格估计等分别为因变量,3(品牌仪式程度:无 vs. 低 vs. 高)×2(品牌个性:兴奋型 vs. 真诚型)的描述统计结果如表4—5。

(一)品牌个性操纵检验

兴奋个性和真诚个性的评分为因变量,3(品牌仪式程度:无 vs. 低 vs. 高)×2(品牌个性:兴奋型 vs. 真诚型)的多变量方差分析表明,品牌个性的主效应显著(兴奋个性评价,$F(1, 166) = 5.59$,$p < 0.05$,$\eta_p^2 = 0.03$;真诚个性评价,$F(1, 166) = 13.50$,$p < 0.001$,$\eta_p^2 =$

---

① F. Morhart, L. Malär, A. Guèvremont, F. Girardin and B. Grohmann, "Brand Authenticity: An Integrative Framework and Measurement Scale", *Journal of Consumer Psychology*, Vol. 25, No. 2, 2015, pp. 200–218.

0.08），但品牌仪式程度的主效应（兴奋个性评价，$F(2, 166) = 0.22$，$p = 0.81$；真诚个性评价，$F(2, 166) = 2.78$，$p = 0.07$）以及两者的交互作用并不显著（兴奋个性评价，$F(2, 166) = 0.87$，$p = 0.42$；真诚个性评价，$F(2, 166) = 2.06$，$p = 0.13$）。

配对样本 t 检验表明，被描述为"年轻、时尚"的施克（Sheko）品牌的感知兴奋风格（$M = 4.32$，$SD = 0.97$）显著高于感知真诚风格（$M = 4.01$，$SD = 0.98$；$t(83) = 2.04$，$p < 0.05$）。与之相反，被描述为"温暖、成熟"的施克（Sheko）的感知兴奋风格（$M = 3.95$，$SD = 1.11$）却显著低于感知真诚风格（$M = 4.57$，$SD = 0.99$；$t(87) = 4.26$，$p < 0.001$）。并且，独立样本 t 检验显示，被试认为被描述为年轻的施克（Sheko）的兴奋型风格显著高于被描述为成熟的施克（Sheko）（$t(170) = 2.33$，$p < 0.05$），而被描述为成熟的施克（Sheko）的真诚型风格显著高于被描述为年轻的施克（Sheko）（$t(170) = 4.49$，$p < 0.001$）。以上分析表明，品牌个性操纵成功。

表 4—5　　　　　　　　　实验 4—3 描述性统计表

品牌仪式情境	兴奋型品牌			真诚型品牌		
	无品牌仪式	低品牌仪式	高品牌仪式	无品牌仪式	低品牌仪式	高品牌仪式
购买意愿	4.23 (1.10)	4.63 (1.12)	3.84 (1.28)	3.91 (1.13)	3.89 (1.34)	4.54 (1.09)
品牌态度	4.21 (1.08)	4.73 (1.15)	3.93 (1.11)	4.31 (0.87)	4.15 (1.28)	4.82 (0.87)
签字笔价格（元）	19.33 (18.15)	35.65 (34.85)	43.45 (58.14)	32.24 (32.28)	35.94 (47.19)	60.73 (53.15)
感知乐趣	4.76 (0.94)	5.23 (0.94)	4.05 (1.50)	4.74 (1.29)	4.16 (0.97)	4.95 (0.85)

续表

品牌仪式情境	兴奋型品牌			真诚型品牌		
	无品牌仪式	低品牌仪式	高品牌仪式	无品牌仪式	低品牌仪式	高品牌仪式
感知自主性	4.18 (0.34)	4.85 (0.74)	4.13 (1.12)	4.32 (0.46)	4.21 (0.81)	4.17 (0.70)
兴奋个性评价	4.20 (0.69)	4.52 (0.83)	4.37 (1.17)	4.09 (0.92)	3.98 (1.23)	3.77 (1.17)
真诚个性评价	4.45 (0.71)	3.79 (1.02)	3.78 (1.06)	4.60 (0.87)	4.46 (1.29)	4.64 (0.75)
感知真实性	3.91 (0.75)	4.37 (0.78)	4.06 (0.77)	4.22 (0.57)	4.16 (0.89)	4.67 (0.83)
感知做作	3.03 (0.98)	2.88 (1.16)	3.78 (1.48)	2.82 (0.82)	3.05 (1.21)	3.55 (1.38)
产品质量	4.83 (1.20)	5.08 (1.09)	4.83 (1.23)	5.13 (0.72)	4.86 (1.27)	4.89 (1.07)
意见字数	41.69 (19.95)	46.00 (37.16)	31.38 (19.25)	34.19 (16.04)	43.59 (30.76)	44.96 (29.43)
产品熟悉度	3.93 (1.44)	3.85 (1.35)	3.62 (1.24)	3.39 (1.12)	4.10 (1.14)	3.68 (1.42)
产品知识	3.97 (1.50)	4.00 (1.47)	3.38 (1.24)	3.77 (1.48)	4.24 (1.81)	4.11 (1.40)
签字笔购买频率	4.62 (1.50)	4.65 (1.52)	4.28 (1.44)	4.19 (1.58)	4.41 (1.64)	4.21 (1.42)
个人仪式感	2.39 (0.68)	2.32 (0.57)	2.36 (0.49)	2.38 (0.42)	2.31 (0.44)	2.40 (0.48)

注：表格中数字格式表示 $M(SD)$；虚线上为关键因变量，虚线中为中介变量，虚线下为操纵检验变量和控制变量。

(二) 购买意愿

如图4—20所示,以购买意愿为因变量的3(品牌仪式程度:无 vs. 低 vs. 高) ×2(品牌个性:兴奋型 vs. 真诚型)双因素方差分析表明,品牌仪式程度和品牌个性的交互作用显著($F(2, 166) = 5.52$, $p < 0.01$, $\eta_p^2 = 0.06$),而两者分别的主效应并不显著($ps > 0.50$)。

具体来讲,对于兴奋型品牌,品牌仪式程度对购买意愿的主效应显著($F(2, 81) = 3.11$, $p < 0.05$, $\eta_p^2 = 0.07$),且低品牌仪式程度引发的购买意愿高于高品牌仪式程度($F = 5.85$, $p < 0.05$, $\eta_p^2 = 0.10$),无品牌仪式组与低/高品牌仪式组之间均无显著差异($ps > 0.19$),即无品牌仪式组的购买意愿值介于高低品牌仪式两组之间;而对于真诚型品牌,品牌仪式程度对购买意愿的主效应边缘性显著($F(2, 85) = 2.73$, $p < 0.1$, $\eta_p^2 = 0.06$),高品牌仪式程度引发的购买意愿反而高于低品牌仪式程度($F = 4.04$, $p < 0.05$, $\eta_p^2 = 0.07$),也高于无品牌仪式程度组($F = 4.61$, $p < 0.05$, $\eta_p^2 = 0.08$),但高品牌仪式程度和无品牌仪式程度之间无显著差异($F = 0.01$, $p = 0.93$)。因此,品牌个性调节品牌仪式程度对购买意愿的影响。

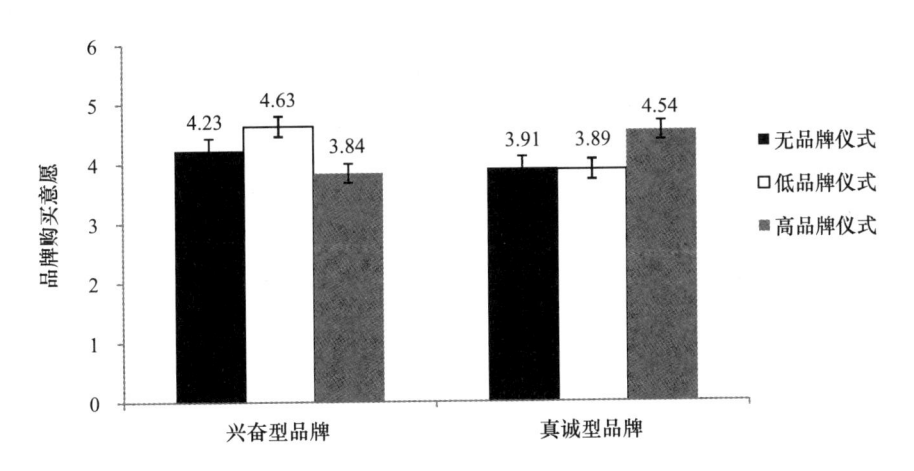

图4—20 品牌仪式和品牌个性的交互作用对购买意愿的影响(柱状线条表示标准误差)

(三) 品牌态度

与购买意愿的效应类似,3(品牌仪式程度:无 vs. 低 vs. 高)×2(品牌个性:兴奋型 vs. 真诚型)对品牌态度具有交互作用($F(2, 166) = 6.63$, $p < 0.01$, $\eta_p^2 = 0.07$),两者分别的主效应并不显著($ps > 0.40$),如图4—21。对于兴奋型品牌,低品牌仪式组的品牌态度显著高于高品牌仪式组($F = 6.83$, $p < 0.05$, $\eta_p^2 = 0.11$)和无品牌仪式组($F = 3.03$, $p < 0.1$, $\eta_p^2 = 0.05$),而无品牌仪式组和高品牌仪式组之间无显著差异($F = 0.92$, $p = 0.34$)。对于真诚型品牌,高品牌仪式组的品牌态度却高于低品牌仪式组($F = 5.32$, $p < 0.05$, $\eta_p^2 = 0.09$)和无品牌仪式组($F = 5.04$, $p < 0.05$, $\eta_p^2 = 0.08$),无品牌仪式组和低高两组均无显著差异($p = 0.58$)。可见,品牌个性逆转了品牌仪式程度高低对品牌态度的作用。

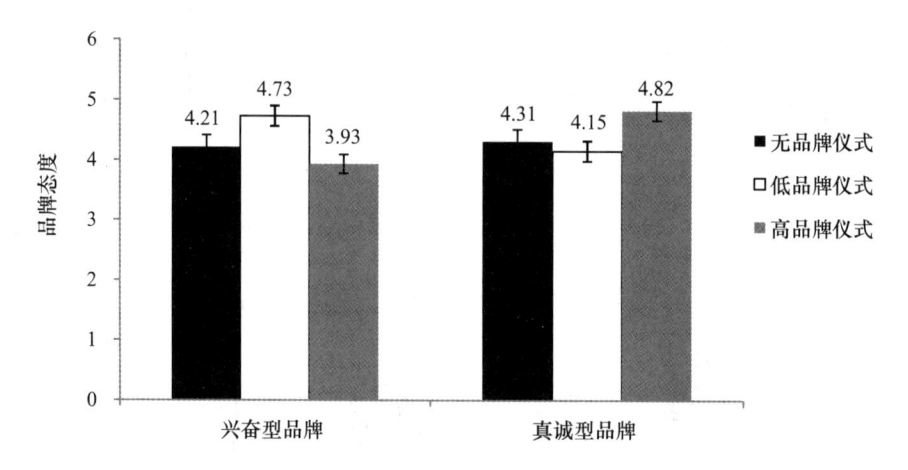

图4—21 品牌仪式和品牌个性的交互作用对品牌态度的影响(柱状线条表示标准误差)

(四) 签字笔价格估计

以被试估计的签字笔单价为因变量,3(品牌仪式程度:无 vs. 低 vs. 高)×2(品牌个性:兴奋型 vs. 真诚型)的双因素方差分析表明,品牌仪式程度的主效应显著($M_{control} = 26.00$, $SD = 26.99$, $M_{low} = 36.33$, $SD = 43.44$, $M_{high} = 53.86$, $SD = 59.03$; $F(2, 166) = 5.60$, $p < 0.01$,

$\eta_p^2 = 0.06$),但品牌个性的主效应及两者的交互作用均不显著($ps > 0.12$),如图4—22所示。

并且,对于兴奋型品牌,品牌仪式程度的主效应边缘显著($F(2, 81) = 2.64$,$p < 0.1$,$\eta_p^2 = 0.06$),且高品牌仪式组与低品牌仪式组无显著差异($p = 0.48$),但高于无品牌仪式组($p < 0.05$);对于真诚型品牌,品牌仪式程度的主效应显著($F(2, 85) = 3.46$,$p < 0.05$,$\eta_p^2 = 0.08$),高品牌仪式组的价格估计显著高于低品牌仪式组($p < 0.05$),但低品牌仪式组和无品牌仪式组没有显著性差异($p = 0.75$)。由此说明:虽然品牌个性的调节作用不显著,但是真诚型品牌个性可以增强品牌仪式程度的积极作用,提高消费者对产品的价格判断。

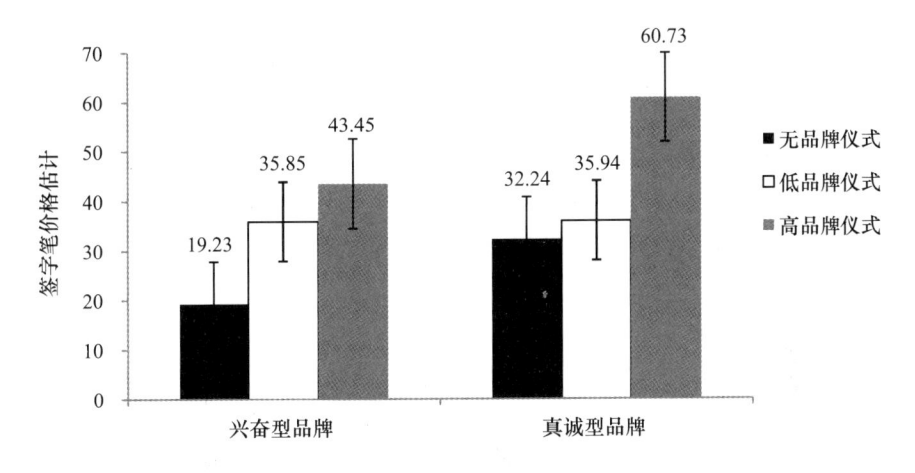

图4—22 品牌仪式和品牌个性的交互作用对签字笔价估计的影响(柱状线条表示标准误差)

(五)感知乐趣和感知自主性的中介作用

品牌仪式和品牌个性的交互作用对感知乐趣($F(2, 166) = 6.98$,$p < 0.001$,$\eta_p^2 = 0.08$)和感知自主性($F(2, 166) = 4.73$,$p < 0.05$,$\eta_p^2 = 0.05$)显著。且对于感知自主性,品牌仪式程度存在主效应($F(1, 166) = 4.08$,$p < 0.05$,$\eta_p^2 = 0.05$)。对于感知乐趣,高品牌仪式组均高于低品牌仪式组和无品牌仪式组($ps < 0.1$);而对于感知自主性,低品牌仪式组均高于高品牌仪式组和无品牌仪式组($ps < 0.05$)。

▶ 品牌仪式：形成与效应

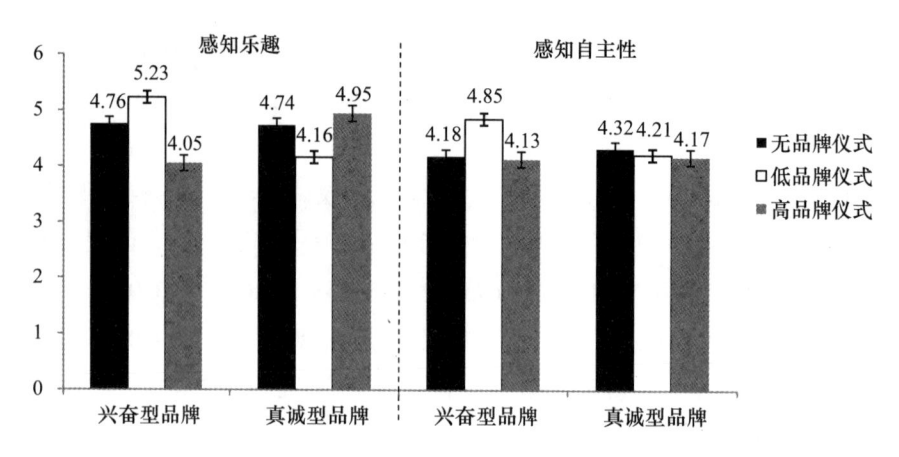

图4—23 品牌仪式和品牌个性的交互作用对感知乐趣和感知自主性的影响（柱状线为标准误差）

考虑到无品牌仪式组在兴奋型和真诚型品牌两组中的感知乐趣和感知自主性无显著性差异，接下来的中介分析仅关注了高低品牌仪式组的对比。首先，以品牌仪式程度为自变量、品牌个性为调节变量、购买意愿为因变量进行偏差修正的 bootstrapping 分析（bootstrap 1000 次，model 7），结果如图4—24所示。结果表明，在兴奋型品牌组中，感知乐趣（非直接路径效应 = -046，$SE=0.18$，$95\% CI$：[-0.9287，-0.1925]）和感知自主性（非直接路径效应 = -0.29，$SE=0.16$，$95\% CI$：[-0.7526，-0.0613]）的中介效应均显著；而在真诚型品牌组中，仅感知乐趣的中介效应显著（非直接路径效应 = 0.31，$SE=0.13$，$95\% CI$：[0.0786，0.6411]），感知自主性的中介效应不显著（非直接路径效应 = -0.02，$SE=0.09$，$95\% CI$：[-0.1981，0.1534]）。

依照 Zhao 等的建议[①]，分别在兴奋型品牌组和真诚型品牌组中进行感知乐趣和感知自主性的 bootstrapping 中介检验，如图4—23。在兴奋型品牌组中，bootstrapping 分析（bootstrap 1000 次，model 4）表明，感知乐趣（非直接路径效应 = -0.34，$SE=0.19$，$95\% CI$：[-0.8601，-0.0676]）和感知自主性（非直接路径效应 = -0.47，$SE=0.20$，

[①] X. Zhao, J. G. Lynch and Q. Chen, "Reconsidering Baron and Kenny: Myths and truths about mediation analysis", *Journal of Consumer Research*, Vol. 37, No. 2, 2010, pp. 197-206.

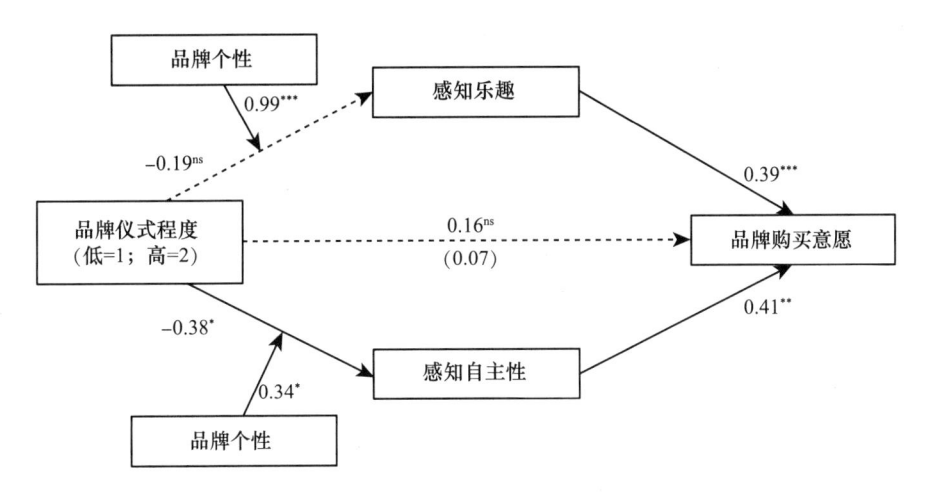

第四章 双刃剑效应：品牌仪式如何影响参与型消费者？

```
         品牌个性
            │ 0.99***
    -0.19ⁿˢ ↓
   ┌──────────┐        感知乐趣
   │品牌仪式程度│ ─────────────→ ┐
   │(低=1;高=2)│   0.16ⁿˢ       │ 0.39***
   └──────────┘   (0.07)        ↓
       -0.38*  ────────────→ 品牌购买意愿
            ↑                  ↑ 0.41**
         0.34*     感知自主性
         品牌个性
```

图4—24 实验4—3的bootstrapping model 7中介分析

(虚线表示路径不显著；路径系数后的ⁿˢ表示 $p>0.05$，* 表示 $p<0.05$，** 表示 $p<0.01$，*** 表示 $p<0.001$)

$95\%\ CI$：[-0.8986，-0.1234]）的中介效应均显著。具体而言，品牌仪式程度会降低感知乐趣和感知自主性，而感知乐趣和感知自主性可以提升购买意愿（路径系数见图4—25）。在真诚型品牌组中，感知乐趣的中介效应显著（非直接路径效应 = 0.31，SE = 0.20，$95\%\ CI$：[0.0260，0.8993]），而感知自主性不显著（非直接路径效应 = 0.00，SE = 0.05，$95\%\ CI$：[-0.1705，0.0615]）。并且，品牌仪式程度提高被试的感知乐趣，进而提升其购买意愿。因此，假设3a和3b得到支持。

六 实验小结

实验4—3在实验4—2的结论基础上，操纵品牌仪式程度的高低两组，将品牌个性的包装设计改为文字介绍，通过引导被试试用签字笔的流程，再一次检验了品牌个性对品牌仪式程度影响消费者反应的调节作用，并进一步分析了在不同品牌个性组中感知自主性和感知乐趣的被调节的中介效应。结果发现，相比兴奋型品牌，真诚型品牌会弱化品牌仪式程度的"伤之刃"——即感知自主性路径，从而使得品牌仪式程度正向促进购买意愿，故本实验研究结果不仅证实了假设1和假设2，还验证了假设3。

▶ 品牌仪式:形成与效应

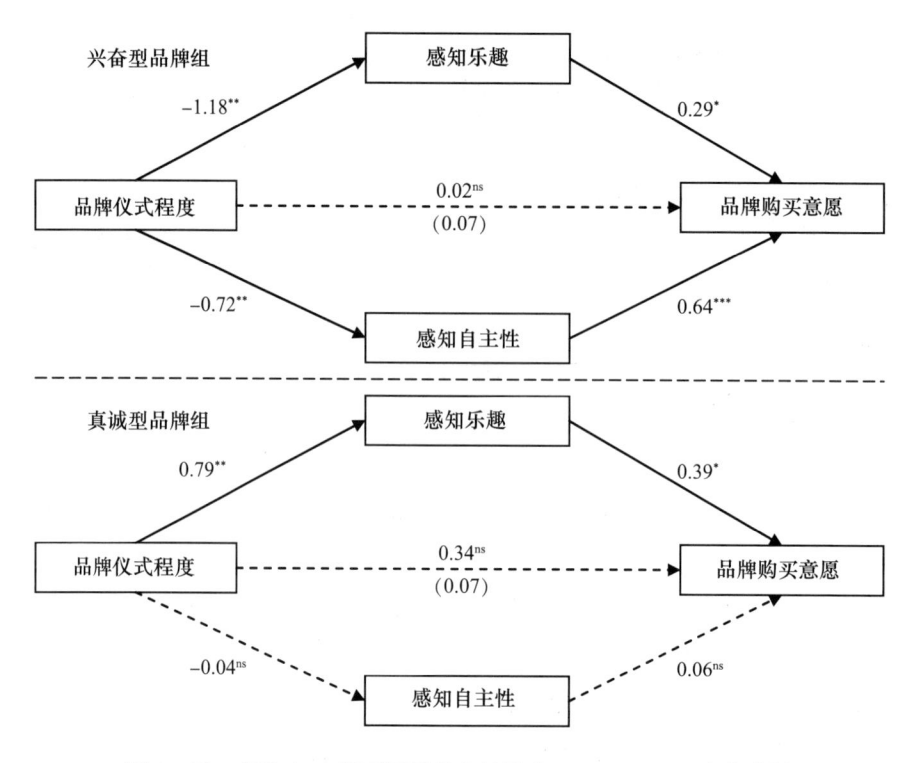

图 4—25 实验 4—3 的不同品牌个性组中 bootstrapping 中介分析

（虚线表示路径不显著；路径系数后的 ns 表示 $p>0.05$，* 表示 $p<0.05$，** 表示 $p<0.01$，*** 表示 $p<0.001$）

第七节 实验 4—4：品牌仪式程度对品牌个性偏好的影响

一 实验设计

此实验主要有两个目的：（1）采用产品选择范式，验证在不同品牌仪式程度下，消费者对品牌个性的偏好差异。前面实验均采用组间因子设计范式，与之不同的是，本实验采用 2（品牌仪式程度：低 vs. 高）×2（品牌个性：真诚型品牌个性 vs. 兴奋型品牌个性）混合因子设计，其中 2（品牌仪式程度：低 vs. 高）为组间因子，2（品牌个性：真诚型品牌个性 vs. 兴奋型品牌个性）为组内因子。（2）前面三个实验均为实验室实验，本实验为了增强研究结果的外部效度，采用了田野实验的方式。

第四章 双刃剑效应:品牌仪式如何影响参与型消费者?

本实验以在学校食堂门口摆摊的形式,招募路过的消费者参与某品牌的新产品调查。78 名普通消费者(72% 女性,M_{age} = 22.94 岁,SD = 2.86)参与了该实验,实验结束后每人获得 5 元食堂代金券。所有被试平均且随机分到 2 组(品牌仪式程度:低 vs 高)间因子设计中,进行 2 组(品牌个性:兴奋型品牌 vs. 真诚型品牌)内因子设计产品选择范式。

实验刺激材料为护手霜,品牌名为虚拟品牌——Tundo,产品名为"深润幼滑香手霜"。与实验 4—2 的实验操纵方式类似,本实验采用产品包装方法进行品牌个性设计,但与之不同的是本实验的包装对象为同一个动物——小狗,如图 4—26。依照 Aaker 等的实验设计[①],真诚型品牌和兴奋型品牌包装的不同之处在于:(1)logo 字体,兴奋型包装为 Comic Sans 字体,真诚型包装为 Jester 字体;(2)标语设计,真诚型包装的标语为"温暖在手,真诚呵护",兴奋型包装的标语是"年轻在手,倍添精彩";(3)包装颜色,兴奋型包装为亮红色,真诚型包装为浅棕色;(4)包装图片,兴奋型包装为一个跳跃的小狗,而真诚型包装为一个坐立的小狗。

图 4—26 实验 4—4 刺激材料

(左为兴奋型品牌 HeyJuice,右为真诚型品牌 HelloJuice)

---

① J. L. Aaker, S. Fournier and S. A. Brasel, "When Good Brands Do Bad", *Journal of Consumer Research*, Vol. 31, No. 1, 2004, pp. 1 – 16.

另外，正式实验中的宣传海报和护手霜产品实物（以真诚型品牌个性为例）如下图4—27所示。

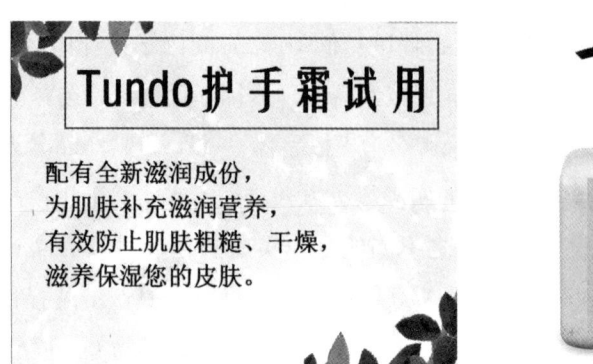

图4—27 实验4—4实验材料

二 品牌个性预实验

预实验为2（品牌个性：真诚型品牌 vs. 兴奋型品牌）×3（小马包装 vs. 小狗包装 vs. 宣传图片）组内因子设计，小马包装设计和宣传图片2如图4—28所示。实验通过问卷星发放，共38人（68%女性；M_{age} = 30.45，SD = 31.91）参加该实验。被试首先观看两组包装和两组宣传图片，看后立刻对每一项的品牌个性条目、感知质量、喜爱程度和购买意愿进行感知评价（对于宣传图片，仅评价感知品牌个性）。品牌个性测量条目与实验4—2中的预实验相同。

配对样本t检验结果表明，对于坐立小狗的Tundo护手霜包装，被试对其真诚型风格评价（$M = 4.94$，$SD = 1.35$）显著高于兴奋型风格评价（$M = 4.14$，$SD = 1.04$；$t(37) = 4.45$，$p < 0.01$）；而对于跳跃小狗的Tundo护手霜包装，被试对其兴奋型风格评价（$M = 4.58$，$SD = 1.25$）显著高于真诚型风格评价（$M = 4.26$，$SD = 1.19$；$t(37) = 2.85$，$p < 0.01$）。并且，被试对坐立小狗包装和跳跃小狗包装的感知质量、购买意愿和喜爱程度均无显著性差异（$p > 0.21$）。对于坐立小马包装，被试对其真诚型风格评价（$M = 4.84$，$SD = 1.31$）显著高于兴奋型风格评价（$M = 4.17$，$SD = 1.20$；$t(37) = 4.24$，$p < 0.001$），而对于跳跃小马包

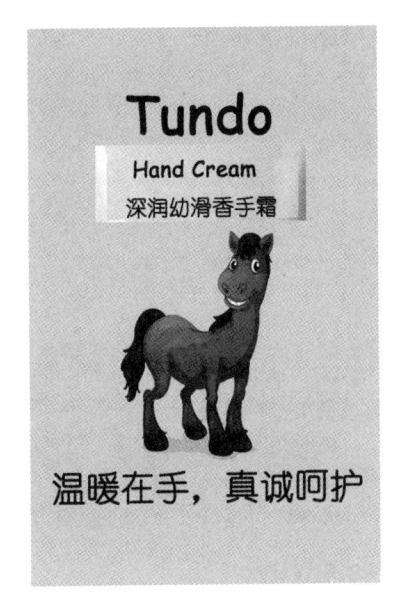

图 4—28 预实验材料

（左图为真诚型品牌个性小马包装，右图为兴奋型品牌个性小马包装）

装，被试对其真诚型风格评价（$M=4.44$，$SD=1.26$）和兴奋型风格评价（$M=4.14$，$SD=1.32$）无显著性差异（$t(37)=1.25$，$p=0.22$）。该预实验结果证实，小狗的品牌个性操纵成功，而小马的品牌个性操纵失败。因此，正式实验采用小狗图片作为刺激材料。

三 实验流程

本实验招募 3 名实验助手。正式实验之前，本书作者针对本实验对实验助手进行了培训，并做了一对一的实验模拟演练，旨在减少主试的个人因素和行为因素对实验效果产生干扰。

被试在愿意参与 Tundo 试用调查后，首先被要求按照流程使用护手霜，此时护手霜没有包装。其中，高品牌仪式程度组的被试看到的试用流程如图 4—29 中左图，低品牌仪式程度组的被试看到的试用流程如图 4—29 中右图。试用结束后，实验助手告知被试 Tundo 公司正在为新产品包装设计搜集消费者意见，请他/她根据产品风格选择一个恰当的包装。然后，被试在 2（品牌个性：真诚型品牌包装 vs. 兴奋型品牌包装）中进行选择,两个包装的左右摆放顺序进行了随机化处理。

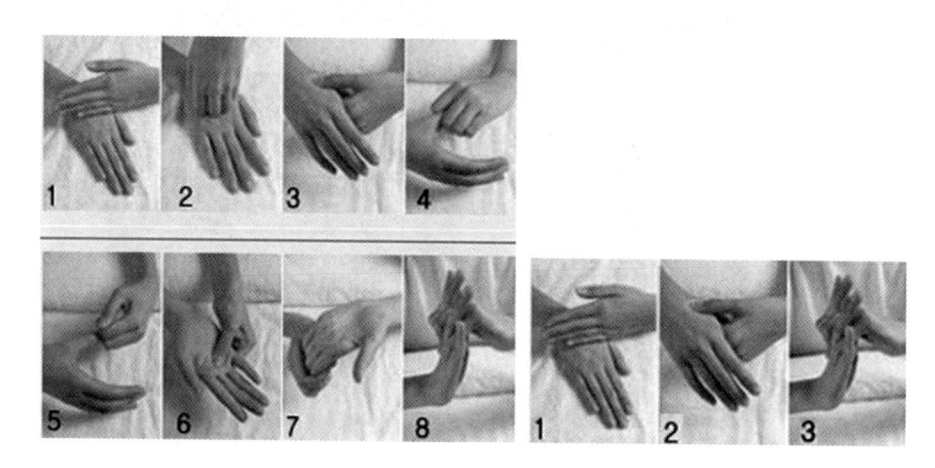

图4—29 实验4—4实验设计材料

(左图为高品牌仪式程度,右图为低品牌仪式程度)

最后,被试回答了年龄和性别的个人信息,领取代金券后离开现场。

四 分析与结果

在高品牌仪式程度组中,74.3%的被试偏好于真诚型品牌包装设计,25.7%的被试偏好于兴奋型品牌包装设计。而在低品牌仪式程度组中,51.2%的被试偏好于真诚型品牌包装设计,48.8%的被试偏好于兴奋型品牌包装设计。卡方检验结果表明,两组被试的选择差异显著($\chi(1)^2 = 4.36, p = .03$)。

五 实验小结

在前面三个实验结论的基础上,本实验仅操纵品牌仪式程度的高低,将品牌个性的包装设计设定为组内的选择任务,通过田野实验的方式,验证了品牌仪式程度影响消费者对品牌个性的偏好。结果表明,当采用高品牌仪式程度使用品牌时,被试更偏好于真诚型品牌包装。由此,本实验再次验证了品牌仪式程度与品牌个性之间的匹配效应。

第八节 讨论

本章共进行了四个层层递进的实验，通过更换产品类型、品牌名称、品牌材料、仪式材料和测量量表，充分利用实验室实验和田野实验方式，探讨了对于参与型消费者，品牌仪式程度对购买意愿和相关反应的影响，及其感知乐趣和感知自主性的"双刃剑"心理机制。更重要的是，揭示了品牌仪式程度影响购买意愿的关键边界——品牌个性。本章的主要结论如下：第一，品牌仪式程度与消费者购买意愿呈先促进后抑制的关系；第二，品牌仪式程度既提升消费者的感知乐趣，又降低消费者的感知自主性，而感知乐趣和感知自主性均可增强购买意愿；第三，对于不同个性的品牌，品牌仪式程度与消费者购买意愿的关系有所不同——对于兴奋型品牌，品牌仪式程度仍与购买意愿为倒U型关系，而对于真诚型品牌，品牌仪式程度正向预测购买意愿；第四，相比兴奋型品牌，真诚型品牌的品牌仪式仅引发消费者的感知乐趣，从而提升购买意愿。本章的结论对以下研究领域做出了贡献。

首先，本章为仪式研究做出了一定贡献。本章的研究首次探讨了品牌仪式的正面和负面效应，不同于以往偏向性的仪式积极论，为品牌仪式的设计和管理提供了更确切的启示。由于仪式的研究方兴未艾，其研究结论偏向性地倒向"积极论"，如改善食品口味、降低焦虑情绪、重获自我控制感、凝聚人际关系等。本章的研究首次关注了仪式可能存在的负面路径——感知自主性，并发现：在一般情况下，品牌仪式不仅会提高消费者的感知乐趣（同 Vohs 等的结论），还会削减消费者的感知自主性，而这种感知自主性对消费者购买行为存在负面作用。本章提出的感知乐趣和感知自主性并存的"双刃剑"路径可以增进学界对仪式效应的认识。

其次，本章首次从营销和品牌研究的角度，关注到了仪式的特定类别——品牌仪式，对品牌仪式的研究进行了有益的拓展，从而为仪式的未来研究方向提供了启示。现有仪式研究将不同类型的仪式（如宗教仪式和非宗教仪式）统称为仪式，未明确具体情境下的仪式。虽然近年来

▶ 品牌仪式:形成与效应

营销学者们开始关注到了营销中的仪式形式之一,即品牌仪式,但是其研究仍处于质性研究和理论探讨的起步阶段。本章在上一章——品牌仪式形成的质性探索基础上,首次采用实验设计和统计数据分析,对品牌仪式的效应进行了实证探讨和效应检验,这无疑对品牌仪式的研究具有重要贡献。

最后,本章提出并验证了品牌个性在品牌仪式影响消费者反应中的作用,这既为品牌仪式的后效研究挖掘到了一个重要的边界条件,还推进了品牌个性领域。一方面,本章的研究借由品牌个性出发,发现了感知自主性和感知乐趣被调节的中介效应,即对于不同个性的品牌,品牌仪式程度对消费者购买反应的影响路径有所不同——对于兴奋型品牌,感知乐趣和感知自主性中介品牌仪式对消费者购买反应的影响;而对于真诚型品牌,仅感知乐趣的中介效应显著。由此,本章结论为品牌仪式的设计和管理提供了更确切和具体的启示。另一方面,真诚型和兴奋型个性作为"五大个性"中研究最为普遍的两种品牌个性,学者们已发现了诸多情境下真诚型品牌和兴奋型品牌的差异。例如,Aaker 等发现,当品牌出现负面事件时,相比兴奋型品牌,消费者对真诚型品牌的态度更负面,甚至当品牌进行道歉后,消费者对兴奋型品牌(vs. 真诚型品牌)的正面态度提升更多[1];Sundar 和 Noseworthy 发现,当品牌包装的视觉感知和触觉感知不一致(即感官失调)时,兴奋型品牌会引发消费者正面的品牌态度,而真诚型品牌则会导致负面的品牌态度[2]。可见,以往研究发现集中于分析兴奋型品牌的积极面,本章的研究与之相反,揭示了真诚型品牌的积极面,可谓是对品牌个性研究的有益补充。

---

[1] J. L. Aaker, S. Fournier and S. A. Brasel, "When Good Brands Do Bad", *Journal of Consumer Research*, Vol. 31, No. 1, 2004, pp. 1–16.

[2] A. Sundar and T. J. Noseworthy, "Too Exciting to Fail, Too Sincere to Succeed: The Effects of Brand Personality on Sensory Disconfirmation", *Journal of Consumer Research*, Vol. 43, No. 1, 2016, pp. 44–67.

第五章

外部效应:品牌仪式如何影响观察型消费者?

第一节 研究目的

仪式不仅能够促使人类社会形成各种人际关系,还能够帮助人类完成对客观世界、客观物体的认识和界定①。然而,客观物体的含义并不是固有的,而是在社会交往中对其达成的一致性认识和理解②。作为社会互动的重要形式,仪式是促进人类分析和理解社会的重要方式。类似地,品牌仪式作为营销中品牌和消费者互动的重要手段,是引导消费者理解品牌、深入品牌意义、内化品牌价值的关键途径。

仪式最重要的目的是发展追随者③,品牌仪式也同样如此。然而,以往研究集中于关注仪式对直接参与者的影响④。目前,仅 Weinberger 探讨

---

① E. Durkheim, *The Elementary Forms of Religious Life*, NY, New York: Free Press, 1965.
② E. Goffman, *Interaction Ritual: Essays on Face-to-Face Behavior*, New York: Anchor Books, 1967.
③ J. G. Ahler and J. B. Tamney, "Some Functions of Religious Ritual in a Catastrophe", *Sociology of Religion*, Vol. 25, No. 4, 1964, pp. 212–230.
④ P. Maloney, "Online Networks and Emotional Energy: How Pro-anorexic Websites Use Interaction Ritual Chains to (Re) form Identity", *Information, Communication & Society*, Vol. 16, No. 1, 2013, pp. 105–124; P. Boyer and P. Liénard, "Why Ritualized Behavior? Precaution Systems and Action Parsing in Developmental, Pathological and Cultural Rituals", *Behavioral and Brain Sciences*, Vol. 29, No. 6, 2006, pp. 595–613; E. J. Arnould and L. L. Price, "River Magic: Extraordinary Experience and the Extended Service Encounter", *Journal of Consumer Research*, Vol. 20, No. 1, 1993, pp. 24–45; M. Wallendorf and E. J. Arnould, "'We Gather Together': Consumption Rituals of Thanksgiving Day", *Journal of Consumer Research*, Vol. 18, No. 1, 1991, pp. 13–31.

了消费仪式反对者（即反对圣诞节的消费者）在消费仪式中的行为。其研究结论表明，仪式反对者会采取自我身份建构策略抵抗仪式符号的接触，由此暗示了不同消费者角色会对仪式行为和仪式体验产生影响[①]。而有关仪式如何影响非直接参与者，至今尚未见诸文献。试想一个情境，如果你正在看到电视广告中代言人在使用品牌仪式（如奥利奥饼干的品牌仪式），你会在使用该品牌时也参与品牌仪式吗？外部性理论（externality theory）指出，个体的利益会受到他人活动的影响，同理，非直接消费者会因为观察到参与者的品牌仪式行为，而受到品牌仪式的影响。基于该思路，本章拟探讨品牌仪式对观察型消费者的影响效应和内部机制，以及该效应的边界条件。

第二节　文献回顾与研究假设

行动者—观察者偏差（actor-observer bias）研究启发了本章思路。该类研究指出，个人感知存在行动者（actor）和观察者（observer）两种基本视角——当人们作为一个评价者对他人的行为进行归因时，往往会做稳定的、内部的归因；而对自己的行为进行归因时，却倾向于做外部的归因[②]。行动者—观察者偏差现象不仅在心理学界备受关注，还逐渐进入其他领域，如管理学、人工智能、人类学、政治学等[③]。目前，学界对于行动者—观察者偏差现象持有两种解释：其一，世俗隐喻理论（folk-conceptual theory）认为，人们会对他们所处的社会世界进行朴素解释，这种

[①] M. F. Weinberger, "Dominant Consumption Rituals and Intragroup Boundary Work: How Non-Celebrants Manage Conflicting Relational and Identity Goals", *Journal of Consumer Research*, Vol. 42, No. 3, 2015, pp. 378–400.

[②] A. Lipschitz, "The Observing Actor: Divergent Perceptions of the Cause of One's Own Behavior", *Social Behavior and Personality*, Vol. 2, No. 2, 1974, pp. 177–183; 另可参见 S. T. Fiske and S. E. Taylor, *McGraw-Hill Series in Social Psychology*, Social Cognition (2nd ed.), New York: Mcgraw-Hill Book Company, 1991.

[③] E. G. Rogoff, M. Lee and D. Suh, "'Who Done It?' Attributions by Entrepreneurs and Experts of the Factors That Cause and Impede Small Business Success", *Journal of Small Business Management*, Vol. 42, 2004, pp. 364–376.

解释通常基于已有认知、经验和语言背景，因此，在对意向性行为进行因果推断时，人们更倾向于强调行为自身的控制力和自由选择的作用[①]。同理，相比观察者，行动者更容易将积极结果归功于自身能力，也更容易将消极结果责怪于外部因素；其二，归因理论——行动者—观察者偏差最广泛采用的解释理论——认为，观察者和行动者具有不同的归因偏向：对于正面事情，行动者偏向于归为内因，观察者倾向于归于外因，而对于负面事情则相反[②]。综上，本章研究认为，直接消费者在参与品牌仪式时，会产生行为约束的感知限制（见第四章假设1的理论推导），而非直接消费者观看品牌仪式时，会归因于参与者主动地、自发地、自愿地融入品牌仪式中。换言之，在非直接消费者的眼中，品牌仪式的约束"伤之刃"会转换为仪式"光环"，是吸引参与者的一种魔力，进而增强非直接消费者的参与意愿。

Dong 等的研究表明参与一致行为会使得参与者更容易产生从众心理（conformity），而观察别人参与一致行为则会使得观察者更容易产生抵抗心理（reactance）[③]。这与本章的研究假设看似矛盾，然而与其不同之处在于：（1）品牌仪式通常不具有直接功能性目的，而 Dong 等实验中的"一致行为"具有直接的功能性目的（如队伍整齐）。他们研究的实验3也证实，当一致行为与目标不相关时，该效应则会消失。（2）Dong 等并未直接关注一致行为对自由的限制。他们的实验2也发现，如果当参与者关注到行为自由受限时，该效应也会被弱化。而本书第四章的研究表明，

[①] B. F. Malle, J. M. Knobe and S. E. Nelson, "Actor-observer Asymmetries in Explanations of Behavior: New Answers to an Old Question", *Journal of Personality and Social Psychology*, Vol. 93, No. 4, 2007, pp. 491 – 514.

[②] P. Dong, X. Dai and R. S. Wyer Jr, "Actors Conform, Observers React: The Effects of Behavioral Synchrony on Conformity", *Journal of Personality and Social Psychology*, Vol. 108, No. 1, 2015, pp. 60 – 75; B. F. Malle, "The Actor-observer Asymmetry in Attribution: A (Surprising) Meta-Analysis", *Psychological Bulletin*, Vol. 132, No. 6, 2006, pp. 895 – 919.

[③] P. Dong, X. Dai and R. S. Wyer Jr, "Actors Conform, Observers React: The Effects of Behavioral Synchrony on Conformity", *Journal of Personality and Social Psychology*, Vol. 108, No. 1, 2015, pp. 60 – 75.

品牌仪式会使得参与者产生感知限制。可见，本章的研究与 Dong 等的研究并不矛盾，甚至他们的研究结果为本章的研究提供了一定理论佐证。另外，一些研究的实验结果与本章的假设一致，从旁证明了观察品牌仪式会促进非直接消费者对品牌的购买意愿。例如，Brooks 等在其实验 2 中招募亚马逊网络被试进行仪式参与，即让被试观看仪式步骤的图片。该实验结果发现这种观看仪式的方式同样可以降低被试的焦虑情绪[1]；再如，Kapitány 和 Nielsen 采用观看仪式视频的实验范式，证实了观看仪式影响个体的行为[2]。因此，本章提出如下假设：

假设 4 观看（vs. 不观看）品牌仪式增强非直接消费者的购买意愿。

好奇感（sense of curiousness）是指易于对新事物产生兴趣的情感，是一种动机、激情和欲望的表现[3]。一些青少年心理学研究指出，好奇感既是驱动青少年表现出偏离行为（如抽烟、喝酒等）的关键机制，也是引导青少年学习过程的情绪和动机[4]。消费心理学中也对好奇感进行了充分的关注，如 Kempf 和 Laczniak 认为超市试吃是激发好奇感的促销手段[5]，Holbrook 和 Hirschman 指出情感消费和象征消费的目的是满足好奇感[6]。甚至，Yi 等通过操控消费者和产品在网络上的完全互动和限制互动（如时间限制）发现，限制互动会引发消费者的好奇感，进而产生更强的

---

[1] A. W. Brooks, J. Schroeder, J. L. Risen, F. Gino, A. D. Galinsky, M. I. Norton and M. E. Schweitzer, "Don't Stop Believing: Rituals Improve Performance by Decreasing Anxiety", *Organizational Behavior and Human Decision Processes*, Vol. 137, 2016, pp. 71–85.

[2] R. Kapitány and M. Nielsen, "Adopting the Ritual Stance: The Role of Opacity and Context in Ritual and Everyday Actions", *Cognition*, Vol. 145, 2015, pp. 13–29.

[3] G. Loewenstein, "The Psychology of Curiosity: A Review and Reinterpretation", *Psychological Bulletin*, Vol. 116, No. 1, 1994, pp. 75–98.

[4] J. Nodora, S. J. Hartman, D. R. Strong, K. Messer, L. E. Vera, M. M. White, D. Portnoy, C. Choiniere, G. Vullo and J. P. Pierce, "Curiosity Predicts Smoking Experimentation Independent of Susceptibility in a US National Sample", *Addictive Behaviors*, Vol. 39, No. 12, 2014, pp. 1695–1700.

[5] D. S. Kempf and R. N. Laczniak, "Advertising's Influence on Subsequent Product Trial Processing", *Journal of Advertising*, Vol. 30, No. 3, 2001, pp. 27–38.

[6] M. B. Holbrook and E. C. Hirschman, "The Experiential Aspects of Consumption: Consumer Fantasies, Feelings, and Fun", *Journal of Consumer Research*, Vol. 9, No. 2, 1982, pp. 132–140.

未来互动意愿①。类似的,非直接消费者在观看品牌仪式时可类比为一种限制互动,会激发非直接消费者的好奇感。综合以上已有研究,本章研究提出:观看品牌仪式会促进非直接消费者的好奇感的产生,进而正向影响未来互动意愿。

假设5 好奇感中介观看(vs. 不观看)品牌仪式对非直接消费者的未来互动意愿的影响。

另外,本章的研究提出内隐仪式重要性(implicit importance of ritual)可能调节观看(vs. 不观看)品牌仪式对非直接消费者的购买意愿的影响。近年来,内隐认知(implicit cognition)引起心理学领域的广泛关注,学者们将其定义为外行人(lay people)在日常生活中经常回答的(即使个体没有意识到),人们对他们所处社会世界朴素的解释,与外显认知(explicit cognition)相对②。在内隐认知概念的基础上,学者们结合具体认知结构,提出了内隐自尊、内隐权力、内隐品牌印象等衍生概念③。学者们对于行动者—观察者偏差的解释也提到,行动者和观察者的差异很大部分来自于世俗朴素认知的不同④。借鉴 Critcher 和 Ferguson 的内隐方法重要性(implicit importance of means)的概念⑤,本章的研究提出内隐仪式重要性(implicit importance of rituals),并将其定义为:人们对于仪式和重要性之间的潜在的、稳定的、无意识的内隐联想,会影响个体对

---

① C. Yi, Z. Jiang and I. Benbasat, "Enticing and Engaging Consumers via Online Product Presentations: The Effects of Restricted Interaction Design", *Journal of Management Information Systems*, Vol. 31, No. 4, 2015, pp. 213 – 242.

② C. S. Dweck, *Self-Theories: Their Role in Motivation, Personality, and Development*, Psychology Press, 2000.

③ R. K. Ditlmann, V. Purdie-Vaughns, J. F. Dovidio and M. J. Naft, "The Implicit Power Motive in Intergroup Dialogues about the History of Slavery", *Journal of Personality and Social Psychology*, Vol. 112, No. 1, 2017, pp. 116 – 135;袁登华、付春江、罗嗣明:《品牌印象形成与改变的双重加工模型检验》,《心理学报》2014年第10期。

④ B. F. Malle, J. M. Knobe and S. E. Nelson, "Actor-observer Asymmetries in Explanations of Behavior: New Answers to an Old Question", *Journal of Personality and Social Psychology*, Vol. 93, No. 4, 2007, pp. 491 – 514.

⑤ C. R. Critcher and M. J. Ferguson, "'Whether I Like It or Not, It's Important': Implicit Importance of Means Predicts Self-Regulatory Persistence and Success", *Journal of Personality and Social Psychology*, Vol. 110, No. 6, 2016, pp. 818 – 839.

观看仪式的态度。并且，相比持有低内隐仪式重要性的个体，持有高内隐仪式重要性的个体会对仪式和重要性的内隐联想更迅速、更直接。由此，持有高内隐仪式重要性的个体（vs. 持有低内隐仪式重要性个体）看到仪式或类似仪式的事物更容易与"重要"这个记忆概念结点关联，从而记忆网络的活跃程度使得其注意力更集中、情感反应更迅速、信息加工更直接。因此，在观看品牌仪式中，相比拥有低内隐仪式重要性的非直接消费者，拥有高内隐仪式重要性的非直接消费者认为仪式对于品牌的价值更重要、意义更强烈，会产生更强的好奇感，进而产生购买意愿。本章提出假设如下：

假设6 内隐仪式重要性正向调节观看（vs. 不观看）品牌仪式与购买意愿的关系。

综上所述，品牌仪式可以对观察型消费者产生吸引作用，其原理在于观察型消费者通过观看参与型消费者使用品牌仪式，产生对品牌仪式的好奇感，进而促进其购买意愿及相关的态度。本章（子研究三）的理论框架见图5—1。本章拟采用2个行为实验，验证品牌仪式（观看 vs. 不观看）对观察型消费者购买意愿的影响效应与机理（实验5—1），以及内隐仪式重要性的调节作用（实验5—2）。

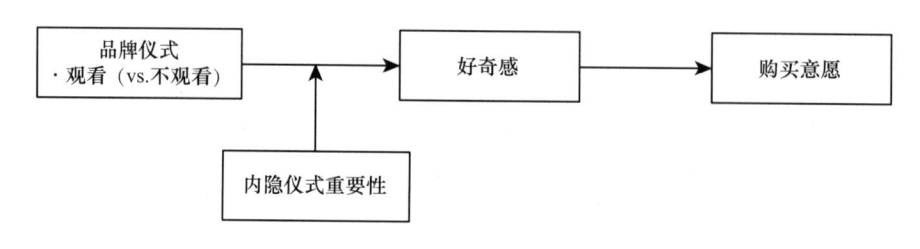

图5—1 本章（子研究三）的理论框架

第三节 品牌仪式预实验2

一 实验设计

预实验的目的是对本章实验中的品牌仪式操纵进行检验。

60名被试（44%女性，$M_{age}=30.02$岁，$SD=6.01$）通过网络调查方式参与了该实验，实验结束后每人获得参与费5元微信现金红包。预实验的实验设计为2（品牌仪式：有 vs. 无）×2（品牌：石之语 vs. 润尔 Nerea）混合因子设计，其中品牌仪式程度因素为组间因子设计，品牌因素为组内因子设计，且对于不同的品牌，品牌仪式有无的材料随机呈现，品牌的呈现按照实验先后顺序。

二 实验流程

被试首先阅读一段实验的引导语，其中要求被试认真、如实、独立地填写问卷。然后被试阅读一段有关目标品牌的介绍，并观看一段品牌仪式或产品试用的视频，观看完毕后被试对品牌介绍中的流程进行有关品牌仪式程度的评价，品牌仪式程度的测量与本章的预实验相同。最后，被试回答性别和年龄的人口统计学信息，领取微信红包后完成整个实验。

三 分析与结果

采用G*Power 3.1软件，选择t检验的均值对比分析，效应量dz为0.5，显著性水平α为0.05，总样本数为60，结果显示统计检验力为0.99，大于最小接受值0.8，因此样本的统计检验力通过。预实验的描述性统计结果如表5—1所示。

表5—1　　　　　　　品牌仪式预实验2描述性统计表

实验	品牌仪式有无组	仪式程度 $M(SD)$	品牌程度 $M(SD)$	品牌仪式程度 $M(SD)$
3—1 石之语	无	2.80 (1.00)	2.96 (1.07)	2.88 (0.99)
	有	4.14 (0.49)	3.98 (0.68)	4.06 (0.47)
3—2 润尔 Nerea	无	2.77 (0.97)	2.93 (0.97)	2.85 (0.94)
	有	4.11 (0.43)	3.97 (0.69)	4.04 (0.43)

对于实验5—1和实验5—2，有品牌仪式组被试感知到的仪式程度、

品牌程度以及品牌仪式程度均显著高于无品牌仪式组被试（实验5—1，$t_{仪}=6.69$，$p<0.001$；$t_{品}=4.46$，$p<0.001$；$t_{品仪}=5.98$，$p<0.001$；实验5—2，$t_{仪}=6.87$，$p<0.001$；$t_{品}=4.76$，$p<0.001$；$t_{品仪}=6.25$，$p<0.001$）。鉴于品牌仪式有无是一种相对状态，以上分析结果表明本章的品牌仪式有无的实验操作成功。

第四节 实验5—1：品牌仪式对观察型消费者的影响

一 实验设计

实验5—1主要有三个研究目的：（1）分析观看（vs.不观看）品牌仪式和购买意愿及相关态度的因果关系；（2）验证好奇感的中介作用；（3）在实验过程中，简单暴露效应（又称为"纯粹接触效应"，mere exposure effect）可能是影响品牌仪式观看与否的直接效应最突出的因素之一[①]。简单暴露效应是指简单的无强化暴露可以提高个体对刺激物的态度，即熟悉导致喜欢[②]。因此，被试在观看品牌仪式的过程中，可能因为对品牌的简单暴露而增强对品牌的正面态度和购买意愿，因此本实验增加一个观看产品的对照组，排除简单暴露效应对实验结果的影响。

112名在校大学生（53%女性，$M_{age}=22.45$岁，$SD=1.86$）参与了该实验，实验结束后每人获得参与费15元人民币现金。所有被试被平均且随机分到3（观看品牌仪式 vs. 观看产品控制组 vs. 等候控制组）组间因子设计中的一组。

实验刺激材料为石头，品牌名为虚拟品牌——石之语。选择石头作为刺激物的原因在于消费者对石头产品的态度较为中性，且为非必要购

[①] 参见 K. D. Vohs, Y. Wang, F. Gino and M. I. Norton, "Rituals Enhance Consumption", *Psychological Science*, Vol. 24, No. 9, 2013, pp. 1714–1721; M. I. Norton and F. Gino, "Rituals Alleviate Grieving for Loved Ones, Lovers, and Lotteries", *Journal of Experimental Psychology: General*, Vol. 143, No. 1, 2014, pp. 266–272.

[②] 立荣、管益杰、王詠：《简单暴露效应的理论模型》，《心理科学进展》2006年第14卷第6期。

买品，更便于探测品牌仪式对购买意愿的作用。石头产品为白色，如图5—2。实验视频为一位男性使用石之语的石头，视频仅能看到使用者的手部（避免人脸对被试产生影响[①]）。

图5—2　实验5—1刺激材料

二　实验流程

实验5—1的流程如图5—3所示。本实验共招募了3名全日制硕士研究生作为实验助手，其中一名为仪式行为扮演者，另外两名负责实验的数据收集工作。正式实验之前，本书作者针对本实验对实验助手进行了培训，数据收集助手做了一对一的实验模拟演练，其目的在于使实验过程标准化，仪式扮演助手进行了多次的仪式操作试验，其目的在于保证仪式试用流程流畅且清晰（采用iPhone7手机进行视频录制）。本实验的事前工作均为了尽量减少主试的个人因素和行为因素对实验效果产生干扰。

首先，被试来到实验室后，由实验助手引导其在等待区域入座，在"知情、自愿参加"的原则下签署实验知情同意书，并要求被试关闭手机。随后，实验助手请被试在实验室外休息等候一分钟，以起到情绪缓

[①] G. J. Gorn, Y. Jiang and G. V. Johar, "Babyfaces, Trait Inferences, and Company Evaluations in a Public Relations Crisis", *Journal of Consumer Research*, Vol. 35, No. 1, 2008, pp. 36–49.

▶ 品牌仪式:形成与效应

冲和认知准备的作用。实验助手引导被试进入实验室,坐在一台呈现着测试说明的电脑前。实验正式开始后,被试首先阅读实验引导语,被试被告知该实验是一个"产品评价实验",然后阅读一段有关石之语公司的介绍。在这则介绍中,石之语公司被描述为一个发展成熟、具有一定市场份额的企业:

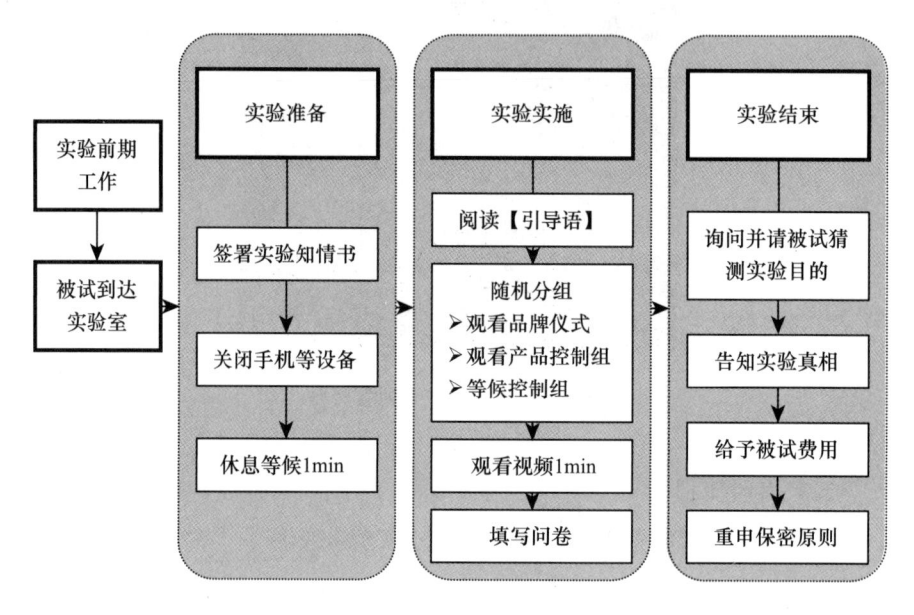

图 5—3　实验 5—1 流程图

石之语有限公司,创于 1970 年台湾,具有中国特色的宝玉石品牌,主要从事宝玉石产品的开发、生产、加工、销售。石之语有限公司是国内宝石玉器行业领先企业,是国内珠宝首饰业具有竞争力和发展潜力的企业。

然后,为了让被试了解石头产品,三组被试将阅读以下一段文字:

石头——一个沉默的物体,虚静山中,藏于土里,人类不知其始,也不知其终,它经历了地球的洪荒年代,走过历史的漫漫长夜,

第五章 外部效应：品牌仪式如何影响观察型消费者？

它吸收了天地日月之精华，所以绚烂瑰丽，彩色缤纷，它具有泥土性，矿物性，自然性。一个石头，一个故事，一段言语。貌似平凡，变幻莫测，造物的第一个奇迹，大自然的唯一依托，人们相信，拥有一颗美好的石头，就是拥有一个美好的梦。

接下来，观看品牌仪式组被试观看一段有关石之语产品的品牌仪式试用流程的视频，视频长达 1 分钟，仪式流程如下：

首先，使用者手握着盒子，右手敲打盒子三次；
打开盒子，拿出石头；
将石头对向镜头，顺时针旋转 3 圈；
停顿 3 秒，逆时针旋转 3 圈；
放回石头，仪式结束。

无观看品牌仪式组被试观看产品使用视频，该视频中产品使用为简单的展示，不包含仪式流程，时长同样 1 分钟，使用流程如下：

首先，使用者手握着盒子；
打开盒子，拿出石头；
将石头对向镜头，展示石头；
放回石头，仪式结束。

等候控制组的被试静候 1 分钟。

然后，被试将在电脑上填写一份问卷。其中，被试先回答购买意愿、未来互动意愿、产品价格、好奇感、涉入度、一般情绪心境的问题。随后，被试被询问是否有佩戴石头类产品（即"请问您是否佩戴过或正在佩戴石头类产品 [如项链、手镯]"），测量对石头类产品的喜爱程度（"请问您喜欢石头类产品的程度是多少"）、了解程度（"请问您了解石头类产品的程度是多少"），所有问项为李克特 7 分量表。最后，被试回答了个人信息，包括年龄和性别。

完成实验后，实验助手请被试猜测该实验的目的。被试回答后，实验助手告诉被试实验真相，并请被试按照实验知情书要求保密，然后被试领取参与费用并离开现场。

三　变量测量

本实验中，购买意愿（Cronbach $\alpha=0.78$）和产品价格估计的测量与实验4—1相同，其余测量如下所述。

未来互动意愿。未来互动意愿采用Batra等的描述[①]，包括三条测项，即"如果石之语公司举行消费者活动，我愿意参加"、"如果石之语公司推出新产品，我愿意去了解"、"我愿意向石之语公司反馈我的意见"，三条问项采用同意程度7分李克特量表，"1"=完全不同意，"7"=完全同意，一致性系数Cronbach α值为0.70。

好奇感。好奇感改编自Yi等与Menon和Soman的测量条目[②]，包括四条问项，即"视频中的产品展示使我很想亲自试用并了解石之语的产品"、"我对试用石之语产品很感兴趣"、"在观看视频中，石之语产品很吸引我"和"我对试用石之语产品很好奇"，问项均采用同意程度7分李克特量表，"1"=完全不同意，"7"=完全同意，一致性系数Cronbach α值为0.94。

涉入度。涉入度采用Wang等的研究[③]，共两条测项，"我在观看视频时注意力集中的程度是"、"我在完成整个实验过程中的投入程度是"，问项均采用同意程度7分李克特量表，"1"=非常低，"7"=非常高，两条问项的相关性系数 r 为0.82。

[①] R. Batra, A. Ahuvia and R. P. Bagozzi, "Brand Love", *Journal of Marketing*, Vol. 76, No. 2, 2012, pp. 1–16.

[②] C. Yi, Z. Jiang and I. Benbasat, "Enticing and Engaging Consumers via Online Product Presentations: The Effects of Restricted Interaction Design", *Journal of Management Information Systems*, Vol. 31, No. 4, 2015, pp. 213–242; S. Menon and D. Soman, "Managing the Power of Curiosity for Effective Web Advertising Strategies", *Journal of Advertising*, Vol. 31, No. 3, 2002, pp. 1–14.

[③] C. Wang, R. J. Zhu and T. C. Handy, "Experiencing Haptic Roughness Promotes Empathy", *Journal of Consumer Psychology*, Vol. 26, No. 3, 2016, pp. 350–362.

一般情绪心境。情绪心境包括三条测项①，采用对称式 7 分李克特量表，$-3 =$ "伤心/消极/沮丧"，$3 =$ "开心/积极/愉悦"，该变量的一致性系数 Cronbach α 值为 0.91。

四 分析与结果

一名被试在问项评价中漏填了问题，因此其数据在后续的分析中被剔除。最后每组被试人数分别为：$N_{ritual} = 36$，$N_{product} = 38$，$N_{wait} = 37$。

为了确定样本数量的可靠性，选择 F 检验，效应量 f 为 0.4，显著性水平 α 为 0.05，总样本数为 111，组数为 3，G * Power 3.1 软件的结果显示检验力为 0.97，大于 0.8，因此本实验样本的统计检验力通过。另外，没有被试猜出本次实验的实验目的。以购买意愿、互动意愿、石头价格估计等分别为因变量，3（观看品牌仪式 vs. 观看产品控制组 vs. 等候控制组）的描述统计结果如表 5—2。

表 5—2　　　　　　　　实验 5—1 描述性统计表

	观看品牌仪式组	观看产品控制组	静候控制组
购买意愿	4.19 (0.84)	3.59 (0.85)	3.26 (1.14)
未来互动意愿	4.37 (1.05)	3.84 (0.83)	3.57 (1.05)
石头价格（元）	34.97 (36.82)	19.84 (26.97)	18.19 (20.56)
好奇感	4.42 (1.19)	3.49 (1.10)	3.56 (1.30)
涉入度	4.55 (1.42)	4.39 (1.27)	4.43 (1.26)
一般情绪心境	-0.01 (1.24)	-0.07 (1.28)	-0.32 (1.23)
佩戴石头产品比例	19% (0.40)	26% (0.45)	22% (0.42)
石头产品喜爱程度	3.97 (1.44)	4.05 (1.64)	3.43 (1.59)
石头产品知识程度	4.69 (1.41)	4.13 (1.40)	4.11 (1.65)

注：表格中数字格式表示 $M(SD)$；虚线上为关键因变量，虚线中为中介变量，虚线下为控制变量。

---

① L. C. Wan and R. S. Wyer, "Consumer Reactions to Attractive Service Providers: Approach or Avoid?" *Journal of Consumer Research*, Vol. 42, No. 4, 2015, pp. 578-595.

（一）购买意愿和未来互动意愿

以购买意愿和未来互动意愿分别为因变量的 3（观看品牌仪式 vs. 观看产品控制组 vs. 等候控制组）方差分析结果如图5—4所示。对于购买意愿，三个组别的主效应显著（$F(2, 108) = 9.00$，$p < 0.001$，$\eta_p^2 = 0.14$）。组间对比显示，相比观看产品控制组和静候控制组，观看品牌仪式组的被试的购买意愿更高（仪式组 vs. 产品组，$F = 9.51$，$p < 0.01$，$\eta_p^2 = 0.12$；仪式组 vs. 静候组，$F = 15.84$，$p < 0.001$，$\eta_p^2 = 0.18$），假设4得到验证。并且，产品控制组和静候控制组之间的购买意愿无显著差异（$F = 1.99$，$p < 0.01$，$\eta_p^2 = 0.12$）。

类似地，自变量对被试的未来互动意愿的主效应也显著（$F(2, 108) = 6.29$，$p < 0.01$，$\eta_p^2 = 0.10$），观看品牌仪式组的被试对产品的未来互动意愿显著高于观看产品组（$F = 5.77$，$p < 0.05$，$\eta_p^2 = 0.07$）和静候控制组（$F = 10.62$，$p < 0.01$，$\eta_p^2 = 0.13$），但产品组和静候组的未来购买意愿没有显著差异（$F = 1.58$，$p = 0.21$，$\eta_p^2 = 0.02$）。

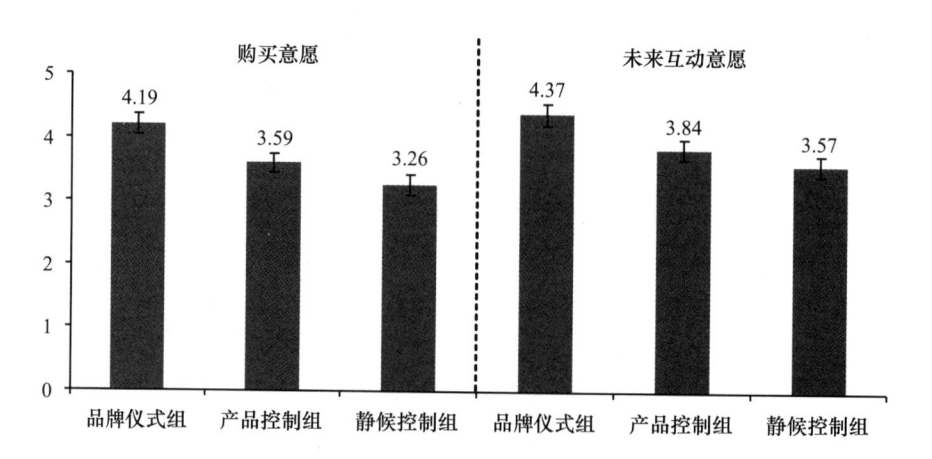

图5—4 观看品牌仪式及其控制组的购买意愿和未来互动意愿（柱状线条表示标准误差）

（二）石头价格估计

以石头价格估计为因变量，3（观看品牌仪式 vs. 观看产品控制组 vs. 等候控制组）单因素方差分析的主效应显著（$F(2, 108) = 3.76$，$p <$

0.05,$\eta_p^2 = 0.07$),结果见图 5—5。组间对比表明,相比观看产品控制组和静候控制组,观看品牌仪式组的被试对石头的价格估计显著更高(仪式组 vs. 产品组,$F = 4.10$,$p < 0.05$,$\eta_p^2 = 0.05$;仪式组 vs. 静候组,$F = 5.82$,$p < 0.05$,$\eta_p^2 = 0.08$),但观看产品控制组和静候控制组对石头的价格估计无显著差异($F < 1$,$p = 0.77$)。

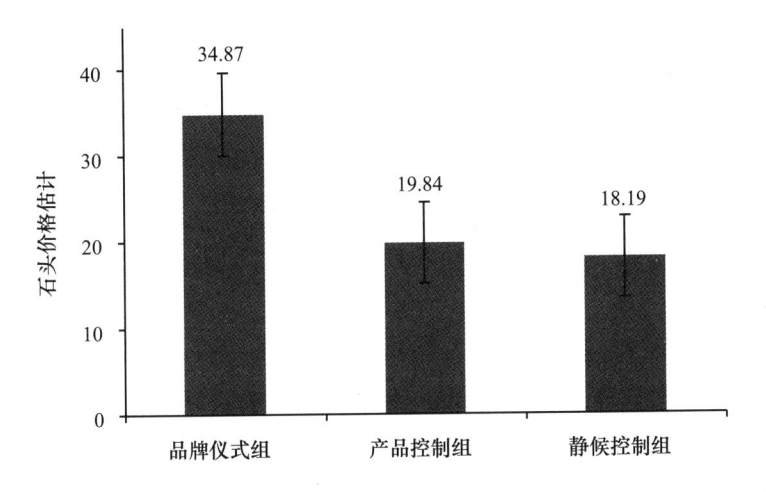

图 5—5 观看品牌仪式及其控制组的石头价格估计(柱状线条表示标准误差)

(三)好奇感的中介作用

首先,本书作者分析了自变量对好奇感的作用。将好奇感作为因变量,3(观看品牌仪式 vs. 观看产品控制组 vs. 等候控制组)单因素方差分析的主效应显著($F(2, 108) = 6.83$,$p < 0.01$,$\eta_p^2 = 0.11$),且观看品牌仪式组的被试的好奇感显著地高于观看产品组($F = 12.21$,$p < 0.01$,$\eta_p^2 = 0.15$)和静候控制组($F = 8.69$,$p < 0.01$,$\eta_p^2 = 0.11$)。

接下来进行偏差修正的 bootstrapping 中介分析(bootstrap 1000 次,model 4),将 3 个实验组编码为虚拟变量(观看品牌仪式 = 3;观看产品 = 2;等候 = 1)并作为自变量,以好奇感作为中介变量,购买意愿为因变量,结果如图 5—6 所示。结果表明,好奇感的中介效应显著(非直接路径效应 = 0.12,$SE = 0.06$,95% CI:[0.0346, 0.2708]),假设 5 得到支持。具体而言,3(观看品牌仪式 vs. 观看产品控制组 vs. 等候控制组）的会降低被试的好奇感（$\beta = 0.43$，$SE = 0.14$，$t = -3.01$，$p < 0.01$），进而好奇感提升被试的购买意愿（$\beta = 0.28$，$SE = 0.07$，$t = 3.92$，$p < 0.001$）。

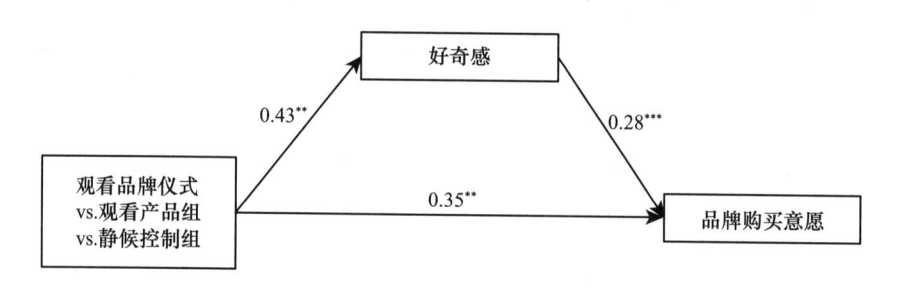

图 5—6　实验 5—1 的 bootstrapping model 4 中介分析
（观看品牌仪式 =3，观看产品 =2，静候 =1；路径系数后的 ** 表示 $p<0.01$，*** 表示 $p<0.001$）

（四）控制变量

本实验还测量了一些控制变量，如涉入度、一般情绪心境、佩戴石头产品比例等。对于参与实验的涉入度，三组被试没有显著性差异（$F<1$，$p=0.88$）；三组被试对石头类产品的喜爱程度（$F=1.73$，$p=0.18$）和知识程度（$F=1.81$，$p=0.17$）均不存在显著差异；卡方检验表明，三组被试是否佩戴石头产品的比例也不存在显著差异（$\chi^2(2)=0.53$，$p=0.77$）。以上结果表明实验的组间基本控制通过。

此外，三组被试的情绪心境水平也不存在显著性差异（$F<1$，$p=0.54$），由此说明（观看品牌仪式 vs. 观看产品控制组 vs. 等候控制组）不会影响被试的情绪，情绪因素不会对实验效果产生干扰。

五　实验小结

实验 5—1 的结果表明：（1）对于观察型消费者，观看品牌仪式可提升其购买意愿及相应态度；（2）好奇感是解释观看品牌仪式影响购买意愿的机理。对于本身价值较低的石头产品，品牌仪式可以作为溢价手段——增加其感知价值，并使得仅观看品牌仪式就可对观察型消费者购买产生积极影响。并且，观看品牌仪式的积极效应超过观看产品。可见，本实验的结果是对上一章结论的再次验证和推进。但是，品牌仪式对非直接消费者的影响存在边界条件，实验5—2将探讨该问题，验证内隐仪式重要性的调节作用。

第五节 实验5—2：内隐仪式重要性的调节作用

一 实验设计

实验5—2主要包括两个研究目的：（1）验证内隐仪式重要性的调节作用。（2）排除图像变化带来的多样性作用。虽然实验5—1增加了一个仅观看产品视频的控制组，排除了简单暴露效应对实验结果的影响，但是观看产品视频控制组和观看品牌仪式组之间存在图像变化的不同，即前者是更加静态的产品展示，而后者包含一系列仪式动作和流程。相关研究表明，多样性会影响个体的情绪和认知[①]。因此，本实验增加一个控制组，该组的视频刺激材料展示了产品试用流程，流程动作与观看品牌仪式组类似，但是这些动作被描述为"任意动作"。

本实验为3（观看品牌仪式 vs. 观看随机动作控制组 vs. 静候控制组）组间因子设计。实验134名在校大学生（57%女性，M_{age} = 22.15岁，SD = 3.02）参与了该实验，实验结束后每人获得参与费现金20元人民币。所有被试平均且随机分到3个实验组。

实验产品为矿泉水，品牌名称为润尔Nerea，该品牌为一个真实的意大利品牌，在中国知名度较低。本实验的视频仍采用男性进行产品使用和仪式展示，视频采用iPhone7手机进行录制。

二 实验流程

实验5—2在实验5—1的流程基础上，增加了一项单类别内隐联想测

[①] J. Etkin and C. Mogilner, "Does Variety among Activities Increase Happiness?" *Journal of Consumer Research*, Vol. 43, No. 2, 2016, pp. 210–229.

验（single category Implicit Association Test）①，如图5—7所示。本实验共招募了2名全日制硕士研究生作为实验助手，实验助手负责实验的数据收集工作。正式实验之前，本书作者针对本实验对实验助手进行了培训，做了一对一的实验模拟演练，其目的在于使实验过程标准化。本实验的事前工作均为了尽量减少主试的个人因素和行为因素对实验效果产生干扰。

首先，被试来到实验室后，由实验助手引导其在等待区域入座，在"知情、自愿参加"的原则下签署实验知情同意书，并要求被试关闭手机。随后，实验助手请被试在实验室外休息等候一分钟，以起到情绪缓冲和认知准备的作用。实验助手引导被试进入实验室，坐在一台呈现着测试说明的电脑前。实验正式开始后，被试首先阅读实验引导语，被试被告知该实验是包含两个独立部分，第一部分是一个心理测试，第二部分是一个产品评价实验。

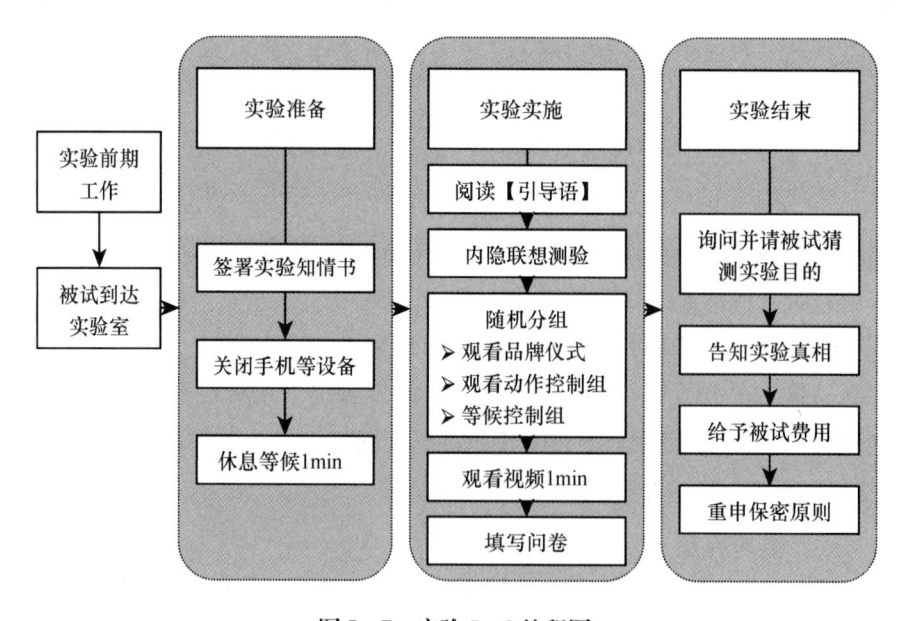

图5—7 实验5—2流程图

---

① A. G. Greenwald, D. E. McGhee and J. L. Schwartz, "Measuring Individual Differences in Implicit Cognition: The Implicit Association Test", *Journal of Personality and Social Psychology*, Vol. 74, No. 6, 1998, pp. 1464–1480.

第五章 外部效应:品牌仪式如何影响观察型消费者?

在第一部分的实验中,被试先进行一个单类别内隐联想测验,该测验采用 E-prime 程序设计,用以测量被试的内隐仪式重要性。

然后被试进入第二部分的实验,被试阅读一段有关润尔 Nerea 矿泉水公司的介绍,在这则介绍中,润尔公司被描述为一个发展成熟、具有一定市场份额的企业:

> 润尔 Nerea 矿泉水公司,坐落于意大利的国家公园西比里尼的中心地区,环境天然,没有受到任何污染。润尔水就是取自国家公园内的天然泉水,在意大利乃至欧洲都有较高知名度。由于是取自天然泉水,每年只能是间歇性生产,因此产量有限。润尔 Nerea 矿泉水公司保证:绝对不会因为市场的需求,而改变水源。

接下来,观看品牌仪式组被试观看一段有关润尔 Nerea 矿泉水试用视频,并被告知这是一段润尔饮用仪式的视频,视频时长约 30 秒,仪式流程如下:

> 首先,使用者手拿出一个玻璃杯;
> 将润尔矿泉水缓缓倒入玻璃杯,满一半后停止;
> 等待 3 秒,缓缓倒满玻璃杯;
> 用右手无名指沾一点矿泉水,洒在空中;使用者喝光玻璃杯中的矿泉水。

观看随机动作组的被试观看一段有关润尔 Nerea 矿泉水试用视频,并被告知这是一段一位消费者饮用润尔矿泉水的视频,时长同样约为 30 秒,流程如下:

> 首先,使用者手拿出一个玻璃杯;
> 将润尔矿泉水缓缓倒满玻璃杯;
> 等待 3 秒后,使用者喝光玻璃杯中的矿泉水。

等候控制组的被试静候 30 秒。

然后,被试将在电脑上填写一份问卷。其中,被试先回答购买意愿、未来互动意愿、好奇感、涉入度、一般情绪心境的问题。随后,被试被询问一些日常的习惯,包括对矿泉水产品的了解程度("请问您了解矿泉水产品的程度是多少")、日常仪式化程度("请问您平时进行仪式化行为的频率是"),所有问项为李克特 7 分量表,1 = "非常低",7 = "非常高"。最后,被试回答年龄和性别的个人信息。

完成实验后,实验助手请被试猜测该实验目的。被试回答后,实验助手告知真相,并请被试按照实验知情书要求保密,然后被试领取参与费用并离开现场。

三 变量测量

实验 5—2 在前一个实验的基础上,增加了内隐仪式重要性的测量。内隐联想测验以反应时为测量指标,通过测量概念词和属性词的自动化联系强度而实现对内隐态度的测量。程序中表示仪式的概念词:仪式、礼仪、规矩、程序、步骤、典礼、礼节、规则、原则;表示重要的属性词:重要、关键、有意义、主要、必要,表示不重要的属性词:琐碎、无意义、细小、微弱、轻微。第一部分要求被试对属性词进行判断归类并按键反应,"重要"的刺激按 Q 键反应,"不重要"的刺激按 P 键反应;第二部分对概念词和属性词进行联系刺激辨别,即把属于"仪式"或"重要"的刺激均按 Q 键反应,其他刺激均按 P 键反应;第三部分是第一部分的反转,即"不重要"的刺激按 Q 键反应,"重要"的刺激按 P 键反应;第四部分是第二部分的反转,即把属于"仪式"或"重要"的刺激均按 P 键反应,其他刺激均按 Q 键反应。为了消除实验中可能存在的顺序效应(order effect),实验中一半被试先进行第三和第四部分判断然后再进行第一和第二部分。

四 分析与结果

剔除单类别内隐联想测验中错误率超过 20% 和反应时超过 1000ms 的 4 位被试数据,最后每组被试人数分别为:$N_{ritual} = 44$,$N_{gesture} = 44$,$N_{wait} =$

42。为了确定样本数量的可靠性,本次实验采用 G * Power 3.1 软件计算样本的统计检验力。选择 F 检验,效应量 f 为 0.25,显著性水平 α 为 0.05,总样本数为 130,组数为 3,结果显示样本的统计检验力为 0.81,大于 0.8,因此本实验样本的统计检验力通过。另外,没有被试猜出本次实验的实验目的。

依照 Greenwald 等的研究,本次实验使用差异分数算法(D-score algorithm)计算内隐仪式重要性的水平指标[①],即第二部分(即相容部分)和第四部分(即不相容部分)平均反应时之差除以这两部分所有反应时的标准差。

表 5—3　　　　　　　　实验 5—2 变量相关表

变量	均值(标准差)	IIR	购买意愿	互动意愿	价格估计	好奇感	涉入度
IIR	0.51 (0.18)						
购买意愿	4.43 (1.39)	0.27**					
互动意愿	4.08 (1.14)	0.05	0.43**				
价格估计	5.29 (3.45)	0.02	0.11	0.02			
好奇感	4.21 (1.20)	0.17	0.77**	0.40**	0.10		
涉入度	4.98 (1.23)	0.28**	0.80**	0.30**	-0.02	0.61**	
情绪心境	1.13 (1.21)	-0.09	0.16	-0.10	0.02	0.11	0.07

注:** $p < 0.01$,* $p < 0.05$;IIR 指内隐联想重要性。

各变量的描述性统计及其相关性如表 5—3。其中,内隐联想重要性与购买意愿($r = 0.27$,$p < 0.01$)和涉入度($r = 0.28$,$p < 0.01$)均正相关;购买意愿和互动意愿($r = 0.43$,$p < 0.01$)、好奇感($r = 0.77$,$p < 0.01$)和涉入度($r = 0.80$,$p < 0.01$)正相关;互动意愿和好奇感($r = 0.40$,$p < 0.01$)和涉入度($r = 0.30$,$p < 0.01$)分别正相关;好奇感和涉入度也正相关($r = 0.61$,$p < 0.01$)。

[①] A. G. Greenwald, D. E. McGhee and J. L. Schwartz, "Measuring Individual Differences in Implicit Cognition: The Implicit Association Test", *Journal of Personality and Social Psychology*, Vol. 74, No. 6, 1998, pp. 1464-1480.

对于购买意愿、石头价格估计等关键考察变量,三个实验组的描述统计结果如表 5—4。另外,将购买意愿、价格估计和好奇感作为因变量,实验组变量、内隐仪式重要性为自变量及两者的交互项为自变量的回归分析如表 5—5。

表 5—4　　　　　　　　实验 5—2 描述性统计表

	观看品牌仪式组	观看随机动作控制组	静候控制组
购买意愿	4.93 (1.39)	4.33 (1.39)	4.01 (1.25)
未来互动意愿	4.48 (0.95)	3.93 (1.15)	3.83 (1.22)
石头价格(元)	6.55 (3.84)	4.82 (3.08)	4.46 (3.07)
好奇感	4.72 (1.18)	4.11 (1.15)	3.78 (1.11)
涉入度	5.22 (1.36)	4.94 (1.19)	4.76 (1.11)
一般情绪心境	1.22 (1.08)	1.29 (1.17)	0.87 (1.36)
产品熟悉程度	3.45 (1.91)	3.05 (1.93)	3.19 (1.64)
日常仪式化程度	4.75 (1.69)	5.11 (1.30)	4.86 (1.20)

注:表格中数字格式表示 $M(SD)$;虚线上为关键因变量,虚线中为中介变量,虚线下为控制变量。

表 5—5　　　　　　　　实验 5—2 的回归数据结果

变量	购买意愿			矿泉水价格估计		好奇感	
	模型 1.1	模型 1.2	模型 1.3	模型 2.1	模型 2.2	模型 3.1	模型 3.2
截距	3.48***	1.63	0.44	7.00***	2.75	4.30***	2.66**
实验组	0.40**	0.49	1.17†	1.02**	1.03	0.44**	0.36
内隐仪式重要性	2.26**	5.68***	5.71***	0.23	8.13†	1.09†	4.13**
日常仪式化程度	0.03	0.05	0.30	−0.06	−0.02	−0.00	0.02
产品熟悉程度	0.13*	0.13†	0.12†	0.15	0.14	0.07	0.06
实验组 × 内隐仪式		1.74*	1.73*		4.02*		1.55*
实验组 × 日常仪式		×	0.14		×		×
df	125	124	123	125	124	125	124
F 值	6.38***	6.42***	5.75***	2.26†	4.27*	4.70**	5.70***

续表

变量	购买意愿			矿泉水价格估计		好奇感	
	模型1.1	模型1.2	模型1.3	模型2.1	模型2.2	模型3.1	模型3.2
R^2	0.07	0.21	0.22	0.07	0.10	0.13	0.17
ΔR^2		0.14*	0.01		0.03*		0.04*

注：*** $p<0.001$，** $p<0.01$，* $p<0.05$，† $p<0.1$，表中为非标准化回归系数。

（一）购买意愿

将购买意愿作为因变量，实验组转为虚拟变量（观看品牌仪式组＝3，观看随机动作组＝2，静候控制组＝1），模型1.1中实验组变量和内隐仪式重要性为自变量，模型1.2加入两者的交互项，产品熟悉程度和平日购买频率作为两个模型的控制变量①，进行回归分析。结果表明，模型1.1回归模型显著（$R^2=0.17$，$F(4,125)=6.38$，$p<0.001$）。实验组正向预测购买意愿（$\beta=0.40$，$p<0.01$），即相比观看随机动作控制组和静候控制组，观看品牌仪式组被试的购买意愿更高（品牌仪式组 vs. 随机动作组，$t=2.05$，$p<0.05$；品牌仪式组 vs. 静候组，$t=3.24$，$p<0.01$）；内隐仪式重要性显著正向预测购买意愿（$\beta=2.26$，$p<0.01$）。模型1.2加入实验组变量和内隐仪式重要性的交互项后，模型对购买意愿的解释量显著提升（$\Delta R^2=0.17$，$p<0.05$）。内隐仪式重要性对购买意愿的正向预测作用仍显著（$\beta=5.68$，$p<0.001$），实验组对购买意愿的效应消失（$\beta=0.49$，$p=0.22$），但两者的交互效应正向影响购买意愿（$\beta=1.74$，$p<0.05$），即内隐仪式重要性正向调节实验组对购买意愿的影响。

为了剖析内隐仪式重要性的具体效应，本实验采用 $M\pm SD$ 的方式进行连续变量分界点，进行了简单斜率分析（simple slope analyeses），结果如图5—8。对于具有高内隐仪式重要性的被试（$M+SD$），观看品牌

---

① 回归分析中未将被试的情绪心境和涉入度作为控制变量，原因在于这两项均为实验的后测项，是由实验组设计引起的差异，而非像产品熟悉程度和平日购买频率属于个体稳定因素，因此本实验分析仅对情绪心境和涉入度进行了组间水平的操控检验。

仪式比观看产品试用更能提升被试的购买意愿（$\beta = 1.11$，$t = 2.69$，$p < 0.001$），但观看产品试用和静候等待的购买意愿无显著差异（$\beta = -0.39$，$t = -0.94$，$p = 0.35$）。然而，对于具有低内隐仪式重要性被试（$M - SD$）的购买意愿，观看品牌仪式和观看产品试用（$\beta = 0.05$，$t = 0.13$，$p = 0.90$）或与静候等待（$\beta = -0.30$，$t = -0.73$，$p = 0.47$）均无显著差异。

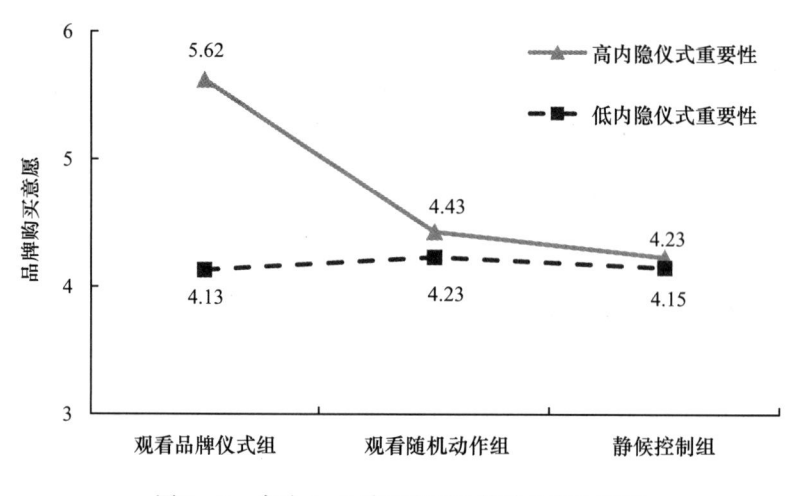

图 5—8 实验 5—2 购买意愿的简单效应分析图

（二）内隐仪式重要性 vs. 外显仪式重要性

此外，为了突出内隐仪式重要性的关键作用，本章的研究还测量了个人的日常仪式化行为程度，以此为外显仪式重要性的指标，并对比外显仪式重要性和内隐仪式重要性的调节效应差异。

见表 5—5 的模型 1.3，以购买意愿为因变量，在模型 1.2 的自变量基础上，加入实验组哑变量和外显仪式重要性的交互项，进行回归分析。结果表明，模型 1.3 回归模型显著（$R^2 = 0.22$，$F(6, 123) = 5.75$，$p < 0.001$），但相较于模型 1.2，模型拟合度并未显著提升（$\Delta R^2 = 0.01$，$p = 0.15$）。具体而言，实验组变量和内隐仪式重要性均正向预测购买意愿（实验组，$\beta = 1.17$，$p < 0.1$；内隐仪式重要性，$\beta = 5.71$，$p < 0.001$），但外显仪式重要性对购买意愿无显著效应（$\beta = 0.30$，$p = $

0.12）；实验组变量和内隐仪式重要性的交互项正向影响购买意愿（$\beta = 1.73$，$p < 0.05$），而实验组变量和外显仪式重要性交互项则不显著（$\beta = 0.14$，$p = 0.15$）。由于实验组变量和外显仪式重要性的交互项不显著，本章未继续进行外显仪式重要性的简单斜率分析。从以上结果可知，个体的外显仪式重要性并不会影响是否观看品牌仪式对购买意愿的作用，而内隐仪式重要性才是关键的预测因素。该结论进一步验证了 Critcher 和 Ferguson 的发现[①]。

（三）矿泉水价格估计

类似地，以矿泉水价格估计为因变量，模型 2.1 中实验组变量和内隐仪式重要性为自变量，模型 2.2 加入两者的交互项，产品熟悉程度和平日购买频率作为两个模型的控制变量。如表 5—4，模型 2.1 结果表明，实验组负向预测价格估计（$\beta = -1.02$，$p < 0.01$）。独立样本 t 检验表明，相比观看随机动作控制组和静候控制组，观看品牌仪式组被试的价格估计更高（品牌仪式组 vs. 随机动作组，$t = 2.34$，$p < 0.05$；品牌仪式组 vs. 静候组，$t = 2.78$，$p < 0.01$）。

模型 2.2 加入实验组变量和内隐仪式重要性的交互项后，模型对矿泉水价格估计的解释量显著提升（$\Delta R^2 = 0.06$，$p < 0.05$）。内隐仪式重要性对价格估计的正向预测作用变得显著（$\beta = 8.13$，$p < 0.1$），交互项负向影响价格估计（$\beta = -4.02$，$p < 0.05$）。

简单斜率分析的结果如图 5—9。对于具有高内隐仪式重要性的被试（$M + SD$），观看品牌仪式比观看产品试用更能提升被试对矿泉水的价格估计水平（$\beta = -2.31$，$t = -2.06$，$p < 0.05$），但观看产品试用和静候等待的估计价格无显著差异（$\beta = -1.21$，$t = -1.26$，$p = 0.21$）。然而，对于具有低内隐仪式重要性被试（$M - SD$）的价格估计水平，观看品牌仪式和观看产品试用（$\beta = -0.96$，$t = -0.90$，$p = 0.37$）或与静候等待（$\beta = 0.29$，$t = 0.30$，$p = 0.77$）均无显著差异。

[①] C. R. Critcher and M. J. Ferguson, "'Whether I Like It or Not, It's Important': Implicit Importance of Means Predicts Self-Regulatory Persistence and Success", *Journal of Personality and Social Psychology*, Vol. 110, No. 6, 2016, pp. 818–839.

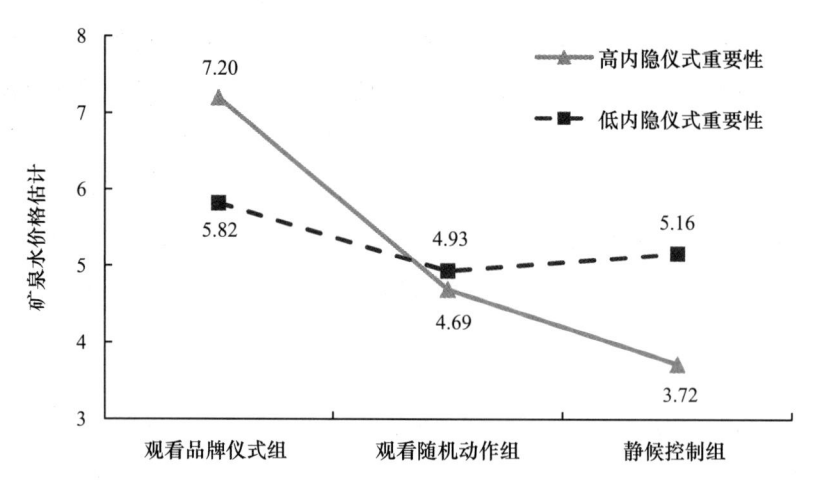

图5—9 实验5—2矿泉水价格估计的简单效应分析图

(四) 好奇感的中介作用

如表5—4，模型3.1结果表明，实验组负向预测被试的好奇感（$\beta = -0.44$，$p < 0.01$），内隐仪式重要性与好奇感呈边缘显著性正相关（$\beta = 1.09$，$p < 0.1$）。模型3.2加入实验组变量和内隐仪式重要性的交互项后，模型对好奇感的解释量显著提升（$\Delta R^2 = 0.04$，$p < 0.05$）。内隐仪式重要性正向预测好奇感（$\beta = 4.13$，$p < 0.01$），交互项负向影响购买意愿（$\beta = -1.55$，$p < 0.05$）。

为了验证好奇感的中介作用，本实验采用偏差修正的bootstrapping中介分析（bootstrap 1000次，model 8），实验组为自变量、内隐仪式重要性为调节变量、购买意愿为因变量，结果如图5—10所示。结果表明，好奇感中介实验组和内隐仪式重要性的交互项对购买意愿的影响（非直接路径效应 = 4.13，$SE = 0.55$，95% CI：[-2.4487, -0.2614]）。并且，当内隐仪式重要性为高水平（$M + SD$）时，好奇感对实验组影响购买意愿的中介效应显著（非直接路径效应 = 0.69，$SE = -0.61$，95% CI：[-0.9378, -0.3069]）；当内隐仪式重要性为中等水平（M）时，好奇感的中介效应同样显著（非直接路径效应 = 0.51，$SE = -0.38$，95% CI：[-0.5983, -0.1684]）；而当内隐仪式重要性为低等水平（$M - SD$）时，好奇感的非直接效应不显著（非直接路径效应 = 0.33，$SE = -0.14$，

第五章 外部效应：品牌仪式如何影响观察型消费者？

95% CI：[-0.4103, 0.1410]）。该结果表明，好奇感是实验组（观看品牌仪式 vs. 观看动作组 vs. 静候控制组）影响购买意愿的被内隐仪式重要性调节的中介。

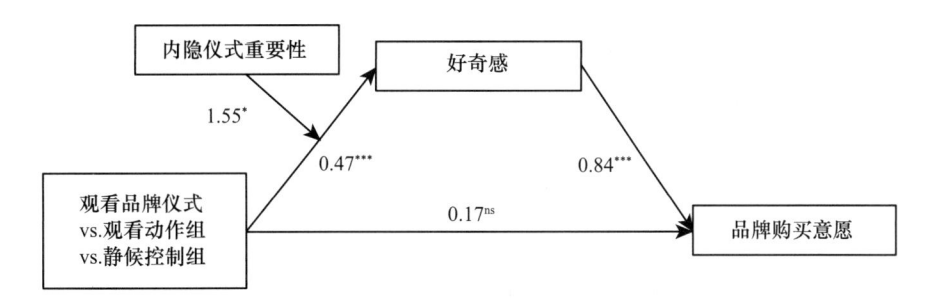

图 5—10　实验 5—2 的 bootstrapping model 8 中介分析

（观看品牌仪式 =3，观看随机动作 =2，静候 =1；路径系数后的 ns 表示 $p>0.05$，
* 表示 $p<0.05$，*** 表示 $p<0.001$）

（五）控制变量

此外，本实验还测量了一些控制变量，如涉入度、一般情绪心境等。对于参与实验的涉入度，三组被试没有显著性差异（$F=1.53$，$p=0.22$）；三组被试的情绪心境水平也不存在显著性差异（$F=1.45$，$p=0.24$），由此说明实验组设计（观看品牌仪式 vs. 观看产品控制组 vs. 等候控制组）不会影响被试的涉入度和基础情绪，涉入度和情绪因素不会对实验效果产生干扰。此外，三组被试对矿泉水产品的了解程度（$F<1$，$p=0.57$）不存在显著差异。以上结果表明实验的组间基本控制通过。

五　实验小结

实验 5—2 在实验 5—1 的基础上，将实验刺激材料换为矿泉水，采用一个真实但熟悉度较低的品牌，通过首先用 E-prime 测试被试的内隐仪式重要性，然后让被试观看一段视频操控观看品牌仪式及其控制组，以此检验了观看品牌仪式对品牌购买意愿的影响是否受到内隐仪式重要性的调节。结果发现，（1）内隐仪式重要性调节观看品牌仪式（vs. 观看随机动作组 vs. 静候控制组）对购买意愿的影响，且相比低内隐仪式重要性，高内隐仪式重要性可以提升观看品牌仪式与其他控制组在购买意愿上的差异,假设 6 得到验证。(2) 好奇感中介观看品牌仪式和内隐仪式重要性的交互作用对购买意愿的影响,即内隐仪式重要性通过调节观看品牌仪式对好奇感的影响,进而影响购买意愿,假设 5 再次得到支持。最后,实验 5—2 设置了观看随机动作组,排除图像和动作的多样性对被试的影响,进一步巩固了本章的研究结论。

第六节 讨论

对于观察型消费者,品牌仪式是否可以形成影响其购买意愿的外部效应?为了探讨这一问题,本章共进行了两个递进的实验,通过更换产品类型、品牌名称、仪式材料等,探讨了观看品牌仪式对观察型消费者的影响效应及其机制。本章主要发现了:(1) 相比控制组(包括静候等待和观看产品),观看品牌仪式可以显著提升消费者的购买意愿和未来互动意愿,甚至估计产品的价格;(2) 好奇感是解释外部效应的关键机理,即观看品牌仪式可以引发消费者对产品或品牌的好奇,进而提升其购买意愿和相关态度;(3) 内隐仪式重要性可以改观看品牌仪式对购买意愿的影响,对于高内隐仪式重要性的消费者,观看品牌仪式对购买意愿的影响更明显。换言之,对于相信仪式具有重要性的消费者,他们看到品牌仪式可以产生更加积极的购买态度,该结论与 Rook 的仪式文化来源论——仪式是已有经验和知识的结合[1]保持一致。另外,本章的研究既通过实验组设计排除了简单暴露效应和图像多样性的影响,也通过测量情绪、已有知识等方式控制了该类因素的影响。

重要的是,本章的结论对相关理论领域做出了一定贡献。首先,本章的研究首次关注到品牌仪式对观察型消费者的影响,从外部性视角考察品牌仪式的全面作用,确立并验证了品牌仪式的外部效应,加深了学界对品牌仪式的认识。外部性概念起源于经济学领域,指个体的行为会

---

[1] D. W. Rook, "The Ritual Dimension of Consumer Behavior", *Journal of Consumer Research*, Vol. 12, No. 3, 1985, pp. 251–264.

第五章 外部效应：品牌仪式如何影响观察型消费者？

影响到他人的反应，但并不承担相应义务或获得回报，亦可称为外部效应或溢出效应（spillover effect）。由于营销活动充斥着各种互动和人际影响，学者们揭示了诸多营销中的外部效应，如 Simonin 和 Ruth 发现，品牌联合中消费者对不同品牌的态度存在外部效应[①]。然而对于品牌仪式，以往的研究对其认识仅停留在概念解释阶段，还未关注到其外部效应。甚至对于仪式，学者们也仅探讨了其对反对者的影响。Otnes 等指出，营销仪式（包括品牌仪式、服务仪式等与营销相关的仪式）不仅会对直接消费者产生影响，还会对其他参与对象产生外部效应，如观察型消费者和员工等，且该类研究更具有研究意义[②]。本章的研究实践了 Otnes 等的提议，分析了品牌仪式对非直接消费者的影响，既拓展了品牌仪式的影响效应，也对仪式研究有所启示。

其次，本章在内隐社会认知角度的基础上，结合仪式构念内涵，提出了一个新的概念——内隐仪式重要性。内隐认知是人们对他们所处社会世界朴素的解释，即使他们并没有意识到。外显认知则是个体对自己的意识性的、推理性的评价；与之相对，内隐认知是个体在评价事物时的一种态度表现，这种态度无法通过内省方式被察觉，是无意识、相对不受控制的自我联系。凭借着对社会刻板印象、偏见、组织关系等变量强有力的预测性，内隐认知研究已成为社会心理学研究的热点。借鉴 Critcher 和 Ferguson 提出的"内隐方法重要性"概念，本章提出了内隐仪式重要性，描述了个体对仪式重要性程度的内隐认知，并进一步地揭示且确认了内隐仪式重要性对品牌仪式影响非直接消费者态度的作用。结合本章（子研究三）和上一章（子研究二）——品牌仪式的"双刃剑"效应中的数据，虽然子研究二中的三个实验均采用外显的方式测量了仪式参与习惯，但是数据结果并未发现外显仪式习惯的调节作用，由此呼应了 Critcher 和 Ferguson 的研究结论——内隐认知比外显认知对个体行为

[①] B. L. Simonin and J. A. Ruth, "Is a Company Known by the Company It Keeps? Assessing the Spillover Effects of Brand Alliances on Consumer Brand Attitudes", *Journal of Marketing Research*, Vol. 35, 1998, pp. 30–42.

[②] C. C. Otnes, B. E. Ilhan and A. Kulkarni, "The Language of Marketplace Rituals: Implications for Customer Experience Management", *Journal of Retailing*, Vol. 88, No. 3, 2012, pp. 367–383.

更具有预测性。纵观仪式研究,本书乃首次将内隐认知与仪式概念联系,有效地推动了内隐认知研究的发展。

最后,本章的结论还对行动者——观察者偏差效应研究有所启示。在社会心理学领域,行动者——观察者偏差效应是最经典的理论之一。然而,一些研究对这个经典的效应发起了挑战,如 Malle(2006)对 173 篇有关行动者——观察者偏差的研究进行元分析(meta-analysis)发现,行动者和观察者差异结果的效应量仅为 $d = -0.016—0.095$,且仅当行动者具有积极特质、假设事件被解释、行动者和观察者关系亲密以及解释无固定选项时,该效应才会产生[1]。后来,Malle 等在其另一项研究中对元分析的结果进行了解释,指出行动者——观察者偏差效应具有强烈的情境依赖性,并非所有情境都会产生该效应[2]。Mitkidis 等立足于仪式中的行动者—观察者问题,指出宗教仪式对观察者的威慑作用甚至强于其对参与者。与该研究结果呼应,本章通过分析品牌仪式对非直接消费者的影响,验证了行动者——观察者偏差效应在品牌仪式情境成立的可行性,为未来相关研究提供了基础启示。

---

[1] B. F. Malle, "The Actor-observer Asymmetry in Attribution: A (Surprising) Meta-Analysis", *Psychological Bulletin*, Vol. 132, No. 6, 2006, pp. 895–919.

[2] B. F. Malle, J. M. Knobe and S. E. Nelson, "Actor-observer Asymmetries in Explanations of Behavior: New Answers to an Old Question", *Journal of Personality and Social Psychology*, Vol. 93, No. 4, 2007, pp. 491–514.

第 六 章

挽回效应：品牌仪式如何
影响品牌危机？

第一节 研究目的

史蒂文·芬克有言，"危机对企业、就如死亡对人类一样不可避免……只有做好应对危机，才有力量与命运周旋"。品牌危机（brand crisis）指品牌做出违背消费者期望的事件所引发的危机，从而威胁消费者感知品牌提供预期利益的能力[1]。在品牌危机的修复中，企业所采取的正式的和非正式的仪式行为更是随处可见[2]。例如，瘦肉精事件发生后，双汇集团董事长在"万人职工大会"上公开向消费者鞠躬致歉，并宣读了六项整顿举措，大会结尾还出现了高喊"双汇万岁"等口号的仪式化场面。从理论角度，仪式互动既是形成品牌与消费者积极关系的关键路径[3]，又是导致消费者和企业冲突的形成路径之一[4]。因此，本章的出发

---

[1] 卫海英：《品牌危机管理：基于品牌关系视角的研究》，暨南大学出版社2011年版；N. Dawar and J. Lei, "Brand Crises: The Roles of Brand Familiarity and Crisis Relevance in Determining the Impact on Brand Evaluations", *Journal of Business Research*, Vol. 62, No. 4, 2009, pp. 509–516.

[2] 卫海英、骆紫薇：《中国的服务企业如何与顾客建立长期关系？——企业互动导向、变革型领导和员工互动响应对中国式顾客关系的双驱动模型》，《管理世界》2014年第1期。

[3] 卫海英、骆紫薇：《社会互动中的品牌至爱生成机制——基于释义学的研究》，《中国工业经济》2012年第11期。

[4] 卫海英、李清、杨德锋：《品牌危机中社会关系冲突的动态演化机理——基于解释学的研究》，《中国工业经济》2015年第11期。

点在于探索如何有效地采用品牌仪式，或者说，何种品牌仪式对品牌危机后消费者购买意愿更有效？

在品牌危机的情境背景下，品牌仪式有着特殊的内容结构。Collins 的互动仪式链理论指出，进入互动仪式包含四个方面的要素：现场聚集、符号资本、相互关注和情感能量。品牌仪式的四个进入要素中，现场聚集和相互关注是互动的自然形成要素，符号资本和情感能量是决定品牌仪式效果的最重要的两种资源。因此，本章将品牌危机情境中的品牌仪式分为两个维度：一是代表符号资本的仪式行为，二是情感能量，代表企业对于危机修复的情感持续表达。本章拟采用 Puzakova 等对仪式行为的分类——赔偿、道歉和否认[1]，仅对比道歉和赔偿两种互动行为，原因在于：品牌危机修复策略的已有研究认为否认是对事实的逃避，且不管在何种危机情境下它的修复效果都是最差的[2]，所以在本章的研究中不考虑否认。情感能量作为一种经验变量，属于个体模式，本章进一步将其分为高低两种情况。本章将首次引入互动仪式链理论中的互动仪式来探讨品牌危机的修复，主要探讨互动仪式挽回消费者的机理，以及不同品牌危机情境下的互动仪式对再购买意愿的影响。

第二节　文献回顾与研究假设

一　品牌危机分类及其修复效果

学界普遍采用 Dutta 和 Pullig 对品牌危机的分类[3]，包括与绩效相关

---

[1] M. Puzakova, H. Kwak and J. F. Rocereto, "When Humanizing Brands Goes Wrong: The Detrimental Effect of Brand Anthropomorphization Amid Product Wrongdoings", *Journal of Marketing*, Vol. 77, No. 3, 2013, pp. 81 – 100.

[2] M. Puzakova, H. Kwak and J. F. Rocereto, "When Humanizing Brands Goes Wrong: The Detrimental Effect of Brand Anthropomorphization Amid Product Wrongdoings", *Journal of Marketing*, Vol. 77, No. 3, 2013, pp. 81 – 100.

[3] S. Dutta and C. Pullig, "Effectiveness of Corporate Responses to Brand Crises: The Role of Crisis Type and Response Strategies", *Journal of Business Research*, Vol. 64, No. 12, 2011, pp. 1281 – 1287; H. Wei and Y. Ran, "Male Versus Female: How the Gender of Apologizers Influences Consumer Forgiveness", *Journal of Business Ethics*, 2017, doi: 10.1007/s10551 – 017 – 3440 – 7.

的品牌危机（performance-related brand crisis）和与价值观相关的品牌危机（value-related brand crisis）两类，前者是指企业的产品可能造成或已造成重大伤害的事件被曝光，后者是指与企业的社会形象或伦理表现有关的负面事件被曝光。但该分类是基于西方文化，而中国消费者的价值理念与西方消费者有所不同，因此本章基于中国传统文化对品牌危机类型进行了重新诠释。

中国几千年来源远流长的文化造就了消费者对于企业特殊的价值观，其中"信"和"义"是最重要的两点[①]。"信"表示诚信，是商德中的第一位，其中包括：交易公平、童叟无欺、和气生财等，中国的一些广为流传的传统古话等都反映了中国消费者重视企业的诚信，如"买卖不成仁义在"、"君子爱财，取之有道"、"诚交天下客，誉从信中来"。对于义与利的关系，中国传统文化首先主张"义以生利"、"以义取利"、"见利思义"等，而不能"见利忘义"。可见中国消费者特别关注企业的诚信（即"信"）和道德（即"义"），因此，品牌危机在深层次上破坏的是消费者对企业的信任。Votola和Unnava从信任角度将负面曝光事件分为与能力相关和与道德相关两类事件[②]。本书作者在此分类的基础上，以中国"以德为先、以信为重"的价值体系为背景，将品牌危机分为能力缺失型和诚信违背型两类。能力缺失型品牌危机是指企业缺乏满足消费者核心需要所应具备的技巧和能力，诚信违背型品牌危机是指企业违反了消费者整体认可的社会价值观和商业道德。

能力缺失型和诚信违背型分类并非绝对二分法的情况。纵观近几年发生在中国的品牌负面事件，可以发现，多数事件涉及产品问题又涉及道德问题。当品牌危机涉及更多的能力缺失原因，此类危机就属于能力缺失型；当品牌危机涉及更多的诚信缺失原因，则属于诚信缺失型。

二 修复危机的品牌仪式

品牌危机修复过程从组成形式和长期效果两方面都符合互动仪式链

[①] 安云凤：《中国传统商德及现代社会价值》，《江苏社会科学》2002年第5期。

[②] N. L. Votola and H. R. Unnava, "Spillover of Negative Information on Brand Alliances", *Journal of Consumer Psychology*, Vol. 16, No. 2, 2006, pp. 196–202.

的表现。其一,组成形式上,仪式应包含现场聚集、符号资本、相互关注和情感能量四类进入要素,在企业修复品牌危机的过程中,网络或媒体的使用能使企业和消费者跨越时间和空间达到现场聚集的效果,并共同关注品牌危机的事件,企业修复品牌危机的行为是为了获得消费者的原谅,满足符号资本的传递以及情感能量的表达,因此,这些要素的汇合便形成企业修复品牌危机的品牌仪式。其二,长期效果上,Brown 指出,在成功的仪式中,成员之间会产生对彼此关系的忠诚感和团结感,满意的危机修复效果是为了达到这样的目的——消除危机造成的负面印象、融入未来关系互动的强烈意愿[1]。相反,在失败的互动仪式中,互动成员将逃离或躲避这样的互动,失败的品牌危机修复会使得消费者拒绝与品牌的再互动,品牌声誉和品牌形象日益衰败。因此,不论成功或失败的互动仪式都决定着长期关系的"链"[2],品牌危机修复过程即互动仪式链的表现。

互动仪式的四个进入要素中,现场聚集和相互关注是互动的自然形成要素,符号资本和情感能量是决定互动仪式效果的最重要的两种资源。(1)情感能量(emotional energy)是共享的情感或情绪的稳定表达,正性积极的情感能量是互动仪式的直接驱动力,它并非通常意义上的"情感",而是一种社会互动参与和成员身份获得的渴求,带有明显的社会取向[3]。但情感能量和情感密不可分:各种短期情感体验的结果都会回到情感能量的长期构成中,而情感能量又会产生短期的情感。(2)符号资本(symbolic capital)是互动仪式参与者之间沟通的媒介,与一般的"符号"不同,它是由各种具有统一目的性和技巧性的符号汇聚,形成具有资本一样的增值能力,包括进入某一互动仪式所需的文化资本和社交技巧。企业在品牌危机后举行的互动仪式应该是在恰当的情感能量挟裹中流露

---

[1] K. R. Brown, "Interaction Ritual Chains and the Mobilization of Conscientious Consumers", *Qualitative Sociology*, Vol. 34, No. 1, 2011, pp. 121 – 141.

[2] J. A. Johnson, "The Window of Ritual: Seeing the Intentions and Emotions of 'Doing' Gender", *Gender Issues*, Vol. 26, No. 1, 2009, pp. 65 – 84.

[3] J. O. Baker, "Social Sources of the Spirit: Connecting Rational Choice and Interactive Ritual Theories in the Study of Religion", *Sociology of Religion*, Vol. 71, 2010, pp. 432 – 456.

的"修复"符号资本①，两者缺一不可。它们的共同作用能够使企业和消费者更加关注双方情感的交流、关系的互动，从而使得企业赢得消费者的关注、共鸣与参与，改善企业与消费者之间的关系。因此，如前所述，本章从情感能量和符号资本两个维度对品牌仪式进行了划分。

三 品牌仪式类型与品牌危机类型的交互作用

互动仪式链理论强调了情境的重要性。人们在品牌仪式那一刻相信什么，不仅取决于当时的品牌仪式，还取决于品牌仪式前的情境——即品牌危机的类型。品牌危机的类型不同，所采取的修复措施和相应的修复效果也会因"危"而异②。从危机给品牌造成的负面影响来看，这两种品牌危机的不同之处在于：能力缺失型危机主要损害了品牌的功能性利益，而诚信违背型危机则主要损害了品牌的符号和心理利益。在能力缺失型品牌危机中，消费者更关注自身功能利益的损失③；相应地，在危机修复过程中，消费者也会更倾向于感知互动中的功能利益。由于缺乏情感利益的驱使，消费者不会过于关注企业在互动仪式中情绪是否持续表达，而会更关注对于能"增值"且解决问题的符号资本，因此，本章认为，在能力缺失型品牌危机中情感能量的高低对修复效果的影响无显著差异。以往危机研究表明，相比道歉仪式，赔偿仪式能给消费者带来更高的功能性利益④，所以互动行为的不同对修复效果的影响具有显著差异且赔偿优于道歉，情感能量维度和互动行为维度的交互作用不显著。

假设 7 在能力缺失型品牌危机中，品牌仪式的情感能量维度和互动

---

① 冉雅璇、卫海英：《互动仪式链视角下的品牌危机修复机制研究》，《营销科学学报》2015 年第 2 期。

② 陶红、卫海英：《抢雷策略对品牌危机修复效果的影响研究——品牌危机类型，品牌声誉的调节作用》，《南开管理评论》2016 年第 3 期。

③ S. Dutta and C. Pullig, "Effectiveness of Corporate Responses to Brand Crises: The Role of Crisis Type and Response Strategies", *Journal of Business Research*, Vol. 64, No. 12, 2011, pp. 1281 - 1287; H. Wei and Y. Ran, "Male Versus Female: How the Gender of Apologizers Influences Consumer Forgiveness", *Journal of Business Ethics*, 2017, doi: 10.1007/s10551 - 017 - 3440 - 7.

④ Y. Ran, H. Wei and Q. Li, "Forgiveness from Emotion Fit: Emotional Frame, Consumer E-motion, and Feeling-right in Consumer Decision to Forgive", *Frontiers in Psychology*, Vol. 7, No. 1775, 2016, pp. 1 - 17.

行为维度的交互作用对再购意愿的影响不显著。

假设 7a 品牌仪式的情感能量高低对消费者再购意愿的影响没有显著差异；

假设 7b 品牌仪式的互动行为不同对消费者再购意愿的影响具有显著差异，且赔偿所产生的修复效果高于道歉。

在诚信违背型品牌危机中，消费者关注的是心理利益的损失。中国人常常认为企业的诚信道德问题是一个企业的本质问题，仅仅从物质方面不能有效地修复消费者对其的负面印象。在高情感能量的品牌仪式中，由于诚信违背型品牌危机并未使消费者损失物质上的利益，高情感能量的赔偿仪式反而会让消费者认为企业是在"贿赂"自己[1]；反之，高情感能量的道歉仪式更让消费者认为企业有悔改的诚意，因此高情感能量的赔偿仪式产生的修复效果低于高情感能量的道歉仪式。由此，当企业采取高情感能量的品牌仪式时，消费者会更加希望企业主动承担错误，表示自己的过错，而非赔偿。但当企业采取情感能量低的品牌仪式时，无论是赔偿还是道歉对修复效果的影响都无明显差异。由此，提出如下假设。

假设 8 在诚信违背型品牌危机中，互动仪式的情感能量维度和互动行为维度交互作用显著。

假设 8a 高情感能量的互动仪式中，道歉产生的修复效果高于赔偿；

假设 8b 低情感能量的互动仪式中，道歉和赔偿产生的修复效果没有显著性差异。

四 消费者宽恕的中介作用

品牌与消费者之间的关系类似于人际关系[2]，因此本章借鉴社会心理学中的宽恕理论来探讨品牌仪式挽回消费者购买意愿的心理机制。宽恕（forgiveness）是重建人际关系的一个关键变量，其定义为一系列行为动机的转变，这些行为动机包括减少对侵犯者的报复或回避，并对侵犯者

---

[1] S. Fournier, "Consumers and Their Brands: Developing Relationship Theory in Consumer Research", *Journal of Consumer Research*, Vol. 24, No. 4, 1998, pp. 343–373.

[2] Ibid..

增加善意①。因此,"宽恕"为本章中的再购意愿提供了有用启发。结合情感能量表达,企业采用适当的仪式行为,更容易获得消费者对品牌的宽恕②,进而消费者宽恕可以促使消费者对品牌的购买意愿。

假设9 消费者宽恕意愿中介品牌仪式对购买意愿的影响。

综合以上假设,本章(子研究四)的理论框架见图6—1所示。

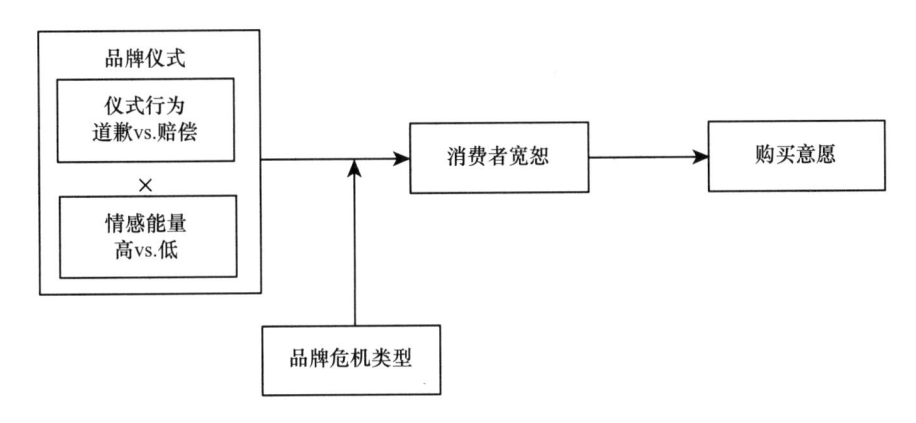

图6—1 本章(子研究四)的研究框架

第三节 预实验

一 预实验设计

为了减少实验干扰,实验材料采用虚拟的手机品牌和消费者熟悉的事件,选择手机品牌作为实验材料主要有三点考虑:(1)手机普及性高,预实验所有被试均拥有手机;(2)已有手机危机事件中有诚信违背型和能力缺失型两种危机;(2)手机的功能价值($M_{功价}=5.70$,$SD=0.88$)和情感价值($M_{情价}=5.65$,$SD=0.86$)无显著差异($t(19)=0.27$,

---

① M. E. McCullough, E. L. Worthington Jr and K. C. Rachal, "Interpersonal Forgiving in Close Relationships", *Journal of Personality and Social Psychology*, Vol. 73, No. 2, 1997, pp. 321 – 336.

② A. G. Santelli, C. W. Struthers and J. Eaton, "Fit to Forgive: Exploring the Interaction Between Regulatory Focus, Repentance, and Forgiveness", *Journal of Personality and Social Psychology*, Vol. 96, No. 2, 2009, pp. 381 – 394.

$p > 0.1$)。预实验主要有两个目的：第一，确定营造两种品牌危机类型的刺激材料；第二，确保互动仪式的操纵成功。预实验的样本均是在校本科生和研究生，共 20 人，年龄范围为 21—26 岁，男性 11 人，女性 9 人。把预实验分为两个，所有被试均参加了预实验一和预实验二，两个预实验在一个安静的会议室里集体完成。

二 品牌危机预实验

本预实验主要是为了检查危机刺激材料是否适用。首先，实验助手让被试阅读四则品牌危机刺激材料（手机爆炸事件、手机漏电事件、血汗工厂事件、排污超标事件），这四则材料均根据现实危机事件报道改编而成。然后，让被试选择品牌危机发生的原因，为了避免消费者陷入选择二分法的困境，本实验设置三个待选选项，分别是能力不足的原因、诚信或道德低下的原因、其他外在因素的原因，每个具体选项都依据材料背景进行改编。最后，测量消费者对材料的可信度感知，采用 7 分李克特量表，1 = "完全不可信"，7 = "完全可信"。

根据可信度相近和材料刺激成功率接近两条原则，最终选择以 2013 年 7 月中新网所报道的重庆"三星手机电池爆炸事件"为背景原型的材料作为能力缺失型品牌危机刺激材料，以 2013 年 1 月《纽约时报》所报道的"苹果手机血汗工厂"为背景原型的材料作为诚信违背型品牌危机刺激材料。其中，"手机电池爆炸事件"的能力缺失型品牌危机中，16 名被试准确判断出危机的发生是"技术部过关"的原因（$t(19) = 8.10$，$p < 0.001$），材料可信度 $M_{能力} = 5.15$（$SD = 0.99$）；"血汗工厂"诚信违背型品牌危机中，17 名被试准确判断出危机的发生是"企业违背了道德观"的原因（$t(19) = 19.26$，$p < 0.001$），材料可信度 $M_{诚信} = 5.05$（$SD = 0.83$）。这两则危机材料可信度无显著差异（$t(19) = 0.62$，$p > 0.10$）。

三 品牌仪式预实验 3

本预实验是为了确保品牌仪式的操纵成功。Rossner 指出通过电视观看的方式可以进行互动仪式，因为摄像机的近镜头能使得人们可以清楚看到每个人的面部表情，这时电视近似于身体的反馈①。虽然在视频过程中，视频中的人和观看者没有直接的互动接触，但是视频中的说话人给自己确立了一个特定的言语角色，同时也为受众指派了相应的角色，这便成为一个人际互动的情境②，因此本章采用视频的方式进行互动仪式。Collins 指出视频的互动仪式中，情感能量是通过互动的微观细节体现出来的③。根据已有相关研究，情感能量的高低控制主要有三方面：一是目光，高或低的情感能量可以通过拥有或避免相互的凝视中表现出来④；二是声音，热情、信心和主动性是高情感能量的表现，而冷漠、退缩和消沉是低情感能量的表现；三是面部表情，Ekman 关于面部表情的研究指出，高的情感能量应该是自信与热情的面部表情，低的则是冷漠和消沉的表情⑤。

为了保持品牌仪式的一致性，本章通过视频剪辑、字幕信息引导以及配音制造出 4 种互动仪式（高情感能量道歉仪式 vs. 低情感能量道歉仪式 vs. 高情感能量赔偿仪式 vs. 低情感能量赔偿仪式），四段互动仪式视频长度一致（1 分 15 秒），源视频均来自于同一则 CCTV 报道中企业道歉的新闻。

本实验最终所制作的高能量和低能量视频区别在于三方面：第一，高能量视频中有受害者和企业代表人两人，并且有目光的接触和握手等互动；低能量视频中只有企业代表人一人，且一直埋头读材料，与屏幕无目光接触。第二，高能量视频中企业代表人的发言中有"真诚"、"深刻"等表示情感的字眼；低能量视频中的发言平铺直叙，表示情感的字眼少。第三，高能量视频中的企业代表人面部表情丰富；低能量视频中

---

① M. Rossner, "Emotions and Interaction Ritual: A Micro Analysis of Restorative Justice", British *Journal of Criminology*, Vol. 51, No. 1, 2011, pp. 95 – 119.

② E. Goffman, *Interaction Ritual: Essays on Face-to-Face Behavior*, New York: Anchor Books, 1967.

③ R. Collins, *Interaction Ritual Chains Theory*, NY: Princeton University Press, 2009.

④ A. Mazur, "US Trends in Feminine Beauty and Overadaptation", *Journal of Sex Research*, Vol. 22, No. 3, 1986, pp. 281 – 303.

⑤ P. Ekman, *Emotion in the Human Face: Studies in Emotion and Social Interaction*. London: Cambridge University Press, 1983.

面部表情呆板。企业的应对策略是根据配音内容和字幕来控制，如高情感能量互动仪式的视频中，如果是赔偿仪式，企业代表人将会说"我真诚地代表本企业对您进行赔偿"，如果是道歉仪式，企业代表人会说"我真诚地代表本企业给您道歉"。

预实验二的流程是：首先实验助手引导被试观看视频，然后要求被试复述视频的大致内容，确保被试认真看完视频后，让被试填写有关情感能量操控问项的问卷。情感能量的操控包括三方面：目光接触频率（5分李克特量表，1 = "从不"，5 = "总是"）、对视频人物面部表情的感觉（101分制感觉测量温度计量表，0 = "非常冷淡或不喜欢"，50 = "没有感觉"，100 = "非常温暖或喜欢"）、对视频人物声音的感觉（测量量表同面部表情测量）。

实验结果表示视频操纵成功，高能量视频的眼神接触频率感知（$M_{眼高}=2.75$，$SD=0.44$）大于低能量视频的眼神接触频率感知（$M_{眼低}=1.25$，$SD=1.02$）（$t(19)=7.09$，$p<0.001$），对于视频人物面部表情和声音的"温暖—冷淡"感知，高情感能量互动仪式的视频均大于低情感能量互动仪式的视频，其中$M_{面高}=55.0>M_{面低}=28.25$（$t(19)=4.41$，$p<0.001$），$M_{声高}=58.50>M_{声低}=36.25$（$t(19)=3.19$，$p<0.01$）。

第四节 实验6—1：品牌仪式与品牌危机类型的交互作用

一 实验设计

实验6—1为2（互动行为：道歉 vs. 赔偿）×2（情感能量：高 vs. 低）×2（品牌危机类型：能力缺失型 vs. 诚信违背型）组间因子设计。340名大学生（58.9%女性，$M_{age}=22.15$岁，$SD=3.02$）参与了该实验，实验结束后每人获得价值5元的礼品。实验以8—10人的小组进行，被试被随机且平均分到8个实验组中。

二 实验流程

实验6—1的流程如图6—2所示。本实验共招募了2名全日制本科生作为实验助手，实验助手负责实验的数据收集工作。正式实验之前，本书作者针对本实验对实验助手进行了培训，做了一对一的实验模拟演练。本实验的事前工作均为了尽量减少主试的个人因素和行为因素对实验效果产生干扰。

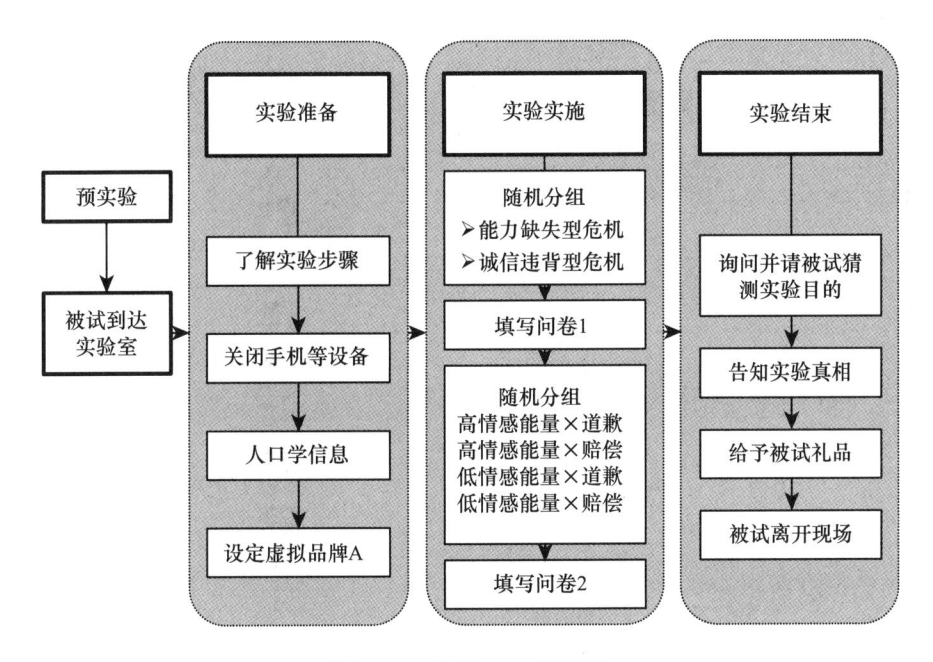

图6—2 实验6—1流程图

首先，被试来到实验室后，被试先观看有关实验要求和步骤的PPT，并要求被试关闭手机。随后，实验助手引导被试进入实验室，向被试说明本次实验是关于A品牌危机后满意度调查，发放第一份问卷，包括人口统计学信息、品牌模拟、品牌危机和互动仪式操纵问项。采用情境代入的方法，先让被试回忆并填写一次购买或拥有手机的经历（时间、地点和品牌），并且告知被试以下实验中出现的A品牌将是他填写的这个手机品牌。然后，被试阅读A品牌的负面信息报道，填写相关的材料操纵问项，包括危机类型判断和品牌自我距离。能力缺失型的品牌危机报道如下：

> 2013年×月×日凌晨，××同学临睡前把A品牌手机放在枕头边。两个多小时后，他的卧室内传出"砰"的一声响动，他的A品牌手机爆炸了，很快引燃了床头的凉席、枕头、床垫，卧室内浓烟滚滚。A品牌手机爆炸事件并非偶然，厦门一女子某日清晨A品牌手机闹钟响后，将手机放回床头柜，不料没多久手机"砰"一声爆炸，并自己"蹦"了起来掉到地上燃烧、冒出浓烟，木地板被熏黑。
>
> 据了解，如果手机电池制造过程是规范的，爆炸的概率并不大。但电池和电池保护装置技术的不过关，就极有可能会造成爆炸。总之，正常来说，爆炸基本上是电池的原因，一般不会是使用不当，除非用户蓄意想让电池爆炸，如放在火上炙烤。此次事件后A品牌手机销量急剧下滑，股票也有所影响。

诚信违背型品牌危机组中的被试将阅读到以下报道：

> 2013年×月×日，据媒体报道，一名18岁的农村女大学生春节期间在A品牌手机工厂做兼职，她每天要在手机屏幕上手工贴上4000多个标签，每周工作60个小时。当被问及"在A品牌手机工厂为什么要做机器般的工作"，她回答："因为人的成本低廉。"另外，据工厂人员透露，A品牌工厂一直让工人在高工作负荷强度下工作。如因为紧急订单，工厂领班在半夜1点叫醒了8000名工人，每人只发了一杯茶和一包饼干，一直加班加点完成订单工作。
>
> 这件事被媒体曝光后，给A品牌手机带来巨大的影响，销量急剧下滑，股票也有所影响。

然后，被试观看相关的互动仪式视频，发放第二份问卷。其中，被试先被询问是否看过这段视频，如果看过，这份问卷则属无效。然后，被试回答情感能量感知（测量与预实验相同）、宽恕、再购意愿、品牌自我距离的问题。完成实验后，实验助手请被试猜测该实验的目的。被试回答后，实验助手向被试表示感谢，告诉被试实验真相，并请被试保密，然后被试领取实验礼品并离开现场。

三 变量测量

品牌自我距离。采用Park等和其他心理距离的研究[①]，本实验通过图画的方式测量品牌自我距离。如图6—3，在一张纸上画一个长椅和一个人，让被试将图中的人看作自己，然后用一个圆圈代替A品牌，让被试将圆圈放在他觉得合适的长椅位置上。

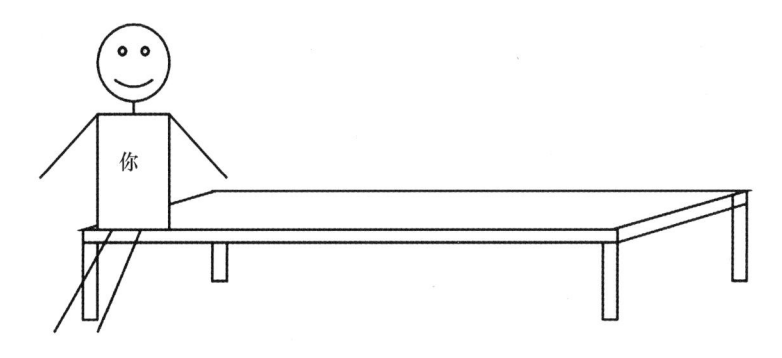

图6—3 品牌自我距离测量图

消费者宽恕。消费者宽恕意愿采用Santelli等的宽恕动机量表[②]，包括五条正面询问的测项，即"我会原谅/信任/宽恕/同情/不会反对A品牌"。问项采用同意程度7分李克特量表，"1"=完全不同意，"7"=完全同意，一致性系数Cronbach α 值为0.94。

再购意愿。通过改编购买意愿的量表，再购意愿包括五条测项，如"如果我需要一部手机，我会再次考虑购买A品牌"，同样采用同意程度

[①] C. W. Park, A. B. Eisingerich and J. W. Park, "Attachment-Aversion (AA) Model of Customer-brand Relationships", *Journal of Consumer Psychology*, Vol. 23, No. 2, 2013, pp. 229–248.

[②] A. G. Santelli, C. W. Struthers and J. Eaton, "Fit to Forgive: Exploring the Interaction Between Regulatory Focus, Repentance, and Forgiveness", *Journal of Personality and Social Psychology*, Vol. 96, No. 2, 2009, pp. 381–394.

7 分李克特量表,"1" = 完全不同意,"7" = 完全同意,一致性系数 Cronbach α 值为 0.91。

四 分析与结果

9 位被试在"以前是否看过此段视频"问项中选择"是",其数据在分析中被剔除,最后每组被试人数为 40—45 人。为了确定样本数量的可靠性,本章采用 G*Power 3.1 软件计算样本的统计检验力。选择 F 检验,效应量 f 为 0.25,显著性水平 α 为 0.05,总样本数为 331,组数为 8,结果显示检验力为 0.92,大于 0.8,因此本实验样本的统计检验力通过。

以再购意愿、品牌自我距离、消费者宽恕为因变量,2(互动行为:道歉 vs. 赔偿)×2(情感能量:高 vs. 低)×2(品牌危机类型:能力缺失型 vs. 诚信违背型)的描述性统计数据如表 6—1。

表 6—1　　　　　　　　实验 6—1 描述统计表

实验组	能力缺失组				诚信违背组			
	道歉		赔偿		道歉		赔偿	
	高情	低情	高情	低情	高情	低情	高情	低情
再购意愿	3.82 (0.79)	3.82 (0.89)	4.36 (0.75)	4.19 (0.93)	4.92 (0.78)	3.52 (0.68)	4.30 (0.77)	3.41 (0.73)
品牌自我距离	62.65 (23.37)	66.90 (20.77)	48.75 (23.88)	50.28 (23.15)	43.56 (24.34)	54.18 (24.05)	60.20 (25.23)	47.69 (22.48)
消费者宽恕	3.56 (0.83)	3.52 (0.78)	4.60 (0.81)	4.49 (0.83)	4.93 (0.94)	3.52 (0.78)	4.38 (0.79)	3.50 (0.85)

注:表格中数字格式表示 $M(SD)$。

(一)操纵检验

数据结果表明,主实验的操纵成功。在能力缺失型品牌危机情境中,160 名被试有 149 名准确判断出品牌危机发生的原因($t(159) = 31.60$,

$p < 0.001$);在诚信违背型品牌危机中,171 名被试中有 145 名准确判断出品牌危机发生的原因(t(170) = 55.94,$p < 0.001$),说明实验的品牌危机情境操纵成功。另外主实验的情感能量也操纵成功,其中,感知与视频人物眼神接触频率方面,高情感能量互动仪式($M_{高} = 2.81$,$SD = 0.554$)显著大于低情感能量互动仪式($M_{低} = 1.32$,$SD = 0.972$)(t(159) = 18.84,$p < 0.001$),对于视频的"温暖—冷漠"感知方面,高情感能量互动仪式的面部表情感知($M_{高} = 55.56$,$SD = 19.18$)大于低情感能量互动仪式($M_{低} = 25.49$,$SD = 17.62$)(t(159) = 14.47,$p < 0.001$),声音感知同样也是高情感能量互动仪式($M_{高} = 59.44$,$SD = 15.80$)大于低情感能量互动仪式($M_{低} = 34.25$,$SD = 24.36$)(t(159) = 10.80,$p < 0.001$)。

(二)再购意愿

互动行为和情感能量作为自变量,再购意愿作为因变量,进行多因素方差分析,结果发现:互动行为、情感能量和品牌危机类型三者的交互作用边缘显著(F(2,323) = 3.78,$p < 0.10$)。

如图 6—4,进一步双因素方差分析发现:在能力缺失型品牌危机中,品牌仪式的情感能量维度和互动行为维度交互作用不显著(F(1,156) = 0.36,$p = 0.55$),且情感能量高低对再购意愿的影响无显著差异($M_{高} = 4.09$ vs. $M_{低} = 4.01$;F(1,156) = 0.36,$p = 0.55$),假设 7a 得到支持;但赔偿仪式引起的再购意愿高于道歉仪式($M_{赔偿} = 4.28$ vs. $M_{道歉} = 3.82$,F(1,156) = 11.63,$p < 0.01$,$\eta_p^2 = 0.07$),假设 7b 得到支持。

在诚信违背型品牌危机中,品牌仪式的互动行为维度和情感能量维度有显著的交互作用(F(1,167) = 5.20,$p < 0.05$,$\eta_p^2 = 0.03$)。组间分析显示,当品牌仪式的情感能量高时,道歉使被试产生的再购意愿明显高于赔偿($t = 3.77$,$p < 0.001$,$\eta_p^2 = 0.14$),支持假设 8a;当品牌仪式的情感能量低时,赔偿所产生的再购意愿与道歉所产生的再购意愿无显著性差异($t = 0.65$,$p = 0.52$),支持假设 8b。

▶ 品牌仪式：形成与效应

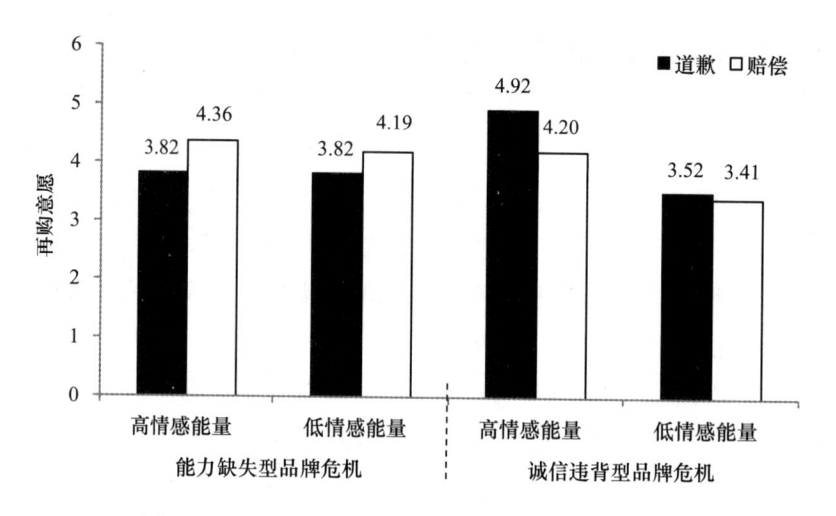

图6—4 不同品牌危机下品牌仪式对再购意愿的影响

（三）品牌自我距离

测量图片中的"你"和 A 品牌圆圈的距离，并将其作为品牌自我距离的指标，单位为毫米（mm）。以品牌自我距离为因变量的 $2 \times 2 \times 2$ 的方差分析显示，互动行为、情感能量和品牌危机类型三者的交互作用显著（$F(2, 323) = 3.90$，$p < 0.05$），互动行为的主效应显著（$M_{道歉} = 56.42$ vs. $M_{赔偿} = 51.89$；$F(1, 323) = 3.88$，$p < 0.05$），品牌危机类型的主效应同样显著（$M_{能力} = 57.14$ vs. $M_{诚信} = 51.34$；$F(1, 323) = 4.93$，$p < 0.05$），如图6—5。

具体而言，在能力缺失型品牌危机中，品牌仪式的情感能量维度和互动行为维度的交互作用对品牌自我距离的影响不显著（$F(1, 156) = 0.14$，$p = 0.71$），仅互动行为维度的主效应显著（$M_{道歉} = 64.78$ vs. $M_{赔偿} = 49.51$；$F(1, 156) = 17.89$，$p < 0.001$，$\eta_p^2 = 0.10$），但情感能量的高低对品牌自我距离的影响不显著（$M_{高} = 55.70$ vs. $M_{低} = 58.59$；$F(1, 156) = 0.64$，$p = 0.43$）。在诚信违背型品牌危机中，品牌仪式的互动行为维度和情感能量维度有显著的交互作用（$F(1, 167) = 9.85$，$p < 0.01$，$\eta_p^2 = 0.06$）。并且，当品牌仪式的情感能量高时，相比道歉，赔偿使被试产生的品牌自我距离更远（$t = 3.17$，$p < 0.01$，$\eta_p^2 = 0.10$）；当品牌仪式的情感能量低时，赔偿组和道歉组的被试感知的品牌自我距离无

显著差异（$t=1.26$，$p=0.21$）。

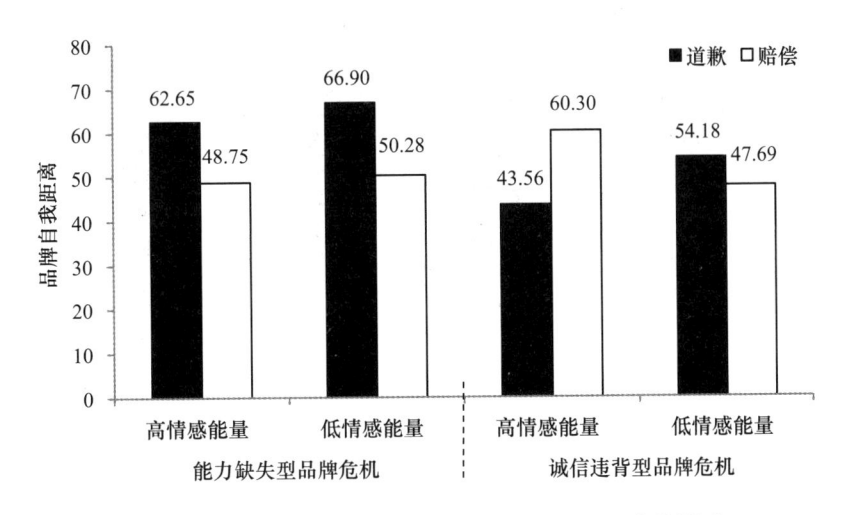

图6—5 不同品牌危机下品牌仪式对品牌自我距离的影响

（四）消费者宽恕的中介作用

对于消费者宽恕，2（互动行为：道歉 vs. 赔偿）×2（情感能量：高 vs. 低）×2（品牌危机类型：能力缺失型 vs. 诚信违背型）的交互作用边缘性显著（$F(2, 323)=2.74$，$p<0.1$），同样地，能力缺失型危机组中品牌仪式的两维度交互显著（$F(1, 167)=4.33$，$p<0.05$，$\eta_p^2=0.03$），而诚信违背危机组中不显著（$F(1, 156)=0.07$，$p=0.80$），结果如图6—6。

本实验采用偏差修正的bootstrapping分析（bootstrap 1000次，model 12），以此验证消费者宽恕的中介作用。品牌仪式的互动行为维度为自变量、情感能量维度为调节变量1、品牌危机类型为调节变量2、购买意愿为因变量，结果如图6—7（图中未展示模型中不显著的路径）。消费者宽恕作为中介的非直接效应取决于实验组（即被调节的中介）：对于能力缺失型组，不论情感能量高低，自变量对因变量的非直接效应均显著（高情感能量-非直接效应路径 = -0.34，$SE=0.06$，95% CI：[-0.4737, -0.2193]；低情感能量-非直接效应路径 = -0.36，$SE=0.06$，95% CI：[-0.4883, -0.2388]）；而对于诚信违背型组，仅高情感能量组才

▶ 品牌仪式:形成与效应

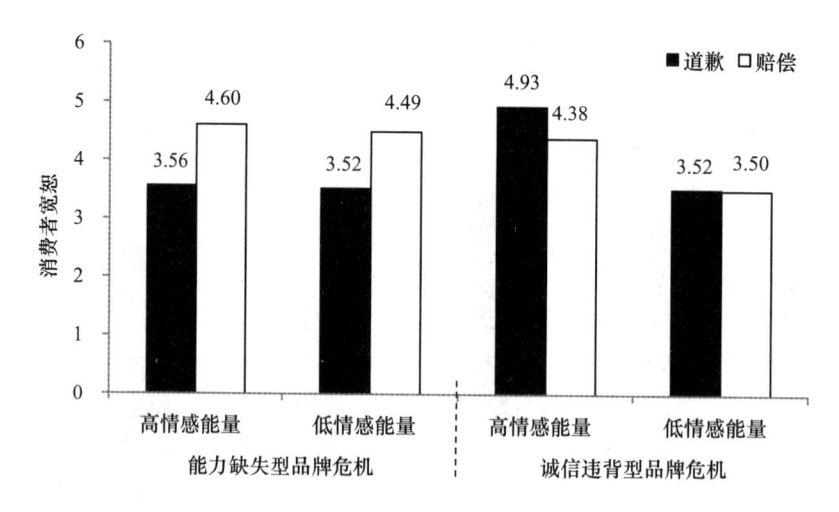

图6—6 不同品牌危机下品牌仪式对消费者宽恕的影响

存在非直接效应（非直接效应路径 = 0.19，$SE = 0.07$，$95\% CI$: [0.0714, 0.3347]），低情感能量组中非直接效应不显著（非直接效应路径 = 0.01，$SE = 0.06$，$95\% CI$: [-0.1216, 0.1214]）。综上，假设9得到部分验证。

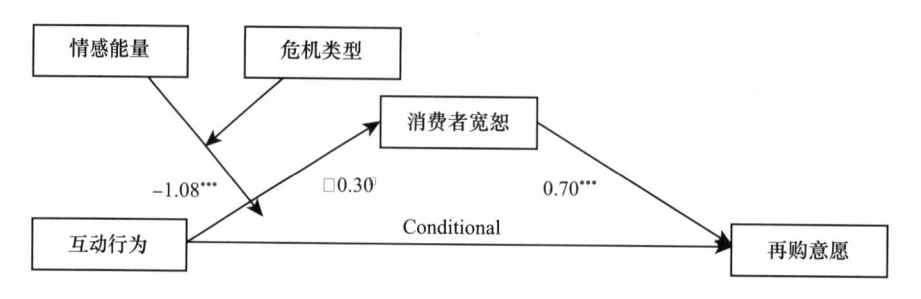

图6—7 实验6—1 bootstrapping model 12 中介分析

（路径系数后的 † 表示 $p < 0.1$，*** 表示 $p < 0.001$）

五 实验小结

本实验表明，品牌危机类型是互动行为和情感能量产生交互作用的边界条件，当品牌危机为能力缺失型时，品牌仪式的互动行为维度和情感能量维度的交互对再购意愿不显著，且仅互动行为维度会对再购意愿产生影响。当品牌危机为诚信缺失型时，品牌仪式的情感能量维度和互动行为维度交互对再购意愿的作用显著。另外，作为探测情感距离的指标——品牌自我距离[①]，品牌仪式维度和品牌危机类型的交互作用仍然存在，但具体效应则相反，因为品牌自我距离越远，消费者购买的意愿更低。

第五节 讨论

本章从企业应该如何修复品牌危机这一看似简单却十分棘手的问题着手，提出品牌危机的修复过程即互动仪式链，并探讨了品牌仪式挽回消费者购买意愿的效果及机制。本章通过两个预实验和一个主实验设计，采用情境操控的方法，得到的主要结论如下：（1）品牌危机类型调节品牌仪式对再购意愿的影响，是互动仪式两维度产生交互作用的边界条件。能力缺失型品牌危机中品牌仪式的互动行为维度和情感能量维度无显著交互作用，诚信违背型品牌危机中品牌仪式的互动行为维度和情感能量维度交互作用显著；（2）品牌仪式挽回消费者购买意愿的机制在于提升消费者宽恕，但消费者宽恕的中介作用依赖于实验组别。在研究结论的基础上，本章对以往研究无法回答的两个问题进行了回应。

一方面，品牌仪式中可以包含修复品牌危机的关键因素，因此采用品牌仪式来看待品牌危机的修复视角更全面。本章的研究发现，品牌仪式对于品牌危机的修复有着重要作用：第一，修复理念上，互动仪式链的理念是将品牌危机修复过程情境化，诸多因素的汇合形成修复效果的表现。互动仪式链强调问题的"情境化"，品牌仪式的效果依赖于情境，企业最初违背行为、企业危机反应、消费者自身反应等集聚形成品牌危机修复的"链"；第二，修复内容上，品牌仪式可以很好地修复品牌与消费者关系。品牌一直被认为可以和消费者建立具有情感和象征的关系，

[①] B. Schmitt, "The Consumer Psychology of Brands", *Journal of Consumer Psychology*, Vol. 22, No. 1, 2012, pp. 7 – 17.

如品牌至爱①、品牌联结②等，品牌发生危机时会涉及情感违背和象征破坏，而品牌仪式中的情感能量具有修复情感和象征意义的能力，因此单纯以符号而非互动的角度看待品牌危机的修复，不能深入挖掘和理解关系中情感的重建；第三，修复形式上，品牌仪式可以提升修复品牌危机的效果。品牌仪式将企业单一的修复行为上升到"仪式"层面，使企业行为被赋予更多的符号和内涵，品牌仪式的情感能量激发消费者从中解读到更多企业渴求重建与之关系的态度和决心，从而"助推"关系的修复。

另一方面，品牌仪式中，情感能量的表达并非越高越好，需依赖于情境和其他互动因素。品牌仪式中的情感能量是重建企业和消费者关系的重要因素，它能使企业和消费者由一开始短暂的情绪投入转化为后期一种对彼此关系和情感的重视，是一种情感积聚的过程。但情感能量的表达需与互动情境进行匹配：在情感违背的诚信型品牌危机中，情感能量维度的重要性超过了互动行为，此时的消费者会表现出忽视或轻视功能利益的非理性行为；而在功能利益损失的品牌危机情境中，情感能量越高反而会让消费者认为企业在"做戏"。另外，本章发现情感能量也是解释消费者的非理性行为的关键，如品牌厌恶③，是企业与消费者互动中的负面情感能量驱使了消费者对品牌的背离甚至厌恶，再如对危机产品的面子消费，即消费者已经知道了所买产品有过负面报道但仍然坚持购买，其原因在于消费者体验过与品牌的超强互动能量（如品牌带来的尊崇感、地位感），这种能量掩盖负面报道的影响，并且为了保持自我身份一致性，由此消费者愿意继续购买危机产品以获得情感能量的持续流动。

本章对品牌危机修复理论的发展起到了重要的推动作用，具体理论贡献如下：首先，打开了品牌危机修复的社会互动层面视野。已有的形象修复论与危机沟通论分别单独从企业和消费者的角度看待危机修复，缺乏企业和消费者沟通中"互动"的考量。本章从社会互动的角度看待

---

① R. Batra, A. Ahuvia and R. P. Bagozzi, "Brand Love", *Journal of Marketing*, Vol. 76, No. 2, 2012, pp. 1 – 16.

② C. W. Park, A. B. Eisingerich and J. W. Park, "Attachment-Aversion (AA) Model of Customer-brand Relationships", *Journal of Consumer Psychology*, Vol. 23, No. 2, 2013, pp. 229 – 248.

③ Ibid..

品牌危机挽回现象。其次,将互动仪式概念引入到品牌危机研究中,首次构建了一个全新的品牌危机修复研究框架。已有危机研究将消费者看作平等交换的"经济人"[①],而品牌仪式从社会关系修复的角度解释了关系和情感的聚集,更利于解释品牌危机修复中消费者非理性行为,丰富并推进了品牌危机管理的理论研究。总之,本章的研究在有关危机和互动的文献基础上,丰富了品牌危机管理的研究,为品牌危机修复策略的研究提供了一些新的思路。

---

① W. T. Coombs, "Choosing the Right Words: The Development of Guidelines for the Selection of the 'Appropriate' Crisis-Response Strategies", *Management Communication Quarterly*, Vol. 8, No. 4, 1995, pp. 447 – 476; W. L. Benoit, "Image Repair Siscourse and Crisis Communication", *Public Relations Review*, Vol. 23, No. 2, 1997, pp. 177 – 186.

第七章

结论与启示

第一节 研究结论

本书综合运用文献研究、质性研究和行为实验，立足于不同消费者角色的视角和危机特殊情境，考察了品牌仪式对消费者购买意愿及相关反应的影响效应和心理机制，通过四个子研究依次探究了品牌仪式的形成路径及其影响因素（第三章）、参与型消费者视角下品牌仪式对购买意愿的双刃剑作用（第四章）、观察型消费者视角下品牌仪式对购买意愿的外部效应（第五章）、危机期下品牌仪式对购买意愿的挽回效应（第六章）。本书共开展了一个质性研究和七个实验，得到如下主要结论：

首先，品牌仪式是品牌基础意义向品牌仪式意义的流动而形成，互动方式是意义"链"流动的驱动力。其中，品牌基础意义是促使品牌仪式意义展现的前置因素，是品牌仪式的根本内因，包括产品意义（产品功能和产品价值维度）、情感意义（基础情绪和道德情绪维度）和文化意义（联想意义和价值观意义）三个层面。品牌仪式是各种象征符号的聚集体，其本质在于揭示价值意义，即个体通过品牌仪式了解自身价值，激发情感共鸣和认同，共包括四类与自我相关的品牌仪式意义：自我概念意义、自我展示意义、自我参与意义和自我更新意义。互动方式是联结品牌基础意义和品牌仪式意义关系的途径，涵盖企业互动、员工互动和消费者互动三类形式。此外，品牌仪式的形成过程主要存在四类影响因素：仪式因素、消费者因素、品牌因素和社会因素。其中，仪式因素和品牌因素是影响品牌仪式意义传递的内部情境因素，属于品牌仪式的组成因素，是品牌仪式形成的启动因素；消费者因素和社会因素是影响品牌仪式意义传递的外部因素，属于品牌仪式形成的强化因素。

其次，对于参与型消费者，品牌仪式对购买意愿的影响存在一条增益和损耗并存的双刃路径，品牌个性调节该路径。具体而言，品牌仪式程度与参与型消费者的购买意愿呈先促进后抑制的关系，其原因在于：品牌仪式程度既提升参与型消费者的感知乐趣，又降低参与型消费者的感知自主性，而感知乐趣和感知自主性均可增强购买意愿。品牌个性会影响品牌仪式的双路径偏向，相比兴奋型品牌，真诚型品牌会促进品牌仪式的"利之刃"——感知乐趣，且弱化品牌仪式的"伤之刃"——感知自主性。因此，对于不同个性的品牌，品牌仪式程度与购买意愿的关系有所不同：对于兴奋型品牌，品牌仪式程度仍与购买意愿为倒 U 型关系，而对于真诚型品牌，品牌仪式程度正向预测购买意愿。甚至对于品牌态度、产品价格估计和产品特殊性后果变量，以上效应也同样成立。

再者，品牌仪式对观察型消费者具有外部效应，可以成为发展品牌追随者的重要工具，即观看品牌仪式会吸引非直接消费者，并对其购买意愿产生影响。观看品牌仪式可以显著提升消费者的购买意愿和未来互动意愿，甚至对产品的价格估计。好奇感发挥着解释该外部效应的关键作用，即观看品牌仪式可以引发消费者对产品或品牌的好奇，进而提升其购买意愿和相关态度。重要的是，内隐仪式重要性作为观察型消费者看待品牌仪式的直接内因，可以正向调节观看品牌仪式对购买意愿的影响。具体而言，对于高内隐仪式重要性的消费者，观看品牌仪式对其购买意愿的影响更显著。

最后，在品牌危机期，恰当的品牌仪式设计可以使负面事态伴随着情感能量的链情境向正面情况转变，为挽回消费者提供契机。依据互动仪式链理论，本书将品牌仪式划分为情感能量和互动行为两个维度。结果发现，品牌危机类型调节品牌仪式对再购意愿的影响，是品牌仪式两维度产生交互作用的边界条件。能力缺失型品牌危机中品牌仪式的互动行为维度和情感能量维度无显著交互作用，而诚信违背型品牌危机中品牌仪式的互动行为维度和情感能量维度交互作用显著。另外，品牌仪式挽回消费者购买意愿的机制在于提升消费者宽恕,消费者宽恕部分中介品牌仪式和品牌危机类型对再购意愿的影响。

第二节　管理启示

本书的结论有助于管理者和营销者从实践角度更好地理解和把握品牌管理和营销策略的模式和内容,为企业尤其是中国企业在面临品牌建设、品牌文化和品牌管理关键问题上,如何进行科学决策和理性分析提供了可参考的框架和指导原则。

第一,且最根本的是,企业应持有仪式化的品牌管理理念。自 1931 年宝洁公司实行品牌经理制以来,品牌日益成为提升企业竞争力的源泉之一。品牌是企业长期发展的根基,如何创建"强势"品牌一直是学界和实界探索的奥秘之一,品牌这一话题甚至成为 1990—2010 年近 20 年来营销领域最热门的研究主题。然而与庞大的品牌研究数量不相称的是,企业对于品牌建设问题主要集中于更新型手段,如品牌活化、品牌创新、品牌延伸、品牌联合等,较为忽视品牌管理的本真——如何通过人类文化和基本需求的微小手段有效地管理品牌。本书另辟蹊径,结果证实了品牌和仪式的融合对消费者的重要性。人类是一种追求仪式的物种,日常生活中处处可寻仪式的踪迹。同样在品牌消费中,随着生活水平的提高,人们期望品牌不仅满足其功能性需求,还能实现彰显个性、增强自我概念、甚至降低生存焦虑等多方面需求。这反映了品牌消费的一种新趋势,即人们更加注重品牌带来的情感寄托和精神慰藉,将品牌消费作为追逐仪式化生活的重要手段。因此,企业的品牌管理不应该仅仅极力打造品牌声势,或是一味追求品牌革新,而更应该从品牌意义和仪式意义入手,打造品牌的文化烙印符号,将品牌仪式意义注入品牌基础意义中,把品牌仪式镶嵌于消费者的日常生活和惯例行为中,使消费者从品牌仪式的行为中提升对品牌的价值观和理念的解读、领悟与认同,进而影响消费者的态度和行为。

第二,企业应了解品牌仪式的功效,依据具体的品牌定位打造恰当的品牌仪式。纵观现实的管理领域,可以清晰地看到越来越多的企业在营销过程中利用仪式元素表达、构建、传递与品牌相关的信息。然而，消费者们熟知的品牌仪式却极少，诸多品牌仪式的设计还难以深入人心，所以设计恰当的品牌仪式应是企业关注的重要任务。本书作者发现，并非所有品牌仪式都能提升消费者的购买意愿和态度，品牌仪式对消费者的影响是积极面和消极面同时并存的结合体，因此，企业在打造或推出品牌仪式之前，应明确本企业推出的品牌仪式的效果，如同制药师要充分了解新药的功效和副作用。了解品牌仪式效能的方法主要有：消费者预调研、产品试用、小区域投放产品等。另外，企业应该依据品牌定位进行品牌仪式设计，这里的品牌定位即品牌个性。当企业的品牌定位为兴奋型时，品牌仪式应设计为仪式程度低或中等，如奥利奥饼干、科罗娜啤酒；而当企业的品牌定位为真诚型时，品牌仪式可以设计为仪式程度较高，如极品蓝山咖啡、功夫茶。具体地，企业可以通过仪式动作、仪式背景、动作因果关系程度等方面设计品牌仪式程度。

第三，企业可以构建全面的品牌仪式体系，扩展品牌仪式的受众群体。在企业扩展目标消费者规模的阶段，企业通常会面临以下问题：边际收益递减、市场规模化、消费者流失、被替代风险增加等，往往一不小心就会使得这些问题成为企业终结的诱因。为了渡过这个"中年危机"，企业往往会采取一些特殊的营销方式，如新产品推出、品牌联合、明星代言人等。本书作者发现，品牌仪式可以成为维系品牌建设的方式之一，即品牌仪式可以吸引非直接消费者，扩大消费者群体。更为简单的是，非直接消费者只需观看品牌仪式，就可以产生更高的购买意愿，所以企业可以通过宣传品牌仪式本身，扩展品牌仪式的观看受众，发挥品牌仪式的外部效应（如旺旺牛奶的"在看我"仪式）。并且，好奇感是品牌仪式影响非直接消费者的原因。企业还可以在品牌仪式中穿插一些好奇的元素（如部分互动、新兴事物），增强品牌仪式的外部效应。针对品牌仪式的外部效应，本书作者还发现：对于相信仪式具有重要作用的消费者，品牌仪式对非直接消费者的影响效果更显著。因此，企业可以向消费者传达仪式和文化的重要性，教育消费者的仪式理念，树立消费者的内隐仪式重要性，从而提高品牌仪式在品牌成熟期中的作用。

第四，企业可以将品牌仪式作为一种危机应对策略，全面发挥品牌仪式的功效。在品牌危机的紧急时刻,危机沟通和企业公关本身就带有强烈的仪式化色彩[①]。本书作者发现,品牌仪式可以包含恰当的危机回应内容(如赔偿、道歉),这成为挽回消费者购买意愿和重建消费者—品牌关系的助推器。研究结果从品牌仪式角度为企业在遇到品牌危机的情况下"做什么(what)"和"怎么做(how)"提供了战略借鉴:在面对消费者认为是企业能力不足的危机时,消费者只会关注企业"做什么";在面对消费者认为是企业诚信问题的危机时,消费者不仅会关注企业"做什么","怎么做"有可能会更重要,这一点也为品牌危机的理论研究开拓了新的视角。具体来讲,如果企业发生了与产品和服务问题相关的危机事件,企业采取的品牌仪式应该及时弥补消费者的损失;如果企业发生了违背消费者道德和价值观的危机,企业采取的品牌仪式应该从表达情感能量的角度出发。现实管理实践中就有能力缺失型危机修复的反面例子:本书第六章所提到的双汇处理瘦肉精事件的仪式,不仅没有及时弥补消费者损失,还公开召开承诺宣誓的道歉大会,道歉会中既有"飙泪"的场面,还有高呼"万岁万岁"的口号,这样高情感能量的道歉使得消费者认为双汇在"做戏",对其的信任反而更低。诚信违背型危机处理同样有反面例子:2013 年 7 月浙江省绍兴县三家邻近的企业在对河流造成污染后,竟在报纸上登雷同的道歉信,让消费者认为其毫无诚信,在这样的情况下,低情感能量的道歉只会让消费者对企业的评价更差,让企业在危机中更加举步维艰。

第三节 研究局限与未来展望

本书尽管得到了一些有关品牌仪式的重要结论,但鉴于作者时间和

[①] H. Ren and B. Gray, "Repairing Relationship Conflict: How Violation Types and Culture Influence the Effectiveness of Restoration Rituals", *Academy of Management Review*, Vol. 34, No. 1, 2009, pp. 105 – 126; Z. Kampf and N. Löwenheim, "Rituals of Apology in the Global Arena", *Security Dialogue*, Vol. 43, No. 1, 2012, pp. 43 – 60; H. Wei and Y. Ran, "Male Versus Female: How the Gender of Apologizers Influences Consumer Forgiveness", *Journal of Business Ethics*, 2017, doi: 10.1007/s10551 – 017 – 3440 – 7.

精力的有限，研究样本、设计、内容和方法上还存在一定的不足之处，且由于品牌仪式话题的新颖性，本书未能对一些基本问题进行深入探讨。具体而言，本书的不足如下：

一、研究样本的局限性。虽然本书在实验设计方面尽量达到真实试用，但由于参与实验的被试为在校大学生，这可能会影响本书研究结论的普适性。此外，本书所涉及的被试样本均为中国国籍（且大量广州籍），可能限制本书结论在不同文化背景下的合理性。

二、实验设计的缺陷。由于品牌仪式在实践中还未十分普及，品牌仪式的实验设计均有强迫和引导被试执行之嫌，并未考虑自由意志对实验效果的影响，也难排除需求效应对结果的干扰（即便每个实验均进行了实验目的的询问）。

三、研究方法的单一性。本书仅采用了质性研究和实验法，且实验法主要为行为实验法，原计划采用的田野实验和长时调查均因时间限制而未实施。虽然研究方法的单一并不影响结果和假设的成立性，但是这无疑对最初的研究设想是一个不足。尤其本书主要采用行为实验法，导致实验结果的外部效度较低，田野实验和长时调查不仅可以有助于解决该问题，还可以验证品牌仪式效果的跨期性和稳健性。

四、研究内容的不足。首先，子研究一为质性研究，品牌仪式的形成机理和影响因素的作用仅文本推导而得，其中的关系未得到实证的验证。第二，子研究二聚焦于剖析品牌仪式的双刃路径，仅提出了"品牌个性"这一明显的调节变量，未涉及子研究一发现的其他调节因素。第三，子研究三中，好奇感仅部分中介品牌仪式对非直接消费者购买意愿的影响，本书未涉及其他可能解释路径。第四，子研究四在以往危机沟通研究的基础上，仅取互动行为和情感能量两个维度，且将互动行为分为赔偿和道歉两类，未纳入其他因素，如在场符号、群体界限等。

据此，本书作者提出未来研究展望。诚然，品牌仪式作为一种新颖且极具价值的营销活动，未来研究可以从多理论、多视角、多方法切入，以下研究方向仅为本书作者之浅见：

一、未来可以从地域和年龄等角度增加样本类型，如采用 Amazon

Mechanical Turk 平台收集美国被试数据，采用儿童进行品牌仪式的行为实验①，甚至采用工作人士、老人等不同群体样本，以此检验研究结论是否具有跨样本的稳定性。

二、子研究一通过消费者访谈得到了品牌仪式的影响因素模型，未来研究可以通过问卷搜集研究文中所提因素，并建构整体模型验证影响因素模型的可靠性，分析影响因素的具体影响效应。

三、子研究二提出了品牌仪式对参与型消费者的双刃剑路径——感知乐趣和感知自主性，该路径值得未来继续深入研究。首先，感知乐趣代表了消费者的情感反应，感知自主性代表了消费者的认知反应。在心理学领域，情感反应和认知反应的关系一直还处于黑箱之中，有的学者认为两者是分离加工的系统，而有的学者则提出整合加工理论，那么情绪共情和责任预期是否有各自的启动条件？未来研究可以关注在不同条件下情感反应机制和认知反应机制的对比，进一步厘清双刃路径的边界条件和形成基础。其次，本书仅揭示了品牌仪式对感知乐趣和感知自主性的即时影响，未来研究可以探讨感知乐趣和感知自主性的时间变化性。例如，未来研究可以采用日记法，通过让被试参与为期一周的品牌仪式试用实验，每天询问被试的想法和感受，然后对感知乐趣和感知自主性进行编码，从而考察感知乐趣和感知自主性的波动情况。最后，其他因素可能调节品牌仪式程度的双刃路径，如信息加工类型、面子意识、群体压力等，未来研究可以探讨这些因素和品牌仪式程度的交互作用对消费者反应的影响。

四、未来研究可以增加通过田野实验甚至大样本田野实验验证品牌仪式的效应。随着学界对营销实践和营销政策的关注提升，近年来营销学者们（尤其是决策研究者）越来越关注田野实验，特别是营销中大样本、大数据的田野实验，如营销领域的顶级刊物之一 *Journal of Marketing Research* 于 2016 年 6 月期和 2017 年 2 月期均推出了田野实验的特辑。由

---

① M. Nielsen, R. Kapitány and R. Elkins, "The Perpetuation of Ritualistic Actions as Revealed by Young Children's Transmission of Normative Behavior", *Evolution and Human Behavior*, Vol. 36, No. 3, 2015, pp. 191–198.

于时间和成本限制,本书仅在子研究二中加入了一个田野实验。作者设想,子研究三可以通过田野实验进行验证,如以举办晚会为契机,在晚会的互动阶段,选择6—10位学生作为品牌仪式表演者,场下观众进行观看,在离开晚会时,观众在两种品牌产品(一种是进行仪式表演的品牌,一种是无仪式表演的品牌)进行挑选。如果能与企业建立合作关系,那么甚至还可以进行大样本的田野实验,如通过邮件方式向消费者发送品牌仪式视频,或通过微信公众号形式向关注者发送品牌仪式视频,然后以代金券和微信红包的方式搜集消费者反应。

五、子研究四将品牌仪式划分为情感能量维度和互动行为维度,而互动仪式链理论指出,仪式包括四个基本进入要素:身体在场、群体符号、互动行为和情感能量。本书作者的一些前期研究也发现,互动仪式链中的细微符号和身体在场会对消费者产生显著的影响[①]。由此,未来研究可以关注危机期下品牌仪式的另外两个维度——身体在场和群体符号,并挖掘其影响机制。

[①] 如 Y. Ran, H. Wei and Q. Li, "Forgiveness from Emotion Fit: Emotional Frame, Consumer Emotion, and Feeling-right in Consumer Decision to Forgive", *Frontiers in Psychology*, Vol. 7, No. 1775, 2016, pp. 1–17; H. Wei and Y. Ran, "Male Versus Female: How the Gender of Apologizers Influences Consumer Forgiveness", *Journal of Business Ethics*, 2017, doi: 10.1007/s10551-017-3440-7.

参考文献

[1] 安云凤：《中国传统商德及现代社会价值》，《江苏社会科学》2002年第5期。

[2] 陈劲松：《企业品牌成长与整合模型研究》，《商业经济》2009年第6期。

[3] ［美］菲利普·科特勒：《营销管理》，中国人民大学出版社2009年版。

[4] 何佳讯、秦翕嫣、杨清云、王莹：《创新还是怀旧？长期品牌管理"悖论"与老品牌市场细分取向——一项来自中国三城市的实证研究》，《管理世界》2007年第11期。

[5] 黄胜兵、卢泰宏：《品牌个性的本土化研究》，《南开管理评论》2003年第1期。

[6] 李明英、吴惠宁、蒯曙光、张畅芯：《虚拟现实技术在执行功能评估中的应用》，《心理科学进展》2017年第6期。

[7] ［德］洛蕾利斯·辛格霍夫：《我们为什么需要仪式》，刘永强译，中国人民大学出版社2009年版。

[8] 潘成云：《品牌生命周期论》，《商业经济与管理》2000年第9期。

[9] 彭兆荣：《人类学仪式研究评述》，《民族研究》2002年第2期。

[10] 冉雅璇、卫海英：《互动仪式链视角下的品牌危机修复机制研究》，《营销科学学报》2015年第2期。

[11] 冉雅璇、卫海英：《互动仪式链视角下品牌危机应对的多案例研究》，《管理学报》2016年第5期。

[12] 冉雅璇、卫海英：《品牌仪式如何形成？——基于扎根理论的探索

性研究》，《经济管理》2017年第12期。

[13] 冉雅璇、卫海英、李清、雷超：《心理学视角下的人类仪式：一种意义深远的重复动作》，《心理科学进展》2018年第1期。

[14] 陶红、卫海英：《抢雷策略对品牌危机修复效果的影响研究——品牌危机类型，品牌声誉的调节作用》，《南开管理评论》2016年第3期。

[15] ［苏格兰］维克多·特纳：《仪式过程：结构与反结构》，黄剑波、柳博赟译，中国人民大学出版社2006年版。

[16] 王建明、王俊豪：《公众低碳消费模式的影响因素模型与政府管制政策——基于扎根理论的一个探索性研究》，《管理世界》2011年第4期。

[17] 卫海英：《品牌危机管理：基于品牌关系视角的研究》，暨南大学出版社2011年版。

[18] 卫海英、冯伟：《品牌资产生成路径：基于企业与消费者互动行为的研究视角》，《管理世界》2007年第11期。

[19] 卫海英、李清、杨德锋：《品牌危机中社会关系冲突的动态演化机理——基于解释学的研究》，《中国工业经济》2015年第11期。

[20] 卫海英、刘红艳：《服务企业员工互动响应能力的生成路径研究》，《营销科学学报》2015年第1期。

[21] 卫海英、骆紫薇：《社会互动中的品牌至爱生成机制——基于释义学的研究》，《中国工业经济》2012年第11期。

[22] 卫海英、骆紫薇：《中国的服务企业如何与顾客建立长期关系？——企业互动导向、变革型领导和员工互动响应对中国式顾客关系的双驱动模型》，《管理世界》2014年第1期。

[23] 卫海英、骆紫薇：《互动行为与服务品牌资产》，科学出版社2015年版。

[24] 卫海英、杨国亮：《企业互动导向下的品牌危机预防模式研究》，《商业经济与管理》2013年第12期。

[25] 卫海英、张蕾：《服务品牌资产驱动模型研究——基于多维互动质量的视角》，《经济管理》2010年第5期。

[26] [德]威廉·冯特:《民族宗教心理学纲要》,陆丽青、刘瑶译,宗教文化出版社2008年版。

[27] 薛海波:《品牌社群作用机理理论研究和模型构建》,《外国经济与管理》2012年第2期。

[28] 薛海波:《品牌仪式:打造粉丝忠诚的利器》,《清华管理评论》2015年第1期。

[29] 叶浩生:《有关具身认知思潮的理论心理学思考》,《心理学报》2011年第5期。

[30] 袁登华、付春江、罗嗣明:《品牌印象形成与改变的双重加工模型检验》,《心理学报》2014年第10期。

[31] [英]约翰·菲利普·琼斯:《广告与品牌策划》,机械工业出版社2002年版。

[32] 张红霞、马桦、李佳嘉:《有关品牌文化内涵及影响因素的探索性研究》,《南开管理评论》2009年第4期。

[33] 张立荣、管益杰、王詠:《简单暴露效应的理论模型》,《心理科学进展》2006年第14卷第6期。

[34] 张卫东、刁静:《正、负性情绪的跨文化心理测量:PANAS维度结构检验》,《心理科学》2004年第1期。

[35] 张颐武:《需要庄重的仪式感》,2006年,网易博客,(http://zy-wblog.blog.163.com/blog/static/11656918420063282546436/)。

[36] D. Aaker, *Building Strong Brands*, New York: The Free Press, 1996.

[37] J. L. Aaker, "Dimensions of Brand Personality", *Journal of Marketing Research*, Vol. 43, No. 3, 1997.

[38] J. L. Aaker, S. Fournier and S. A. Brasel, "When Good Brands Do Bad", *Journal of Consumer Research*, Vol. 31, No. 1, 2004.

[39] J. G. Ahler and J. B. Tamney, "Some Functions of Religious Ritual in a Catastrophe", *Sociology of Religion*, Vol. 25, No. 4, 1964.

[40] A. L. Ai, T. N. Tice, C. Peterson and B. Huang, "Prayers, Spiritual Support, and Positive Attitudes in Coping with the September 11 National Crisis", *Journal of Personality*, Vol. 73, No. 3, 2005.

[41] C. S. Alcorta and R. Sosis, "Ritual, Emotion, and Sacred Symbols: The Evolution of Religion as an Adaptive Complex", *Human Nature*, Vol. 16, No. 4, 2005.

[42] M. W. Anastasi and A. B. Newberg, "A Preliminary Study of the Acute Effects of Religious Ritual on Anxiety", *The Journal of Alternative and Complementary Medicine*, Vol. 14, No. 2, 2008.

[43] E. J. Arnould, "Special Session Summary: Rituals Three Gifts and Why Consumer Researchers Should Care", *Advances in Consumer Research*, Vol. 28, 2001.

[44] E. J. Arnould and L. L. Price, "River Magic: Extraordinary Experience and the Extended Service Encounter", *Journal of Consumer Research*, Vol. 20, No. 1, 1993.

[45] E. J. Arnould and C. J. Thompson, "Consumer Culture Theory (CCT): Twenty Years of Research", *Journal of Consumer Research*, Vol. 31, No. 4, 2005.

[46] J. O. Baker, "Social Sources of the Spirit: Connecting Rational Choice and Interactive Ritual Theories in the Study of Religion", *Sociology of Religion*, Vol. 71, 2010.

[47] Y. Bao, K. Z. Zhou and C. Su, "Face Consciousness and Risk Aversion: Do They Affect Consumer Decision-Making?" *Psychology & Marketing*, Vol. 20, No. 8, 2003.

[48] J. Barrett and E. Lawson, "Ritual Intuitions: Cognitive Contributions to Judgment of Ritual Efficacy", *Journal of Cognition and Culture*, Vol. 1, No. 2, 2001.

[49] R. M. Baron and D. A. Kenny, "The Moderator-Mediator Variable Distinction in Social Psychological Research: Conceptual, Strategic, and Statistical Considerations", *Journal of Personality and Social Psychology*, Vol. 51, No. 6, 1986.

[50] R. Batra, A. Ahuvia and R. P. Bagozzi, "Brand Love", *Journal of Marketing*, Vol. 76, No. 2, 2012.

[51] C. Bell, *Ritual: Perspectives and Dimensions*, Oxford, England: Oxford University Press, 1997.

[52] W. L. Benoit, "Image Repair Siscourse and Crisis Communicationv *Public Relations Review*, Vol. 23, No. 2, 1997.

[53] S. K. Bonsu and R. W. Belk, "Do Not Go Cheaply into That Good Night: Death-Ritual Consumption in Asante, Ghana", *Journal of Consumer Research*, Vol. 30, No. 1, 2003.

[54] E. J. Boothby, M. S. Clark and J. A. Bargh, "The Invisibility Cloak Illusion: People (Incorrectly) Believe They Observe Others More Than Others Observe Them", *Journal of Personality and Social Psychology*, Vol. 112, No. 4, 2017.

[55] P. Boyer and P. Liénard, "Why Ritualized Behavior? Precaution Systems and Action Parsing in Developmental, Pathological and Cultural Rituals", *Behavioral and Brain Sciences*, Vol. 29, No. 6, 2006.

[56] P. Boyer and P. Liénard, "Ritual Behavior in Obsessive and Normal Individuals: Moderating Anxiety and Reorganizing the Flow of Action", *Current Directions in Psychological Science*, Vol. 17, No. 4, 2008.

[57] T. W. Bradford and J. F. Sherry, "Domesticating Public Space through Ritual: Tailgating as Vestaval", *Journal of Consumer Research*, Vol. 42, No. 1, 2015.

[58] J. J. Brakus, B. H. Schmitt and L. Zarantonello, "Brand Experience: What Is It? How Is It Measured? Does It Affect Loyalty?" *Journal of Marketing*, Vol. 73, No. 3, 2009.

[59] A. W. Brooks, J. Schroeder, J. L. Risen, F. Gino, A. D. Galinsky, M. I. Norton and M. E. Schweitzer, "Don't Stop Believing: Rituals Improve Performance by Decreasing Anxiety", *Organizational Behavior and Human Decision Processes*, Vol. 137, 2016.

[60] K. R. Brown, "Interaction Ritual Chains and the Mobilization of Conscientious Consumers", *Qualitative Sociology*, Vol. 34, No. 1, 2011.

[61] B. J. Calder and R. E. Burnkrant, "Interpersonal Influence on Consumer

Behavior: An Attribution Theory Approach", *Journal of Consumer Research*, Vol. 4, No. 1, 1977.

[62] G. V. Caprara, C. Barbaranelli and G. Guido, "Brand Personality: How to Make the Metaphor Fit?" *Journal of Economic Psychology*, Vol. 22, 2001.

[63] J. Cayla, B. Cova and L. Maltese, "Party Time: Recreation Rituals in the World of B2B", *Journal of Marketing Management*, Vol. 29, No. 11-12, 2013.

[64] R. L. Celsi, R. L. Rose and T. W. Leigh, "An Exploration of High-Risk Leisure Consumption through Skydiving", *Journal of Consumer Research*, Vol. 20, No. 1, 1993.

[65] F. Chen and J. Sengupta, "Forced to Be Bad: The Positive Impact of Low-Autonomy Vice Consumption on Consumer Vitality", *Journal of Consumer Research*, Vol. 41, No. 4, 2014.

[66] P. J. Cohn, R. J. Rotella and J. W. Lloyd, "Effects of a Cognitive-Behavioral Intervention on the Preshot Routine and Performance in Golf", *The Sport Psychologist*, Vol. 4, No. 1, 1990.

[67] R. Collins, *Interaction Ritual Chains Theory*, NY: Princeton University Press, 2009.

[68] W. T. Coombs, "Choosing the Right Words: The Development of Guidelines for the Selection of the 'Appropriate' Crisis-Response Strategies", *Management Communication Quarterly*, Vol. 8, No. 4, 1995.

[69] S. Cotterill, "Pre-Performance Routines in Sport: Current Understanding and Future Directions", *International Review of Sport and Exercise Psychology*, Vol. 3, No. 2, 2010.

[70] B. Cova and R. Salle, "Rituals in Managing Extrabusiness Relationships in International Project Marketing: A Conceptual Framework", *International Business Review*, Vol. 9, No. 6, 2000.

[71] F. Cowell, "*Why Brands with Rituals Will Rise to the Top*", retrieved from January 14, 2015, (http://elevatoragency.com/cult-brands-

brand-rituals-convey-value-and-build-loyalty/).

[72] C. R. Critcher and M. J. Ferguson, "'Whether I Like It or Not, It's Important': Implicit Importance of Means Predicts Self-Regulatory Persistence and Success", *Journal of Personality and Social Psychology*, Vol. 110, No. 6, 2016.

[73] A. J. Cuddy, S. T. Fiske and P. Glick, "The BIAS Map: Behaviors from Intergroup Affect and Stereotypes", *Journal of Personality and Social Psychology*, Vol. 92, No. 4, 2007.

[74] L. Damisch, B. Stoberock and T. Mussweiler, "Keep Your Fingers Crossed! How Superstition Improves Performance", *Psychological Science*, Vol. 21, No. 7, 2010.

[75] N. Dawar and J. Lei, "Brand Crises: The Roles of Brand Familiarity and Crisis Relevance in Determining the Impact on Brand Evaluations", *Journal of Business Research*, Vol. 62, No. 4, 2009.

[76] E. L. Deci and R. M. Ryan, "The 'What' and 'Why' of Goal Pursuits: Human Needs and the Self-Determination of Behavior", *Psychological Inquiry*, Vol. 11, No. 4, 2000.

[77] R. K. Ditlmann, V. Purdie-Vaughns, J. F. Dovidio and M. J. Naft, "The Implicit Power Motive in Intergroup Dialogues about the History of Slavery", *Journal of Personality and Social Psychology*, Vol. 112, No. 1, 2017.

[78] C. V. Dimofte and R. F. Yalch, "The Mere Association Effect and Brand Evaluations", *Journal of Consumer Psychology*, Vol. 21, 2011.

[79] W. B. Dodds, K. B. Monroe, K. B. and D. Grewal, "Effects of Price, Brand, and Store Information on Buyers' Product Evaluations", *Journal of Marketing Research*, Vol. 28, No. 3, 1991.

[80] P. Dong, X. Dai and R. S. Wyer Jr, "Actors Conform, Observers React: The Effects of Behavioral Synchrony on Conformity", *Journal of Personality and Social Psychology*, Vol. 108, No. 1, 2015.

[81] E. Durkheim, *The Elementary Forms of Religious Life*, NY, New York:

Free Press, 1965.

[82] S. Dutta and C. Pullig, "Effectiveness of Corporate Responses to Brand Crises: The Role of Crisis Type and Response Strategies", *Journal of Business Research*, Vol. 64, No. 12, 2011.

[83] C. S. Dweck, *Self-Theories: Their Role in Motivation, Personality, and Development*, Psychology Press, 2000.

[84] P. Ekman, *Emotion in the Human Face: Studies in Emotion and Social Interaction*. London: Cambridge University Press, 1983.

[85] N. Erhardt, C. Martin-Rios and C. Heckscher, "Am I Doing the Right Thing? Unpacking Workplace Rituals as Mechanisms for Strong Organizational Culture", *International Journal of Hospitality Management*, Vol. 59, 2016.

[86] J. Etkin and C. Mogilner, "Does Variety among Activities Increase Happiness?" *Journal of Consumer Research*, Vol. 43, No. 2, 2016.

[87] F. Faul, E. Erdfelder, A. Buchner and A. G. Lang, "Statistical Power Analyses Using G * Power 3.1: Tests for Correlation and Regression Analyses", *Behavior Research Methods*, Vol. 41, No. 4, 2009.

[88] D. C. Feldman, "The Role of Initiation Activities in Socialization", *Human Relations*, Vol. 30, No. 11, 1977.

[89] S. T. Fiske, A. J. Cuddy and P. Glick, "Universal Dimensions of Social Cognition: Warmth and Competence", *Trends in Cognitive Sciences*, Vol. 11, No. 2, 2007.

[90] S. T. Fiske, A. J. Cuddy, P. Glick and J. Xu, "A Model of (Often Mixed) Stereotype Content: Competence and Warmth Respectively Follow from Perceived Status and Competition", *Journal of Personality and Social Psychology*, Vol. 82, No. 6, 2002.

[91] S. T. Fiske and S. E. Taylor, *McGraw-Hill Series in Social Psychology*, Social Cognition (2nd ed.), New York: Mcgraw-Hill Book Company, 1991.

[92] G. M. Fitzsimons, T. L. Chartrand and G. J. Fitzsimons, "Automatic

Effects of Brand Exposure on Motivated Behavior: How Apple Makes You 'Think Different'", *Journal of Consumer Research*, Vol. 35, No. 1, 2008.

[93] S. Fournier, "Consumers and Their Brands: Developing Relationship Theory in Consumer Research", *Journal of Consumer Research*, Vol. 24, No. 4, 1998.

[94] B. Gainer, "Ritual and Relationships: Interpersonal Influences on Shared Consumption", *Journal of Business Research*, Vol. 32, No. 3, 1995.

[95] M. Giesler and E. Veresiu, "Creating the Responsible Consumer: Moralistic Governance Regimes and Consumer Subjectivity", *Journal of Consumer Research*, Vol. 41, No. 3, 2014.

[96] C. Gilde, S. Pace, S. J. Pervan and C. Strong, "Examining the Boundary Conditions of Customer Citizenship Behaviour: A Focus on Consumption Ritual", *Journal of Strategic Marketing*, Vol. 19, No. 7, 2011.

[97] B. G. Glaser and A. L. Strauss, *The Discovery of Grounded Theory: Strategies for Qualitative Research*, New York: Aldine, 1967.

[98] E. Goffman, *Interaction Ritual: Essays on Face-to-Face Behavior*, New York: Anchor Books, 1967.

[99] G. J. Gorn, Y. Jiang and G. V. Johar, "Babyfaces, Trait Inferences, and Company Evaluations in a Public Relations Crisis", *Journal of Consumer Research*, Vol. 35, No. 1, 2008.

[100] I. Grant and G. Walsh, "Exploring the Concept of Brand Embarrassment: The Experiences of Older Adolescents", *Advances in Consumer Research*, Vol. 36, No. 1, 2009.

[101] A. G. Greenwald, D. E. McGhee and J. L. Schwartz, "Measuring Individual Differences in Implicit Cognition: The Implicit Association Test", *Journal of Personality and Social Psychology*, Vol. 74, No. 6, 1998.

[102] E. J. Hamerman and G. V. Johar, "Conditioned Superstition: Desire for

Control and Consumer Brand Preferences", *Journal of Consumer Research*, *Vol.* 40, No. 3, 2013.

[103] S. L. Holak, "Ritual Blessings with Companion Animals", *Journal of Business Research*, Vol. 61, No. 5, 2008.

[104] M. B. Holbrook and E. C. Hirschman, "The Experiential Aspects of Consumption: Consumer Fantasies, Feelings, and Fun", *Journal of Consumer Research*, Vol. 9, No. 2, 1982.

[105] D. B. Holt, "Examining the Descriptive Value of "Ritual" in Consumer Behavior: View from the Field", *Advances in Consumer Research*, Vol. 19, No. 1, 1992.

[106] D. B. Holt, "How Consumers Consume: A Typology of Consumption Practices", *Journal of Consumer* Research, Vol. 22, No. 1, 1995.

[107] G. C. Homans, "Anxiety and Ritual: The Theories of Malinowski and Radcliffe-Brown", *American Anthropologist*, Vol. 43, No. 2, 1941.

[108] J. L. Jacobs, "The Effects of Ritual Healing on Female Victims of Abuse: A Study of Empowerment and Transformation", *Sociology of Religion*, Vol. 50, No. 3, 1989.

[109] Y. Jiang, R. Adaval, Y. Steinhart and R. S. Wyer, "Imagining Yourself in the Scene: The Interactive Effects of Goal-driven Self-imagery and Visual Perspectives on Consumer Behavior", *Journal of Consumer Research*, Vol. 41, No. 2, 2014.

[110] J. A. Johnson, "The Window of Ritual: Seeing the Intentions and Emotions of 'Doing' Gender", *Gender Issues*, Vol. 26, No. 1, 2009.

[111] Z. Kampf and N. Löwenheim, "Rituals of Apology in the Global Arena", *Security Dialogue*, Vol. 43, No. 1, 2012.

[112] R. Kapitány and M. Nielsen, "Adopting the Ritual Stance: The Role of Opacity and Context in Ritual and Everyday Actions", *Cognition*, Vol. 145, 2015.

[113] D. Karlan and J. Zinman, "Observing Unobservables: Identifying Information Asymmetries with a Consumer Credit Field Experiment", *Econo-

metrica, Vol. 77, No. 6, 2009.

[114] A. C. Kay, D. Gaucher, J. L. Napier, M. J. Callan and K. Laurin, "God and the Government: Testing a Compensatory Control Mechanism for the Support of External Systems", *Journal of Personality and Social Psychology*, Vol. 95, No. 1, 2008.

[115] K. L. Keller, "Branding and Brand Equity", in Bart Weitz and Robin Wensley, eds., *Handbook of Marketing*, London: Sage Publications, 2002.

[116] K. L. Keller, "Brand Synthesis: The Multidimensionality of Brand Knowledge", *Journal of Consumer Research*, Vol. 29, 2003.

[117] K. L. Keller and D. R. Lehman, "Brands and Branding: Research Findings and Future Priorities", *Marketing Science*, Vol. 25, 2006.

[118] D. S. Kempf and R. N. Laczniak, "Advertising's Influence on Subsequent Product Trial Processing", *Journal of Advertising*, Vol. 30, No. 3, 2001.

[119] S. Kim, R. P. Chen and K. Zhang, "Anthropomorphized Helpers Undermine Autonomy and Enjoyment in Computer Games", *Journal of Consumer Research*, Vol. 43, No. 2, 2016.

[120] A. Kirmani and B. Shiv, "Effects of Source Congruity on Brand Attitude and Beliefs: The Moderating Role of Issue-relevant Elaboration", *Journal of Consumer Psychology*, Vol. 7, 1998.

[121] M. Lang, J. Krátký, J. H. Shaver, D. Jerotijević and D. Xygalatas, "Effects of Anxiety on Spontaneous Ritualized Behavior", *Current Biology*, Vol. 25, No. 14, 2015.

[122] C. H. Legare and A. L. Souza, "Evaluating Ritual Efficacy: Evidence from the Supernatural", *Cognition*, Vol. 124, No. 1, 2012.

[123] G. Levy and R. Razin, "Rituals or Good Works: Social Signaling in Religious Organizations", *Journal of the European Economic Association*, Vol. 12, No. 5, 2014.

[124] N. Liberman, Y. Trope and E. Stephan, "Psychological distance", in

Arie W. Kruglanski and E. Tory Higgins, eds., *Social Psychology: Handbook of Basic Principles*, Vol. 2, New York: Guilford Press, 2007.

[125] P. Liénard and P. Boyer, "Whence Collective Rituals? A Cultural Selection Model of Ritualized Behavior", *American Anthropologist*, Vol. 108, No. 4, 2006.

[126] A. Lipschitz, "The Observing Actor: Divergent Perceptions of the Cause of One's Own Behavior", *Social Behavior and Personality*, Vol. 2, No. 2, 1974.

[127] G. Loewenstein, "The Psychology of Curiosity: A Review and Reinterpretation", *Psychological Bulletin*, Vol. 116, No. 1, 1994.

[128] N. Maehle, C. Otnes and M. Supphellen, "Consumers' Perceptions of the Dimensions of Brand Personality", *Journal of Consumer Behavior*, Vol. 10, No. 5, 2011.

[129] B. F. Malle, "The Actor-observer Asymmetry in Attribution: A (Surprising) Meta-Analysis", *Psychological Bulletin*, Vol. 132, No. 6, 2006.

[130] B. F. Malle, J. M. Knobe and S. E. Nelson, "Actor-observer Asymmetries in Explanations of Behavior: New Answers to an Old Question", *Journal of Personality and Social Psychology*, Vol. 93, No. 4, 2007.

[131] P. Maloney, "Online Networks and Emotional Energy: How Pro-anorexic Websites Use Interaction Ritual Chains to (Re) form Identity", *Information, Communication & Society*, Vol. 16, No. 1, 2013.

[132] F. Massa, W. Helms, M. Voronov and L. Wang, "Emotion Uncorked: Inspiring Evangelism for the Emerging Practice of Cool Climate Wine Making in Ontario", *Academy of Management Journal*, Vol. 60, No. 2, 2016.

[133] A. Mazur, "US Trends in Feminine Beauty and Overadaptation", *Journal of Sex Research*, Vol. 22, No. 3, 1986.

[134] G. McCracken, "Culture and Consumption: A Theoretical Account of

the Structure and Movement of the Cultural Meaning of Consumer Goods", *Journal of Consumer Research*, Vol. 13, No. 1, 1986.

[135] M. E. McCullough, E. L. Worthington Jr and K. C. Rachal, "Interpersonal Forgiving in Close Relationships", *Journal of Personality and Social Psychology*, Vol. 73, No. 2, 1997.

[136] S. McKechnie and C. Tynan, "Social Meanings in Christmas Consumption: An Exploratory Study of UK Celebrants' Consumption Rituals", *Journal of Consumer Behaviour*, Vol. 5, No. 2, 2006.

[137] R. Mehta and R. J. Zhu, "Blue or Red? Exploring the Effect of Color on Cognitive Task Performances", *Science*, Vol. 323, No. 5918, 2009.

[138] S. Menon and D. Soman, "Managing the Power of Curiosity for Effective Web Advertising Strategies", *Journal of Advertising*, Vol. 31, No. 3, 2002.

[139] R. Meyer, "Introduction to the Journal of Marketing Research Special Section on Field Experiment", *Journal of Marketing Research*, Vol. 54, No. 1, 2017.

[140] P. Mitkidis, S. Ayal, S. Shalvi, K. Heimann, G. Levy, M. Kyselo, S. Wallot, D. Ariely and A. Roepstorff, "The Effects of Extreme Rituals on Moral Behavior: The Performers-observers Gap Hypothesis", *Journal of Economic Psychology*, Vol. 59, 2017.

[141] F. Morhart, L. Malär, A. Guèvremont, F. Girardin and B. Grohmann, "Brand Authenticity: An Integrative Framework and Measurement Scale", *Journal of Consumer Psychology*, Vol. 25, No. 2, 2015.

[142] A. M. Muñiz and T. C. O'Guinn, "Brand Community", *Journal of Consumer Research*, Vol. 27, No. 4, 2001.

[143] A. M. Muñiz and H. J. Schau, "Religiosity in the Abandoned Apple Newton Brand Community", *Journal of Consumer Research*, Vol. 31, No. 4, 2005.

[144] S. G. Myers, T. Grøtte, S. Haseth, I. C. Guzey, B. Hansen, P. A. Vogel and S. Solem, "The Role of Metacognitive Beliefs about Thoughts and

Rituals: A Test of the Metacognitive Model of Obsessive-Compulsive Disorder in a Clinical Sample", *Journal of Obsessive-Compulsive and Related Disorders*, Vol. 13, 2017.

[145] M. Nielsen, R. Kapitány and R. Elkins, "The Perpetuation of Ritualistic Actions as Revealed by Young Children's Transmission of Normative Behavior", *Evolution and Human Behavior*, Vol. 36, No. 3, 2015.

[146] J. Nodora, S. J. Hartman, D. R. Strong, K. Messer, L. E. Vera, M. M. White, D. Portnoy, C. Choiniere, G. Vullo and J. P. Pierce, "Curiosity Predicts Smoking Experimentation Independent of Susceptibility in a US National Sample", *Addictive Behaviors*, Vol. 39, No. 12, 2014.

[147] M. I. Norton and F. Gino, "Rituals Alleviate Grieving for Loved Ones, Lovers, and Lotteries", *Journal of Experimental Psychology: General*, Vol. 143, No. 1, 2014.

[148] T. J. Noseworthy and M. R. Goode, "Contrasting Rule-based and Similarity-based Category Learing: The Effects of Mood and Prior Knowledge on Ambiguous Categorization", *Journal of Consumer Psychology*, Vol. 21, No. 3, 2011.

[149] T. J. Noseworthy and R. Trudel, "Looks Interesting, But What Does It Do? Evaluation of Incongruent Product Form Depends on Positioning", *Journal of Marketing Research*, Vol. 48, No. 6, 2011.

[150] T. C. O'Guinn, R. J. Tanner and A. Maeng, "Turning to Space: Social Density, Social Class, and the Value of Things in Stores", *Journal of Consumer Research*, Vol. 42, No. 2, 2015.

[151] S. Ohly, S. Sonnentag, C. Niessen and D. Zapf, "Diary Studies in Organizational Research: An Introduction and Some Practical Recommendations", *Journal of Personnel Psychology*, Vol. 9, No. 2, 2010.

[152] J. A. Ouellette and W. Wood, "Habit and Intention in Everyday Life: The Multiple Processes by Which Past Behavior Predicts Future Behavior", *Psychological Bulletin*, Vol. 124, No. 1, 1998.

[153] C. C. Otnes, B. E. Ilhan and A. Kulkarni, "The Language of Market-

place Rituals: Implications for Customer Experience Management", *Journal of Retailing*, Vol. 88, No. 3, 2012.

[154] C. Otnes and L. M. Scott, "Something Old, Something New: Exploring the Interaction between Ritual and Advertising", *The Journal of Advertising*, Vol. 25, No. 1, 1996.

[155] N. R. Pandit, "The Creation of Theory: A Recent Application of the Grounded Theory Method", *The Qualitative Report*, Vol. 2, No. 4, 1996.

[156] C. W. Park, A. B. Eisingerich and J. W. Park, "Attachment-Aversion (AA) Model of Customer-brand Relationships", *Journal of Consumer Psychology*, Vol. 23, No. 2, 2013.

[157] J. Peck, "*Increasing Well-Being to Build Your Brand and Competitive Advantage*", 2011, (http://www.sustainablebrands.com/news_and_views/oct2011/increasing-well-being-build-your-brand-and-competitive-advantage).

[158] M. H. Pesch, A. L. Miller, D. P. Appugliese, K. L. Rosenblum and J. C. Lumeng, "Affective Tone of Mothers' Statements to Restrict Their Children's Eating", *Appetite*, Vol. 103, 2016.

[159] B. Plester, "Ingesting the Organization: The Embodiment of Organizational Food Rituals", *Culture and Organization*, Vol. 21, No. 3, 2015.

[160] K. J. Preacher and A. F. Hayes, "SPSS and SAS Procedures for Estimating Indirect Effects in Simple Mediation Models", *Behavior Research Methods, Instruments & Computers*, Vol. 36, No. 4, 2004.

[161] K. M. Prexl and P. Kenning, "An Empirical Analysis of the Antecedents and Consequences of Brand Rituals", *European Advances in Consumer Research*, Vol. 9, 2011.

[162] M. Puzakova, H. Kwak and J. F. Rocereto, "When Humanizing Brands Goes Wrong: The Detrimental Effect of Brand Anthropomorphization Amid Product Wrongdoings", *Journal of Marketing*, Vol. 77, No. 3, 2013.

[163] Z. Raj, *Brand Rituals: How Successful Brands Bond with Customers for Life*, Mill Valley, CA: Spyglass Pub. Group Inc., 2012.

[164] Y. Ran, H. Wei and Q. Li, "Forgiveness from Emotion Fit: Emotional Frame, Consumer Emotion, and Feeling-right in Consumer Decision to Forgive", *Frontiers in Psychology*, Vol. 7, No. 1775, 2016.

[165] A. Reed, M. R. Forehand, S. Puntoni and L. Warlop, "Identity-based Consumer Behavior", *International Journal of Research in Marketing*, Vol. 29, No. 4, 2012.

[166] H. Ren and B. Gray, "Repairing Relationship Conflict: How Violation Types and Culture Influence the Effectiveness of Restoration Rituals", *Academy of Management Review*, Vol. 34, No. 1, 2009.

[167] J. Robbins, "Ritual, Value, and Example: On the Perfection of Cultural Representations", *Journal of the Royal Anthropological Institute*, Vol. 21, No. S1, 2015.

[168] E. G. Rogoff, M. Lee and D. Suh, " "Who Done It?" Attributions by Entrepreneurs and Experts of the Factors That Cause and Impede Small Business Success", *Journal of Small Business Management*, Vol. 42, 2004.

[169] B. D. Romanoff and B. E. Thompson, "Meaning Construction in Palliative Care: The Use of Narrative, Ritual, and the Expressive Arts", *American Journal of Hospice & Palliative Medicine*, Vol. 23, No. 4, 2006.

[170] D. W. Rook, "The Ritual Dimension of Consumer Behavior", *Journal of Consumer Research*, Vol. 12, No. 3, 1985.

[171] M. J. Rossano, "The Essential Role of Ritual in the Transmission and Reinforcement of Social Norms", *Psychological Bulletin*, Vol. 138, No. 3, 2012.

[172] M. Rossner, "Emotions and Interaction Ritual: A Micro Analysis of Restorative Justice", *British Journal of Criminology*, Vol. 51, No. 1, 2011.

[173] B. J. Ruffle and R. Sosis, "Does It Pay to Pray? Costly Ritual and Cooperation", *The B. E. Journal of Economic Analysis & Policy*, Vol. 7, 2007.

[174] R. M. Ryan, E. L. Deci, W. S. Grolnick and J. G. La Guardia, "The Significance of Autonomy and Autonomy Support in Psychological Development and Psychopathology", in D. Cicchetti and D. Cohen, eds., *Developmental psychopathology: Theory and methods*, Vol. 1, New York: Wiley, 2006.

[175] R. M. Ryan, R. Koestner and E. L. Deci, "Ego-involved Persistence: When Free-choice Behavior Is Not Intrinsically Motivated", *Motivation and Emotion*, Vol. 15, No. 3, 1991.

[176] A. G. Santelli, C. W. Struthers and J. Eaton, "Fit to Forgive: Exploring the Interaction Between Regulatory Focus, Repentance, and Forgiveness", *Journal of Personality and Social Psychology*, Vol. 96, No. 2, 2009.

[177] B. Schmitt, "The Concept of Brand Experience", *Journal of Brand Management*, Vol. 16, No. 7, 2009.

[178] B. Schmitt, "The Consumer Psychology of Brands", *Journal of Consumer Psychology*, Vol. 22, No. 1, 2012.

[179] J. Schroeder, J. Risen, F. Gino and M. I. Norton, "Handshaking Promotes Cooperative Dealmaking", Harvard Business School NOM Unit Working Paper, 2014.

[180] C. Siehl, D. E. Bowen and C. M. Pearson, "Service Encounters As Rites of Integration: An Information Processing Model", *Organization Science*, Vol. 3, No. 4, 1992.

[181] B. L. Simonin and J. A. Ruth, "Is a Company Known by the Company It Keeps? Assessing the Spillover Effects of Brand Alliances on Consumer Brand Attitudes", *Journal of Marketing Research*, Vol. 35, 1998.

[182] B. Singer and V. A. Benassi, "Occult Beliefs: Media Distortions, Social Uncertainty, and Deficiencies of Human Reasoning Seem to Be at

the Basis of Occult Beliefs", *American Scientist*, Vol. 69, No. 1, 1981.

[183] J. Snoek, "Defining 'rituals'", in Jens Kreinath, Jan Snoek and Michael Strausberg, eds. , *Theorizing Rituals: Issues, Topics, Approaches, Concepts*, Vol. 2, Leiden: Brill, 2008.

[184] M. R. Solomon and P. Anand, "Ritual Costumes and Status Transition: The Female Business Suit as Totemic Emblem", *Advances in Consumer Research*, Vol. 12, 1985.

[185] J. Sorensen, P. Lienard and C. Feeny, "Agent and Instrument in Judgements of Ritual Efficacy", *Journal of Cognition and Culture*, Vol. 6, No. 3-4, 2006.

[186] S. Spiggle, "Analysis and Interpretation of Qualitative Data in Consumer Research", *Journal of Consumer Research*, Vol. 21, No. 3, 1994.

[187] F. Staal, "The Meaninglessness of Ritual", *Numen*, Vol. 26, No. 1, 1979.

[188] N. Stambulova, A. Stambulov and U. Johnson, "Believe in Yourself, Channel Energy, and Play Your Trumps: Olympic Preparation in Complex Coordination Sports", *Psychology of Sport and Exercise*, Vol. 13, No. 5, 2012.

[189] A. Strauss and J. Corbin, *Basics of Qualitative Research: Grounded Theory Procedures and Techniques*, Newbury Park, CA: Sage, 1990.

[190] M. Sueldo and D. Streimikiene, "Organizational Rituals as Tools of Organizational Culture Creation and Transformation: A Communicative Approach", *Transformation in Business & Economics*, Vol. 15, No. 2, 2016.

[191] A. Sundar and T. J. Noseworthy, "Too Exciting to Fail, Too Sincere to Succeed: The Effects of Brand Personality on Sensory Disconfirmation", *Journal of Consumer Research*, Vol. 43, No. 1, 2016.

[192] S. J. Tambiah, "A Performative Approach to Ritual", *Proceedings of the British Academy London*, Vol. 65, 1979.

[193] N. Tinbergen, "'Derived' Activities: Their Causation, Biological Sig-

nificance, Origin, and Emancipation during Evolution", *The Quarterly Review of Biology*, Vol. 27, No. 1, 1952.

[194] J. Tinson and P. Nuttall, "Exploring Appropriation of Global Cultural Rituals", *Journal of Marketing Management*, Vol. 26, No. 11 – 12, 2010.

[195] S. Trepte and L. Reinecke, "The Pleasures of Success: Game-Related Efficacy Experiences as a Mediator between Player Performance and Game Enjoyment", *Cyberpsychology, Behavior, and Social Networking*, Vol. 14, No. 9, 2011.

[196] M. Türe and G. Ger, "Continuity through Change: Navigating Temporalities through Heirloom Rejuvenation", *Journal of Consumer Research*, Vol. 43, No. 1, 2016.

[197] T. Ustuner, G. Ger and D. B. Holt, "Consuming Ritual: Reframing the Turkish Henna-Night Ceremony", *Advances in Consumer Research*, Vol. 27, No. 1, 2000.

[198] R. Van der Lans, B. Van den Bergh and E. Dieleman, "Partner Selection in Brand Alliances: An Empirical Investigation of the Drivers of Brand Fit", *Marketing Science*, Vol. 33, No. 4, 2014.

[199] K. D. Vohs and Y. Wang, "Rituals Improve Emotions, Consumption, Interpersonal Relationships, and Even Luck", *Advances in Consumer Research*, Vol. 40, 2012.

[200] K. D. Vohs, Y. Wang, F. Gino and M. I. Norton, "Rituals Enhance Consumption", *Psychological Science*, Vol. 24, No. 9, 2013.

[201] N. L. Votola and H. R. Unnava, "Spillover of Negative Information on Brand Alliances", *Journal of Consumer Psychology*, Vol. 16, No. 2, 2006.

[202] M. Wallendorf and E. J. Arnould, "'We Gather Together': Consumption Rituals of Thanksgiving Day", *Journal of Consumer Research*, Vol. 18, No. 1, 1991.

[203] L. C. Wan and R. S. Wyer, "Consumer Reactions to Attractive Service

Providers: Approach or Avoid?" *Journal of Consumer Research*, Vol. 42, No. 4, 2015.

[204] E. W. Wan, J. Xu and Y. Ding, "To Be or Not to Ne Unique? The Effect of Social Exclusion on Consumer Choice", *Journal of Consumer Research*, Vol. 40, No. 6, 2014.

[205] C. Wang, R. J. Zhu and T. C. Handy, "Experiencing Haptic Roughness Promotes Empathy", *Journal of Consumer Psychology*, Vol. 26, No. 3, 2016.

[206] C. Warren and M. C. Campbell, "What Makes Things Cool? How Autonomy Influences Perceived Coolness", *Journal of Consumer Research*, Vol. 41, 2014.

[207] D. Watson, L. A. Clark and A. Tellegen, "Development and Validation of Brief Measures of Positive and Negative Affect: The PANAS Scales", *Journal of Personality and Social Psychology*, Vol. 54, No. 6, 1988.

[208] J. Watts, O. Sheehan, Q. D. Atkinson, J. Bulbulia and R. D. Gray, "Ritual Human Sacrifice Promoted and Sustained the Evolution of Stratified Societies", *Nature*, Vol. 532, No. 7598, 2016.

[209] J. K. Wellman, K. E. Corcoran and K. Stockly-Meyerdirk, "'God Is Like a Drug…': Explaining Interaction Ritual Chains in American Megachurches", *Sociological Forum*, Vol. 29, No. 3, 2014.

[210] H. Wei and Y. Ran, "Male Versus Female: How the Gender of Apologizers Influences Consumer Forgiveness", *Journal of Business Ethics*, 2017, doi: 10.1007/s10551-017-3440-7.

[211] M. F. Weinberger, "Dominant Consumption Rituals and Intragroup Boundary Work: How Non-Celebrants Manage Conflicting Relational and Identity Goals", *Journal of Consumer Research*, Vol. 42, No. 3, 2015.

[212] B. Weiner, "Attributional Thoughts about Consumer Behavior", *Journal of Consumer Research*, Vol. 27, 2000.

[213] N. J. Wen, P. A. Herrmann and C. H. Legare, "Ritual Increases Children's Affiliation with In-Group Members", *Evolution and Human Behavior*, Vol. 37, No. 1, 2016.

[214] C. A. Wrisberg and R. L. Pein, "The Preshot Interval and Free Throw Shooting Accuracy: An Exploratory Investigation", *The Sport Psychologist*, Vol. 6, No. 1, 1992.

[215] R. S. Wyer and A. J. Xu, "The Role of Behavioral Mind-Sets in Goal-Directed Activity: Conceptual Underpinnings and Empirical Evidence", *Journal of Consumer Psychology*, Vol. 20, No. 2, 2010.

[216] C. Yi, Z. Jiang and I. Benbasat, "Enticing and Engaging Consumers via Online Product Presentations: The Effects of Restricted Interaction Design", *Journal of Management Information Systems*, Vol. 31, No. 4, 2015.

[217] Y. Zhang, J. L. Risen and C. Hosey, "Reversing One's Fortune by Pushing Away Bad Luck", *Journal of Experimental Psychology: General*, Vol. 143, No. 3, 2014.

[218] X. Zhao, J. G. Lynch and Q. Chen, "Reconsidering Baron and Kenny: Myths and truths about mediation analysis", *Journal of Consumer Research*, Vol. 37, No. 2, 2010.

[219] R. Zumwalt, "Arnold van Gennep: The Hermit of Bourg-la-Reine", *American Anthropologist*, Vol. 84, No. 2, 1982.

附　录

附录一　子研究一访谈提纲

品牌仪式访谈提纲

仪式定义：指一系列正式的、具有可重复模式、表达价值和意义的行为活动，这些行为动作通常不具备直接的工具性目的。

1. 被访者的基本信息（职业、年龄、学历、性别）
2. 熟知的品牌？您觉得哪些品牌是您这一代人的象征？购买哪些产品类别会考虑品牌的象征价值？您或者您身边的朋友是否加入了某个品牌社区？对某个品牌特别痴迷？具体情况是怎样？

第一部分：品牌仪式的内涵

1. 您认为仪式是什么？
2. 您觉得，对一个企业以及对个人来说，仪式感有多重要？
3. 您有经历过仪式的经验吗？如集体仪式或个人仪式，请分享一下具体细节。
4. 您在经历挫折、失败、伤痛时，会采取一些仪式行为吗？如果有的话，请问是什么？请分享一次您参与仪式的原因和体验。
5. 在企业实践中，一些品牌会在宣传、产品属性、购买过程中加入仪式，请举例您所经历过的品牌仪式，如果没有，请举例您所知道的品牌仪式。（常见品牌仪式：奥利奥的"扭一扭、舔一舔、泡一泡"，外婆

家的"外婆给你上叫花鸡咯",功夫茶的沏茶工序)

6. 如果有亲身经历过品牌仪式,请描述一次您对于品牌仪式的体验,包括参与前、参与中、参与后的情绪、感受和评价。

7. 如果没有亲身经历过品牌仪式,请描述一次您看到过的品牌仪式(如电视、广告、商场),以及您在观看品牌仪式的情绪、感受和评价。

8. 仪式是否让品牌体验发生了改变?仪式发挥了什么样的作用?

9. 您认为品牌仪式是什么?什么元素组成了品牌仪式?

10. 如果您是企业的策划人员,您认为为什么要在品牌宣传中加入仪式?

11. 您认为品牌仪式与一般的品牌宣传有什么不同?例如,品牌仪式与广告的区别、品牌仪式与产品文案的区别、品牌仪式与品牌风格的区别?

第二部分:品牌仪式的影响因素

1. 品牌仪式的影响过程是怎么样的?可能包括几个阶段?每个阶段有什么特点?

2. 您的个人因素会影响品牌仪式的体验吗?如果是的话,有什么因素呢?如,人格特质、认知、情绪等。

3. 品牌特征因素会影响品牌仪式吗?什么样的品牌适合加入仪式元素?哪些品牌不适合加入仪式元素?这些品牌特征会影响您在品牌仪式中的体验吗?

4. 环境因素是否会影响品牌仪式的体验?例如,单独环境,群体环境,服务情境,使用情境等。如果有的话,请详细描述一下其影响的效应。

5. 外部的文化因素是否会影响品牌加入仪式的效果?是否对于不同国家的品牌,仪式风格会有所不同?如果有的话,请进行举例。

6. 其他人使用品牌仪式是否会影响您对品牌仪式的评价?社会环境的氛围会如何影响品牌仪式的效果?

7. 是否存在其他影响因素?请举例并描述。

附录二　实验知情同意书

实验参与知情同意书

您好！本次实验研究是一项由国家自然科学基金委资助的研究。此次实验旨在收集您作为消费者的体验，设计流程严格遵循国际研究委员会的道德条例规定，过程中请您按照实验步骤进行。实验整体时间大约为5—10分钟，为了避免外界信息干扰，实验过程中请您关闭手机，或者将手机交给研究人员保管。实验结束后，请您对本实验流程和设计保密。

您的权利：

您参与本次实验是完全自愿的，您可以随时退出实验而无需理由，我们也会立刻销毁您的所有记录，绝不会影响您的个人隐私和与研究人员的关系；您的所有个人资料和填写内容均属保密，仅供本研究使用；实验前，您可随时了解有关信息，如在实验中发生问题或需要咨询有关问题时，可与负责人员＊＊＊联系（邮箱：＊＊＊＊＊＊＊＊＊＊；电话：＊＊＊＊＊＊＊＊＊＊＊）。

此知情通知书一式两份，参与人和实验负责人各保留一份。

参与人签名：_____　　　　时间：2016 年_____月_____日

附录三　实验问卷示例（以实验4—2 为例）

第一部分 新鲜果汁试用评价

一、试用产品后，请根据您对 HelloJuice 新鲜果汁的感受，对以下描述进行同意度评价，在您同意的分数上画圈或打勾，选项"1"到"7"分表示同意程度从"低"到"高"。

▶ 品牌仪式:形成与效应

描述	完全不同意	比较不同意	有点不同意	中立	有点同意	比较同意	完全同意
1. 我会购买 HelloJuice 新鲜果汁	1	2	3	4	5	6	7
2. 当我需要购买新鲜果汁时,我会考虑 HelloJuice 品牌	1	2	3	4	5	6	7
3. 我有购买 HelloJuice 新鲜果汁的意愿	1	2	3	4	5	6	7
4. 试用产品后,我喜欢 HelloJuice 新鲜果汁品牌	1	2	3	4	5	6	7
5. 试用产品后,我认为 HelloJuice 品牌非常宜人	1	2	3	4	5	6	7
6. 试用产品后,我认为 HelloJuice 品牌的形象非常积极	1	2	3	4	5	6	7
7. 我感觉 HelloJuice 新鲜果汁很特别	1	2	3	4	5	6	7
8. 我认为 HelloJuice 新鲜果汁与众不同	1	2	3	4	5	6	7
9. 如果喝 HelloJuice 新鲜果汁,会让我看上去很独特	1	2	3	4	5	6	7
10. 我认为 HelloJuice 新鲜果汁的质量很好	1	2	3	4	5	6	7
11. 我认为 HelloJuice 新鲜果汁很好喝	1	2	3	4	5	6	7

二、请根据您对 HelloJuice 新鲜果汁的仪式过程的感受,对以下表述进行同意程度评价,在您同意的分数上画圈或打勾,"1"到"7"分程度逐渐加深。

描述	完全不同意	比较不同意	有点不同意	中立	有点同意	比较同意	完全同意
1. 试用 HelloJuice 新鲜果汁的仪式让我觉得很无聊	1	2	3	4	5	6	7
2. 在试用 HelloJuice 新鲜果汁的仪式中，我感到很自由	1	2	3	4	5	6	7
3. 试用 HelloJuice 新鲜果汁的仪式让我觉得很好玩	1	2	3	4	5	6	7
4. 试用 HelloJuice 新鲜果汁的仪式让我感觉被限制	1	2	3	4	5	6	7
5. 试用 HelloJuice 新鲜果汁的仪式是一件很有趣的事情	1	2	3	4	5	6	7
6. 在试用 HelloJuice 新鲜果汁的仪式过程中，我感觉自己被约束	1	2	3	4	5	6	7
7. 在试用过程中，我集中注意力在 HelloJuice 新鲜果汁	1	2	3	4	5	6	7

三、请根据 HelloJuice 新鲜果汁的包装，对以下表述进行同意程度评价，在您同意的分数上画圈或打勾，"1"到"7"分程度逐渐加深。

描述	完全不同意	比较不同意	有点不同意	中立	有点同意	比较同意	完全同意
1. HelloJuice 新鲜果汁是真诚的	1	2	3	4	5	6	7
2. HelloJuice 新鲜果汁是兴奋的	1	2	3	4	5	6	7
3. HelloJuice 新鲜果汁是健康的	1	2	3	4	5	6	7
4. HelloJuice 新鲜果汁是独特的	1	2	3	4	5	6	7
5. HelloJuice 新鲜果汁是年轻的	1	2	3	4	5	6	7
6. HelloJuice 新鲜果汁是潮流的	1	2	3	4	5	6	7

续表

描述	完全不同意	比较不同意	有点不同意	中立	有点同意	比较同意	完全同意
7. HelloJuice 新鲜果汁是富有情感的	1	2	3	4	5	6	7
8. HelloJuice 新鲜果汁是家庭导向的	1	2	3	4	5	6	7

四、其他相关问题，请回答以下您对新鲜果汁产品的了解程度和其他开放性问题。

（1）您认为，HelloJuice 新鲜果汁在市场应该标价多少钱？_____（单位：人民币元）

（2）请写下您对 HelloJuice 新鲜果汁的看法、意见和建议。

_____

_____

_____

（3）请问您是否听过 HelloJuice 新鲜果汁品牌？_____

    1 是   2 否

（4）根据您平时的习惯，对以下表述进行符合程度评价，在您同意的分数上画圈或打勾，"1"到"7"分程度逐渐加深。

描述	完全不符合	比较不符合	有点不符合	中立	有点符合	比较符合	完全符合
1. 我平时很喜欢喝新鲜果汁	1	2	3	4	5	6	7
2. 我平时愿意主动了解一些新鲜果汁产品	1	2	3	4	5	6	7
3. 我平时经常消费新鲜果汁产品	1	2	3	4	5	6	7

第二部分　心理小测试

一、请根据您自己的日常亲身感受，对以下描述进行同意程度评价，在您同意的分数上画圈或打勾，"1"到"5"分程度逐渐加深。

描述	完全不同意	有些不同意	中立	有些同意	完全同意
1. 我生命中的很多事情取决于我自己的努力和行动	1	2	3	4	5
2. 我经常感到很无助	1	2	3	4	5
3. 我能够控制在我生命中发生的很多事情	1	2	3	4	5
4. 我经常遇到超过我控制范围的事情，让我感到无能为力	1	2	3	4	5

二、请根据您现在的情绪，对以下形容词进行同意程度评价，"1"到"5"分程度逐渐加深。

描述	完全不同意	有些不同意	中立	有些同意	完全同意
1. 快乐的	1	2	3	4	5
2. 易怒的	1	2	3	4	5
3. 兴高采烈的	1	2	3	4	5
4. 内疚的	1	2	3	4	5
5. 活跃的	1	2	3	4	5
6. 恼怒的	1	2	3	4	5
7. 充满热情的	1	2	3	4	5
8. 战战兢兢的	1	2	3	4	5
9. 感激的	1	2	3	4	5
10. 难过的	1	2	3	4	5
11. 兴奋的	1	2	3	4	5
12. 羞愧的	1	2	3	4	5
13. 欣喜的	1	2	3	4	5
14. 紧张的	1	2	3	4	5

续表

描述	完全不同意	有些不同意	中立	有些同意	完全同意
15. 精神充沛的	1	2	3	4	5
16. 害怕的	1	2	3	4	5
17. 自豪的	1	2	3	4	5
18. 惊恐的	1	2	3	4	5

三、关于以下行为，您平时参与的频率程度是多少？在您同意的分数上画圈或打勾，"1"到"5"分频率逐渐加深。

描述	非常低	比较低	不确定	比较高	非常高
1. 坐着的时候抖腿	1	2	3	4	5
2. 相信生肖或者星座	1	2	3	4	5
3. 参与一些正式的宗教崇拜活动	1	2	3	4	5
4. 我会参与私下的个人仪式，如祷告	1	2	3	4	5
5. 生日一定要吹蜡烛、吃蛋糕	1	2	3	4	5
6. 过年的时候一定要和家人一起	1	2	3	4	5
7. 在特定的重要日子（如考试、约会等）会穿与自己幸运色一致的衣服	1	2	3	4	5
8. 电视中唱国歌时会站立、肃穆	1	2	3	4	5

四、请填写您的基本信息。

性别_____　　　年龄_____　　　宗教信仰_____

再次感谢您的参与和配合！

附录四　实验信息总览

表 I　　　　　　　　　　　实验开展时间表

研究编号	开始时间	结束时间	开展方式	开展地点
子研究 1	2016.12.09	2016.12.11	现场访谈	暨南大学
品牌仪式预实验 1	2017.04.05	2017.04.06	网络调查	问卷星平台
品牌仪式预实验 2	2017.04.05	2017.04.06	网络调查	问卷星平台
品牌仪式预实验 3	2013.10.20	2013.10.30	课堂实验	暨南大学
品牌名称前测	2016.11.01	2016.11.01	课堂实验	暨南大学
品牌个性预实验 1	2016.11.10	2016.11.10	网络调查	问卷星平台
品牌个性预实验 2	2016.12.28	2016.12.28	网络调查	问卷星平台
品牌个性预实验 3	2017.05.19	2017.05.20	网络调查	问卷星平台
品牌危机预实验	2013.09.25	2013.09.28	课堂实验	暨南大学
实验 4—1	2016.11.08	2016.11.11	实验室实验	暨南大学
实验 4—2	2016.11.14	2016.11.22	实验室实验	广东财经大学、暨南大学
实验 4—3	2017.01.04；2017.05.03	2017.01.07；2017.05.04	实验室实验	暨南大学
实验 4—4	2017.05.31	2017.05.31	田野实验	暨南大学
实验 5—1	2016.12.05	2016.12.06	课堂实验	华南师范大学
实验 5—2	2016.12.19	2016.12.22	实验室实验	暨南大学
实验 6—1	2013.11.02	2013.11.20	课堂实验	暨南大学、华南师范大学

注：实验 6—1 及其相关预实验（包括品牌仪式预实验 3 和品牌危机预实验）为本书作者早期研究，实验开始和结束时间以问卷录入时间为标准。

后 记

　　写作本书的起因,源于2012年笔者初入学术大门时接触的柯林斯所著的《互动仪式链》。柯林斯是一位非常有洞察力的社会学学者,他从仪式的角度解析社会互动,对社会分层、社会运动与思潮、社会冲突、思想发展及知识分子等问题提供了新的理论解释。笔者深受启发,在博士期间一直围绕该理论展开相关学术研究,包括最初发表的《互动仪式链视角下的品牌危机修复机制研究》、《互动仪式链视角下品牌危机应对的多案例研究》等,以及后期发表的《心理学视角下的人类仪式:一种意义深远的重复动作》等。2015年,笔者作为联合培养博士生于加拿大多伦多大学访学一年,某天在图书馆偶然翻阅到一本非常有趣的书籍——《Brand rituals: How successful brands bond with customers for life》。受此启发,笔者的博士论文选择了"品牌仪式"话题,并发表了《品牌仪式如何形成?——基于扎根理论的探索性研究》等相关学术论文。

　　品牌仪式是一个非常新颖的研究话题,国内外相关研究甚少。博士论文的开展过程中,笔者进入时而焦躁时而开心的两年。一方面,如何定义品牌仪式、如何形成品牌仪式、如何设计品牌仪式等关键问题,总让笔者陷入研究困境。另一方面,消费者访谈和实验结果又让笔者充满研究热情。两年的博士论文写作,甘苦自知。

　　本书写作过程从文献搜集,到实验开展,再到阅读校勘,得到了笔者的导师、老师和学术界朋友们的支持和帮助。在这里尤其感谢导师卫海英教授,卫老师是笔者学术研究道路上的启蒙者、引路者和托举者。至今笔者仍记得第一次和卫老师修改论文的场景,一字一字琢磨,一句一句推敲,影响了笔者现在细致严格的学术风格,而想当初,笔者却是一个丢三落四的马大哈。更重要的是，卫老师前沿精髓的学术造诣，严谨勤奋的治学风格，从容、乐观、真诚、以身立行、就事论事的做人做事风格不仅教会笔者如何看待事物，懂得了如何规划自己的人生，而且还明白了许多待人接物和为人处世的道理，深深地影响着笔者的工作和生活。此外，本书内容涉及了诸多子研究，研究开展得到了国家自然科学青年基金项目"乐趣还是约束？品牌仪式对消费者行为的双刃剑效应"（71802192）、教育部人文社会科学青年项目"品牌仪式对消费者购买意愿的影响研究：品牌个性的调节作用"（18YJC630137）、国家自然科学基金项目"关系冲突视角下的企业互动仪式对品牌危机修复效果的影响研究"（71372169），感谢这些项目的资助。

最后要感谢笔者的家人，本书见证了笔者新家庭的组成。书籍校对期间，笔者的女儿也呱呱坠地，在此愿她健康快乐成长。

冉雅璇
2019年4月于武汉